失衡的50年

不平等的起源和当代美国社会

［美］海瑟·豪特尼（Heather Gautney） 著
陈思颖 译

The New Power Elite

中国科学技术出版社
·北京·

The New Power Elite, ISBN:9780190637446.
© Heather Gautney 2023
Simplified Chinese translation copyright © 2025 by China Science and Technology Press Co., Ltd.
All rights reserved.
北京市版权局著作权合同登记 图字：01-2024-4144

图书在版编目（CIP）数据

失衡的 50 年：不平等的起源和当代美国社会 / （美）海瑟·豪特尼著；陈思颖译 . -- 北京：中国科学技术出版社，2025.2（2025.6 重印）.
ISBN 978-7-5236-1198-2

Ⅰ . F171.2

中国国家版本馆 CIP 数据核字第 20241D4M47 号

策划编辑	刘　畅　屈昕雨	责任编辑	屈昕雨
封面设计	仙境设计	版式设计	蚂蚁设计
责任校对	张晓莉	责任印制	李晓霖

出　　版	中国科学技术出版社
发　　行	中国科学技术出版社有限公司
地　　址	北京市海淀区中关村南大街 16 号
邮　　编	100081
发行电话	010-62173865
传　　真	010-62173081
网　　址	http://www.cspbooks.com.cn

开　　本	880mm×1230mm 1/32
字　　数	250 千字
印　　张	10.75
版　　次	2025 年 2 月第 1 版
印　　次	2025 年 6 月第 2 次印刷
印　　刷	大厂回族自治县彩虹印刷有限公司
书　　号	ISBN 978-7-5236-1198-2/F・1351
定　　价	69.00 元

（凡购买本社图书，如有缺页、倒页、脱页者，本社销售中心负责调换）

目录

导言
- 权力精英　005
- 新权力精英　014

第一章 政府（1973—2000年）
- 新自由主义　021
- 1973年，智利　025
- 1975年，纽约财政危机　028
- 滞胀　032
- 里根改革　038
- 新民主党　043
- 规训工人阶级和穷人　047
- 新经济　051

第二章 政府（2000—2017年）
- 小布什和新保守派　056
- 新保守主义反恐战争　061
- 伊拉克圣战　064
- 小布什的国内议程　068
- 不让一个孩子落后　071
- 安然　073

	双重灾难　076
	巴拉克·奥巴马　079
	2010年　083
	小布什的减税政策　089
	自由贸易　092

第三章 **政府** （2017—2022年）	行政权力　102
	特朗普式的正义　111
	医疗保健和减税　118
	新型冠状病毒　120

第四章 **军界**	冷战　141
	人道主义干涉　144
	全球反恐战争　148
	酷刑　152
	肮脏战争　157
	将军和部队　165
	军队　170
	内战　174

第五章 **华尔街**	华盛顿共识　183
	大而不能倒　191
	2007年全球金融危机　199
	危机后的金融化　207
	金钱政治　217

第六章 亿万富豪

富豪与意识形态　225

企业权力　228

技术积累：劳动力、科技、垄断　232

避税　242

避税天堂　246

慈善事业　252

第七章 名流

形象与意识形态　261

政治与宣传　269

文化产业　273

电视真人秀　286

学徒：白宫版　290

第八章 公众和群众

企业媒体　299

大型科技企业　303

伊拉克战争　309

倾斜的天平　316

特朗普与福克斯新闻　320

削弱公共教育　325

结语　333

导言

在当今"民主"社会中生活的人们有一种普遍的感受：他们生活的世界并非由自己创造，而是由某些人在幕后操纵——这种感觉相当正确。许多人已对法律制度和新闻媒体等基本制度丧失信心，对政府领袖也秉持怀疑态度。虽然这些人被告知，他们所生活的这片充满机遇的土地，是地球上最伟大的国家；但是他们却在职业生涯中遭遇幻灭和压迫，只有在远离工作时，才能感到活得像自己。即便他们参与了选举投票，也觉得结果早已确定，不太可能改变——至少不会因他们而改变。每个夜晚，在经过那些只能睡在大街上或睡在车里的人时，他们都会担心自己会仅仅因为一场疾病或者被解雇，而面临同样的命运。

2021年1月6日，在美国国会统计选票，并宣布乔·拜登（Joe Biden）当选总统的那天，数万人聚集在华盛顿特区的"拯救美国"集会上，来对政治制度泄愤。其中许多人受到了来自政治精英和传媒精英信念的驱使，这些信念通过社交媒体传播。社交媒体的算法致力于将民众因怀疑总统选举舞弊、民主性遭遇威胁而产生的愤怒转化为利润。在集会期间，唐纳德·特朗普（Donald Trump）的心腹（前纽约市长）鲁道夫·朱利安尼（Rudolph Giuliani）呼吁"比武审判"，而特朗普煽动他的支持者沿着宾夕法尼亚大道游行，与立法者当面对质，并表示要"拼命战斗"，否则"你将不再拥有美国"。随后，人群冲破了国会大厦的路障，暴力袭击了警察，并砸碎了窗户；当躲在办公桌下的国会议员及其员工被迅速转移至安全的地方时，暴乱的群众已将华丽的国会大厅掠夺一空。他们身穿印有南方联盟旗帜、阴谋论集团标志的运动衫，甚至有一件上面写着"奥斯威辛集中营"。

1月6日的暴动者整体呈现出一种混乱无序却又饱受操纵的熟悉景象，这种景象会在人们穷困潦倒，并痛苦地意识到自己毫无权力时展露无遗，而个人良知极易在大规模暴动的激荡中荡然无存。暴动中的一些人以伤害甚至杀害立法者为目的，但大多数人都曾循规蹈矩、遵纪守法，其中甚至不乏前警察和退伍军人。这些人在经济长期不稳定、腐败横行和社会异化严重的环境下变得激进。更别提其间还有怂恿者，包括右翼媒体和一位对政府机构嗤之以鼻、将群众的恐惧和怀疑玩弄于股掌之上的总统。自由主义者无情地将特朗普的支持者描绘成失败者和社会底层，从而助长了怨恨的火苗。

这些趋势被写进了著名社会学家、公共知识分子C.赖特·米尔斯（C. Wright Mills）的现代经典著作《权力精英》（*The Power Elite*）一书中。该书从多个方面预示了1月6日的事件，以及该事件所反映出的权力动态与腐朽的社会规范。对于在政治、经济和军事精英的铁腕之下，在欧洲法西斯主义崛起的过程中，地区不平等和权力缺失所起到的历史作用，米尔斯有着深刻理解。受此影响，米尔斯不得不揭露战后美国精英权力下的严酷现实，并对国家的专制倾向予以警示。他当初观察到并写入其影响深远的著作中的反民主潮流，如今已被激化到极点。从历史的角度来看，他当初描绘的那些"不负责任的精英"所要的花招，与如今的当权者的手段相比，甚至显得相对保守了。

尽管那时的社会充斥着不平等现象，精英操纵着大众意识形态，但社会保障网尚存、收入和财富差距处于历史低点。米尔斯在这种情况下写下了《权力精英》一书。这是一段百万富豪数量激增的时期——从1953年的27 000人增加到了1965年的90 000人，但工人阶级至少也是从这些经济增长中受益的。而现在，虽然生产力还在提升，但随着工作质量下降、工会遭遇无情攻击、社会支持被剥夺，收入已然缩水，人们的平均工资甚至不比40年前高了。一半美国工人的生活处于"月光"状态中，微薄的收入使数千万人依靠公共援助度日。五分之一的儿童生活在贫困中，数以百万计的贫困劳工每天都在与饥饿、健康状况不佳、社会排斥和警察暴力抗争。预期寿命作为衡量社会健康状况的关键指标，已然下降。自由选择的权利日渐衰落，社会保障网逐渐乏力。在此过程中，数百万工人阶级对止痛药上瘾。仅在2021年，就有超过10万人死于药物滥用，而罪魁祸首大多是由亿万富豪名下的制药公司售出的阿片类药物。

相比之下，社会顶层人士却从未像现在这样富有，他们的消费行为也越发引人注目。由于大多数美国民众的净资产为负，位列前三的亿万富豪所支配的财富就超过了收入后50%人口的财富总量。从1990年到2020年的30年间，美国的财富中位数增长仅略高于5%，而亿万富豪财富的增长则超过1000%。在新冠病毒大流行的高峰期，数千万美国民众患病或失去工作，一百多万人因病身亡，而美国的745位亿万富豪的财富总量却在这仅仅19个月中增加了2万亿美元。随着全世界99%的人收入下降，超过1.6亿人陷入贫困；而超级亿万富豪中，前10名的总体财富却翻了一倍之多。

这种严重不平等和权力过度集中的状况是由多方协作运行的阶级稳固计划导致的，该计划已经顺利进行了几十年，旨在将财富和政治权力从大众手中转移到少数人那里。在过去的半个世纪里，一些身披"自由"外衣、主张与恐怖的斯大林主义和法西斯主义做对抗的"新自由主义"知识分子们，通过人为制造危机，控制国家与企业决策者，将极端主义思想扭曲成常态，从根本上重构了国内外公民、政府和市场力量之间的关系。他们构想并实施的新全球资本主义包括将"自由市场"视为绝对的政治权威和文化权威，并压制那些可能对提高收益率和致富造成阻碍的政策、法规、社会运动和政治组织。除了掠夺经济与环境上的利益、破坏文化、制造人道主义危机，这些新自由主义"改革者"还与独裁者合作，在全国范围内实践他们的"原教旨主义"经济理论[1]，同时煽动持续的反恐战争，以对抗包括恐怖主义在内的面目模糊的敌人——这引发了世界范围内的宗派暴力和激烈抵抗，无数人因此而丧生。

政府被他们收买，数十亿美元被他们纳入腰包，这些理论家为了让他们的阶级稳固计划合法，将公共领域和代议制政府的理念妖魔化，使其成为个人自由与财富自由的威胁。他们力求将公民和政治生活简化为消费选择与竞技活动，并让媒体垄断者散布虚假信息，歪曲事实，使人们丧失对矛盾的敏感性。为了符合现代专制政权的剧本，他们统治了政府的支柱性体系，

---

[1] 此处指严格遵守自由市场逻辑的经济理论。——编者注

如学校、媒体、政党和社区组织，以此切断人民与政府之间的联系。

在大萧条期间和之后，这些看似非常棘手的经济和社会不平等促使世界各地右翼民族主义势力崛起。在欧洲，煽动者们利用民众产生的愤怒和绝望，将社团主义和军国主义融合，使专制权力积少成多。这些势力也曾在美国积聚。回想一下1939年麦迪逊广场花园的群众集会，数万名新纳粹分子参与其中。幸而，罗斯福新政所带来的社会支持和保护至少在一定程度上抵消了他们的影响。随着这些保护、权利和支持不断被剥夺，人们的绝望情绪日益加剧，美国及世界各地的右翼政权再次将民众的愤怒和屈辱转化为暴怒和仇外情绪。在当今美国，白人民族主义者上街游行，自由主义原教旨主义者渗透到学校董事会、投票站、新闻编辑室和美国国会大厦，而共和党及其拥趸对这些行为大加赞赏，民主党则表现得与这些衰退毫无瓜葛。新一代权力精英们凌驾于斗争与冲突之上，从他人的苦难中获利，并推动当今（社会的）权威主义转向，他们不仅比以往任何时候都更富有、更占主导地位，而且如本书所述，他们的力量也更具压倒性。

权力精英

C. 赖特·米尔斯在20世纪50年代中期撰写了《权力精英》一书。那时，法西斯主义帝国在欧洲和太平洋地区战败，美国还是一个尚处萌芽阶段的超级大国，拥有核武器的苏联对美国政治体制构成生存威胁。为此，美国大规模扩张国家安全机构，并将军事和情报机构并入行政部门。几年后，苏联成功引爆了一枚原子武器,这让美国进一步提升了武装力量及军队预算:1950年至1955年间,军事拨款翻了近3倍,随着海外军事援助计划数量的激增,武器研发项目和相关基础设施建设项目也顺势增加。

与美国战后军事力量的增强相比,其经济力量的发展不落下风。在全球经济衰退的大背景下,法西斯势力在欧洲各地集结,而罗斯福新政减轻了大萧条带来的混乱,并为新政治经济模式的起飞插上了翅膀。此外,这还要归功于诺贝尔经济学奖获得者约翰·梅纳德·凯恩斯(John Maynard Keynes),他提倡国家管控资本,鼓励公共部门与私营企业合作,反对一味地鼓吹自由市场和金融投机等自由放任模式。凯恩斯主义认为充分就业、高薪和资本监管是繁荣和增长的关键因素。凯恩斯提出,政府应通过战略投资或减免税收刺激需求,以促进私人投资和全面就业。这个以政府为中心的社会契约旨在通过确保工人在流动性、资金安全和消费上的稳定性与一致性(实实在在地工作一天,换来实实在在的一份工资),来保证他们的生产力输出与在社会和政治议题上的顺从。

大萧条后的美国政府通过救济措施、社会保障网计划和推动增长的政策进行干预,稳定并重建了本国的资本主义。这些举措同时也为全新的、国际化的体系描绘出一幅监管上的蓝图——在这个新体系中,超级大国美国的经济利益可作为世界利益的范本。1944年7月,来自44个盟国的700多名代表齐聚新罕布什尔州的布雷顿森林,在宏伟的华盛顿山酒店中,一场具有里程碑意义的会议在凯恩斯的主导下召开。参会的独立民族国家最终达成协议,就其贸易与金融关系制定了法规,同时建立了以美国为中心的国际货币基金组织和国际复兴开发银行(现世界银行)等多国监管机构。

正如后来我们所知的，布雷顿森林体系❶（the Bretton Woods system）将美元设定为全球储备货币。世界银行负责提供国际贷款，国际货币基金组织负责管理债务，而对贸易的监管则依据关税和贸易总协定。这种全新的制度架构和全球经济建设模式扩大了美国企业的影响范围，美国也借此巩固了其作为世界经济中心的地位。那些不顺应这一新现状的政府被贴上"共产主义"的标签，遭到削弱甚至被瓦解。

当《权力精英》一书于1956年上架时，美国大萧条的火苗似乎已仅剩后窗上残存的影子。救济线发展成了消费线，"充分就业"和"双倍工资"的承诺缓解了毁灭性失业和废弃工厂带来的危害。战后阶段堪称美国历史上国内收入分配最公平的时期；在总统德怀特·D.艾森豪威尔（Dwight D. Eisenhower）任期内，美国国民个人收入增长了45%。对于许多美国民众来说，这是他们首次拥有可随意支配的收入。电影《天才小麻烦》（Leave it to Beaver）凸显了美国在艾森豪威尔总统的大规模政府举措下，呈现出的欣欣向荣的图景。州际高速公路项目和圣劳伦斯海道工程——连同相应的桥梁、房屋和辅助企业系统不仅带来了高薪工作岗位、刺激了经济，还创造了技术机遇，增加了国防相关的研发投资。联邦住房项目和新型公路带来的流动性鼓励个人自置居所，也推动了企业的重新安置，这无不推动着郊区的经济增长。日渐增加的收入还为消费品开拓了新市场。洗衣机和彩电等家庭

---

❶ 该体系以外汇自由化、资本自由化和贸易自由化为主要内容。——译者注

电器以及汽车和航空旅行——这些曾经只为富人提供便利的商品成了中产阶级的必需品。

对苏联共产主义的全面反对、对美式生活方式的赞扬与维护深刻地影响了这些年美国学界的发展。宣扬自由主义的本科教育迅速扩张，行为主义研究开始流行，新兴技术使社会科学家得以收集和分析更庞大繁杂的数据集——以上所有都得到了政府和私人基金会的慷慨支持。行为主义者从个体心理学的角度（如决策、选择与偏好、行为）理解当代社会的核心问题，这妨碍了在历史背景下对人类行为的理解。在政治学中，这种方法论层面的个人主义受制于多元论，而多元论避开了"阶级"这个分析范畴，转而关注"利益集团"的动态。多元主义运作的前提是将美国这个自由民主的国家视为一个中立的空间，在这个空间中，多个利益集团（例如政治说客、政党、工会等）处于一个竞争的平衡体系中，可以在平等的基础上制衡彼此的权力。著名政治学家罗伯特·达尔（Robert Dahl）称这一制度为"多党制"，在这种制度中，利益集团之间的自由选举和竞争增加了少数群体的多样性，这些被冷漠的大众排斥和漠视的少数群体的需求得以被领导层代表纳入考虑范围之内。经济学家约翰·肯尼斯·加尔布雷斯（John Kenneth Galbraith）强化了这一观点，他声称知识分子不应质疑企业权力，因为企业已经受到了劳工组织、消费者和政府监管部门等民主力量的约束。

绕过实际的历史动态因素，爱德华·希尔斯（Edward Shils）、丹尼尔·贝尔（Daniel Bell）和西摩·马丁·利普塞特（Seymour Martin Lipset）等著名社会学家认为，战后的福利政府带来了"意识形态的终结"，即西方社会解决了工业资本主义的矛盾，结束了阶级和意识形态的斗争。米尔斯却毫不留情地打破这一思路，将战后自由主义贬斥为"墨守成规的不思进取之举，为不公正的国王服务，为不可原谅之人极力辩护，将社会科学家视作'普世价值'的挡箭牌、权威的侍者"。他对多元社会科学的不屑一顾一定程度上得益于他与约翰·杜威（John Dewey）和威廉·詹姆斯（William James）等实用主义思想家的接触，他们认为科学是一个动态的、非教条主义的探究过程，其应当源于现实生活，而非抽象概念。实用主义为米尔斯提供了一种了解当代世界的方法，更重要的是，提供了一种能够改变当下世界的思维方式。

米尔斯并不反对多元主义者对战后美国的政治和文化共识所发表的见解；但他将这些观点视为精心炮制的遮羞布，用于掩盖由精英们共同促成的岌岌可危的民主制度布局。希尔斯和利普塞特也确实参与了以中情局为后盾的文化自由大会，其政治议题涉及培养知识分子的反共情绪。此外，在芝加哥大学和弗吉尼亚大学研究所，"新自由主义极端分子"几乎都卸下了学术独立的伪装，在企业权力的授意下汇聚一堂。尽管存在十分明显的偏见，像贝尔和当时的知名社会学家塔尔科特·帕森斯（Talcott Parsons）这样的顶尖学者却公然否定米尔斯及其他激进左派人士的成果，认为它们因激情和病态心理而产生，而非"客观"的科学。在米尔斯看来，真正的病态在于自己所处时代的学者想尽办法故意掩盖美国的真实面貌，以及美国的权力精英压制批评性话语的行为，并如米尔斯所言，他们"将政治降格为候选人真诚而公开的辩论"。

正如米尔斯所说，在"美国庆祝会"的帷幕后，是一群保守派政客和一个强大的商业说客团体，他们公开承诺会推动私营企业的发展。1942年夏天，共和党赢得众议院47个席位。同年，一众"商业知识分子"骨干组成了经济发展委员会，其目的是引导战争经济实现赢利，从而避免他们（在章程中）所称的"大规模失业或大规模政府就业危机"。到1945年，经济发展委员会在全国各地组织了数千个地方分支机构，分配了约50 000名商人，并直接渗透进美国商务部等战时规划机构。一年后，亲资本势力在1946年《就业法》（Employment Act）的修订案中发挥了重要作用，删除了所有关于"充分就业"的条目，并以"推动有竞争力的自由企业"之辞取而代之。

美国政府将资金投向公共部门，使美国经济得到重振，也使国家严重依赖消费性开支，而这根本上是由消费者的收入增长决定的。然而，薪资上涨却可能削减企业利润、刺激通货膨胀、煽动工人的好战情绪。1946年的情况正是如此，仅上半年就有300万工人罢工。权力精英所采取的一系列决策、操控手段和立法行动平衡了充分就业造成的工人赋权和资本对大众消费的需求，解决了二者之间的矛盾，但这与多元主义者所声称的"多元主义"布局没有丝毫关系。针对民众对苏联共产主义的担忧，政府和企业精英们在资本和劳工之间做出妥协，以稳固经济增长、消费水平和公共利益；但是《塔夫脱-哈特莱法案》❶（Taft-Hartley Act）这类不近人情的反工会法案却暴露了这些规划的实质。

---

❶ 镇压工人运动的反劳工法案之一。1947年以后，美苏冷战激烈。美国统治集团在国际上推行反苏、反共的冷战政策，在国内加强对工人运动的控制和镇压。1947年6月23日国会通过了参议员塔夫脱和众议员哈特莱提出的法案。该法案于同年8月22日付诸实施。——译者注

导言

　　对米尔斯来说，以非历史性、非政治性的视角看待人类行为习惯的多元化，会掩盖在劳工利益受损时，政府和企业权力沆瀣一气的事实，会将军事化理念带入日常生活，还会将自由资本主义秩序放在第一位。尽管《权力精英》这本书被他那个时代的学术象牙塔拒之门外，却被"新左派"和"反主流文化"群体奉为当之无愧的"圣经"。这本书通过犀利的散文揭开了充满迷惑的面纱，展示了美国精英是如何践踏个人自由，并将国家转变为大众社会的❶。

　　米尔斯参考弗兰兹·诺依曼（Franz Neumann）的开创性著作《巨兽：1933—1944年国家社会主义的结构与实践》（Behemoth: The Structure and Practice of National Socialism 1933–1944），通过书中对德意志第三帝国权力结构的分析，总结出了方法，获得了警示。在这本书中，诺依曼勾画出具有历史特殊性的纳粹资本主义的轮廓，提出了四个相互之间具有利益关系、相互关联却又相互竞争的权力集团：政府、政党、军方和工业。它们在帝国主义的扩张和极权统治中合作。虽然诺伊曼的法兰克福学派同事弗里德·里奇·波洛克（Fried Rich Pollock）认为，相对于非全能国家，纳粹主义统治下的商业、市场、劳动和利润动机都应服从于纳粹对于全能政府的权力意志，但在诺伊曼看来，德国法西斯主义并不算是新形式的国家资本主义，而是一段关于私人资本主义的历史进程，他称之为"极权垄断资本主义"。在这种布局中，垄断性的统治阶级、纳粹党和军队将权力三分，但追求着共同目

---

❶ 米尔斯将非精英领域的社会分为"公众"与"大众"两种，公众代表的是民主力量，而大众代表的是分散迷茫的底层状态。——译者注

标。其中最重要的是，它们摧毁和操纵公民协会、政党和工会这些社会团结的根基及政府调解机构，同时采取压迫和暴力手段予之以恐吓威胁，从而促使底层阶级分化。

米尔斯继承了诺伊曼的衣钵，撰文批评美国日益集中的机构权威，精英们汇聚一堂做着"重大决定"，如积聚巨额的军费预算或发动秘密战争，在大众毫不知情、并未同意的情况下影响着他们的生活。尽管米尔斯重视权力关系中"人的品质"，但他认为精英权力不属于个人权力的范畴，它嵌套在国家最高政治、军事和经济机构的领导职位中。在这个"连锁董事会"中，领导人无缝地从一个顶级机构被调派到下一个顶级机构，由此构成了美国权力结构的上层阶级，各个社会和政治机构都要听从他们的指示。

在政治和国家领域，米尔斯认为，美国政府表面上权力平衡，但实际倾向于行政部门，他将那里描述为"倡议和决策的中心"。行政部门可以指挥重要行政机关、影响司法机构、制定外交政策，且享有否决权，还能在几乎不受国会干预的情况下发动战争。米尔斯谴责行政部门大多由各领域专家管理的现象，这些"政治局外人"没有经历过民主选举，不曾以公务员的身份接受培训，也未能充分接触群众，只是为其他类型的机构服务过，如企业和军队。国会虽然可在经济和军事问题上行使一定的监管权、制定相关政策，但仍深陷从利益争斗、对峙到做出妥协的循环中。

以现代企业制度精神为核心原则的企业领导人掌握着经济权力。他们决定着国民经济的形态——从就业水平和消费活动到税收、货币和移民政策，更间接影响着军火交易和国际贸易协定。不断发展的私营企业控制和垄断着能源、银行、住房和保险等重要行业，它们将企业的影响范围无限扩大，甚至到了一倒闭就会对社会稳定造成威胁的程度。在企业通过工作、娱乐和消费主义巩固权力并深度渗透国内生活的过程中，军工复合体从无休止的战争中吸收养分，并为海外市场的开拓提供助力——有时甚至会强行打开市场。

米尔斯在古巴导弹危机的前几个月去世，当时一小群掌握着核心权力的精英几乎准备发动一场灾难性的核战争。这些影响人类未来和地球生命的高风险决定掌握在"不负责任的精英"手中，这一现实让米尔斯的工作负担越发沉重。他认为，美国人对共产主义怀有敌意，只因他们本是"疯狂的现实主义者"，创造了"一个自以为是的偏执现实"，这一现实合法化了美国在东南亚、智利和印度尼西亚等地一系列非法的、秘密的军事行动，也使国内镇压劳工运动和违反宪法的窃听行为变得合法。这一偏执现实也推动着军备竞赛，这场竞赛在获得了"相互毁灭的保证"，确保了波音公司（Boeing）和洛克希德·马丁（Lockheed Martin）等军火制造商的利润后持续了很久。

米尔斯见证了大众消费主义的兴起以及企业、政府和军事力量的巩固，他强烈地蔑视战后文化中的虚无必胜主义，这种文化倡导疯狂消费，高度依赖共识。米尔斯的大众社会理论基于他对民主生活的信念，民主生活由积极投身政治且对此知情的公众实现。在受到诺依曼影响之后，他知道精英权力就如法西斯一般，建立在对民意的压制之上。这种压制可能通过恐吓实现，但也可能通过鼓吹反智主义、利己主义、爱国主义和消费文化来实现。《权力精英》揭露了这些所谓的意识形态背后的权力关系，并激励着包括笔者在内的其他人与精英权力作抗争，为下一代揭开其诡谲神秘的面纱。

新权力精英

自 20 世纪 70 年代以来，米尔斯在《权力精英》一书中所分析和谴责的军事扩张和官商共谋等现象已经发展到了连他本人都无法想象的程度。随着情况持续恶化，且精英权力日益强大，美国越发表现出他所预测的威权资本主义特征，但民众的反抗和政治选择意识却越发减少。在米尔斯那个时代被视为边缘的新自由主义现已成为世界各地社会和政治生活的主导模式。新自由主义本质上是彻底腐败和反民主的。政府对自由的理念视若无睹，精英立法者在亿万富豪和企业首席执行官的操纵下，已经改变了社会秩序的基本支柱——教育、银行、住房、媒体传播、基础设施、农业、医疗、选举都变成了有利可图的机遇。曾经为大众提供基本保护和社会支持的法规和福利项目已被彻底推翻。超级富豪们主导着选举制度。他们不仅持续攻击工会和政党等调解机构，而且在某些情况下不遗余力地削弱它们。新闻媒体和知识生产机构已经被私有化和政治化，文化领域充斥着广告和肤浅的内容。如今，极端分子利用国家权力的杠杆，来操纵国家步枪协会，阻碍枪支管制立法——即便已经有一份血淋淋的受害者名单，记录着沦为枪支暴力受害者的儿童。这些极端分子公然压制选票，禁止相关图书出版，阻止教师在课堂上讨论性与性别认同。

本书延续了米尔斯的研究，旨在揭示促成以上趋势的权力精英的所作所为，并洞悉他们权力的本质。参照米尔斯的模式，本书重点关注美国国内的政策、事件、制度和文化趋势，也会解读它们与过去半个世纪间，企业引领的全球化动态之间的紧密关联。就这部分而言，本书阐述了新自由主义的帝国霸权野心和超国家性质，包括公司和劳工在地缘政治层面的重大转变、金融资本的兴起以及美国帝国主义在全球资本主义结构中起到的作用。在"政治和军事机构是否应被视为独立于市场的力量"这个问题上，本书的观点与米尔斯相左。美国政府尽管仍可在财政政策或执法等方面进行政治辩论，但它主要的作用是服务于资本的利益并代其运作。米尔斯本人提倡在历史背景下研究这些社会现象，而本书则通过阐释权力精英在过去半个世纪积累财富和权力的过程中所采取的政治、社会、文化手段，来践行他的观点。这些手段包括将军事和政府系统、媒体和文化、劳动、金融和生产统统置于从属地位，从而使其符合"市场需求"。

本书的开头几章重点讨论了美国政府在巩固精英权力地位方面的作用，将政府视作重要的阶级斗争中心，它影响着政策、意识形态、财富积累手段和军事权力部署。尽管新自由主义神话关强调了可自主调节的市场的平等和高效特性，但现实中，新自由主义下的资本主义在很大程度上却依赖于由政府势力设立的法律架构和"条件"——为了达到资本积累的目的。这些架构包括财政政策、行政监管以及利用法院促进资本流动，甚至对可能妨碍他们的人群施加暴力和规训手段。

第一章以皮诺切特（Pinochet）执政时期的智利为开端，描述了新自由主义的兴起过程，阐明了它的宗旨。这段历史为世界预示了新自由主义与法西斯主义兼容的可能，展示了将自由市场视作终极权威的后果。本章评议了在20世纪60年代和70年代间，政府和企业精英所做的关键性决策，这些决策压制了社会民主的可能性及相应的政府规划，并利用危机、财政紧缩和对工人的规训来巩固意识形态和不平等制度。

第二章和第三章延续了第一章的内容，追溯了新自由主义在四任总统任职期间的发展，探究了这些总统分别以怎样的方式，助长严重的剥削和不平等，同时探索了当今社会在社会团结和自由民主规范方面所遭受的侵蚀。这项分析以唐纳德·特朗普出任总统为结尾，这位总统前所未有地暴露了美国资本主义所面对的严峻现实和精英治国的影响。❶尽管特朗普在许多方面都标新立异，但若我们想要理解他成功利用民愤获取优势，并以此投机的行为，就不能忘记过去历任总统对穷人和工人阶级长达几十年的背叛，以及这样的现实：政府精英虽拥护自由民主，但大多数民众经济情况窘迫，政治权力缺失，二者之间已产生巨大的鸿沟。正如这几章所谈到的，无论是比起民主党招牌式的技术治理，还是共和党那种更开明布公、更具意识形态色彩的专制风格，特朗普制定的政策与两党对霸权自由市场和附庸性政府一贯的承诺几乎没有什么实质性区别。

第四章从冷战谈到目前仍在进行的反恐战争，研究了国家的强制力量——军队和警察，并以令人感到恐惧的细节，揭示了新自由主义下资本主义的残暴面目，及其所惯用的酷刑与暴力。多数时代的美国民众总能在有生之年见证由美国发起的某种形式的军事冲突或战争——他们挥舞着自由和民主的旗帜，却在跨国资本的驱使下，对世界各国施加"市场条件"，并授意警察和联邦调查局特工恐吓本国民众，妨碍公民自由。本章的内容包括两党

---

❶ 本书成稿时，特朗普尚未赢得 2024 年美国大选，因此书中分析皆基于 2016—2020 年第一任期。——编者注

迫害对手的行为和狂热的爱国主义、两党竭力巩固行政部门权力的举措以及战争的私有化、国防预算和军工复合体（军事与安全工业复合体）的扩张等，以阐明精英如何操纵军事权力，及其背后的意识形态机制。

第五章探究了在过去半个世纪中，资本主义经济重心从生产向金融转移的进程，以及在经济金融化策略下，精英财富和权力的极端固化过程。本章追溯了在全球金融机构、金融市场一体化和自由化的背景下，机构和市场如何使创造财富的机会成倍增加，包括通过金融创新、结构调整、掠夺性贷款和高风险投机；以及"大而不能倒"的银行为了增加盈利，如何将风险加到金融系统外的民众头上。本章回顾了20世纪80年代，华尔街如何通过杠杆收购创造巨大财富，并阐明了当今的私人股本公司如何参照这段往事，用以掠夺为主的方式，索取企业资产和劳动力价值。本章随后讲述了加密货币的出现和资产管理公司的崛起，它们持有几乎所有大型企业的大量股权，对政府、公共政策和全球经济拥有极大的系统性权力。

第六章阐述了当今财富寡头如何通过掠夺政府资源、企业融资、规训工人和工会以及逃税来积累和捍卫财富。本章特别列举了富豪操纵政治和立法系统以攫取利益的典型案例：科赫兄弟（Koch Brothers）可谓始作俑者，其撬开政治巨额资金的安全门，并削弱保护消费者、工人和环境的联邦法规和机构，从而攫取利润。为了在技术发展和全球经济结构调整中找到亿万富豪致富的根源，本章谈论了当今的零售业和科技巨头对核心资源和机构的垄断性控制，以及他们如何精明地剥削工人和全球供应链，又如何通过追踪大众的日常生活，利用他们对与外界进行联结的渴望，煽动社会和政治分裂，以此制造广告效应和价值，并从中谋利。最后，本章探讨了巨富们如何利用慈善事业转移民众对其剥削行为的关注、如何逃税、如何强制推行他们的优先事项与世界观。他们甚至会在某些情况下，将公共机构转变为生意场。

第七章从文化生活、消费和引发共鸣等方面，分析了社会名流如何推进社会不平等、促使统治阶级霸权常态化。米尔斯在写作中，将名流列入精英权力的体制架构，置于掌握着"三大"权威领域命脉的权力精英之中。自那时起，得益于日益集中的媒体所有权、崛起的娱乐业亿万富豪以及日益普及的高价值品牌和社交媒体，名流渗透进企业权力的最高圈层。名流还渗透进政治权力的最高圈层，其中最引人注目的是唐纳德·特朗普——他不仅显示了文化产业增长的政治影响力，更显露了现有制度下的危机：比起民主权力，人们更乐于接受情感上的刺激和娱乐。

最后，第八章基于米尔斯的公众和群众框架，论述了美国公民和政治生活逐步恶化的现状，及其背后的意识形态力量。公众被视作在民主审议和异议上积极参与、知识渊博、有自主权的代理人，而群众却是反智的、不知情的、易受操纵的。本章揭示了精英们如何将新闻媒体政治化和庸俗化，将教育私有化——教育不仅是公民参与的制度支柱，更是对精英权力的挑战。本章还展现了媒体垄断的力量，以及它是如何鼓吹和推进威权资本主义的。当下的政治生活和理性生活双双贬值，而我们却对那些将误导信息灌输给我们的源头浑然不觉。美国群众正在失去作为政治能动者主宰自己的生活、影响所在社区的能力——从根本上讲，他们也失去了以暴力的、多样的形式反抗威权主义的能力。

第一章

政府

（1973—2000年）

一方面，我们看到了衰败腐朽且担惊受怕的自由主义；另一方面，我们也看到了政治暴徒心中的不安和暴怒。

——C. 赖特·米尔斯

诺贝尔经济学奖获得者米尔顿·弗里德曼在1982年版的《资本主义与自由》(Capitalism and Freedom) 一书的序言中写道："只有真实可感的危机才能造就真正的变化。当危机发生时，我们周围的观念决定了我们将采取怎样的行动。我认为，这是我们的基本运作方式：开发现有政策的替代方案，并保持这些方案的活力与可行性，直至'政策上不可能'变成'政治上不可避免'。"正如弗里德曼所言，新自由资本主义作为美国生活的组织原则，其兴起取决于政治精英利用危机，让不可能的事变成不可避免的事的能力，以及他们不择手段地行使政府权力的能力。

本书前三章通过重点描述推动新自由主义资本主义发展的政治精英，及其在巩固精英财富和政治权力的过程中所起的作用，来尝试理解精英权力的本质。本章回顾了在比尔·克林顿、乔治·W. 布什（以下简称小布什）、巴拉克·奥巴马和唐纳德·特朗普四位总统的任期内，新自由主义变本加厉发展的过程，并探究他们分别如何促成我们现在正面临的层出不穷的剥削与不平等的现象，以及社会团结和自由民主等规范遭受侵蚀的现象。本章还评述了过去半个世纪中，政治精英所运用的政治和意识形态手段，包括政策、制度、法规的制定和执行，私有化以及人为造成的公共机构衰落——目的是让包括美国政府和世界秩序在内的力量服从资本的利益。本章研究了政治精英及其控制的结构如何切断人民与政府之间的联系，并压制或收买那些可能对提高收益率和创造财富造成阻碍的政策、法规、社会运动和政治组织。正如这部关于新自由主义国家及总统的简史所揭示的，两党与资本利益的结盟促成了一个更宏大的阶级稳固计划，其内容包括运用政治权力向上积累财富，以及背叛、剥削穷人与工人阶级。在这样的背景下，唐纳德·特朗普当选总统这一事实及在其任职期间产生的部落主义❶都不能被称为反常，反而是意料之中的，甚至是大势所趋的——源自两党对新自由主义政府的承诺。

新自由主义

新自由主义概念的来源可追溯到由一群历史学家、哲学家和经济学家于1947年成立的朝圣山学社。该学社的名字取自在银行和保险公司的资助下召开的首次会议的会址——一处瑞士温泉的名字。朝圣山学社的成员包括乔治·施蒂格勒（George Stigler）、米尔顿·弗里德曼、路德维希·冯·米塞斯（Ludwig von Mises）、詹姆斯·M. 布坎南（James M. Buchanan）、卡尔·波普尔（Karl Popper）和弗里德里希·冯·哈耶克（Friedrich von Hayek）等著

---

❶ 部落主义原指人类早期历史中的一种群体认同形式。在政治背景下，部落主义意味着强烈的文化或种族认同，其将一个群体的成员与另一个群体的成员进行区分。——译者注

名经济学家和哲学家，他们自称"新自由主义者"，深受19世纪的亲市场思想影响，愿献身于"个人自由"。

朝圣山学社将富人和企业领袖汇聚一堂，以提升其地位，但在战后数年该学社却一直处于边缘状态，直到20世纪70年代的动荡之后，情况才有所改变。弗里德曼和布坎南在1964年巴里·戈德华特（Barry Goldwater）的总统竞选活动中担任顾问。这场竞选的失败表明，新自由主义思想当时并不受美国公众欢迎。即使在保守的南方，人们仍然将政府视为经济安稳的来源，并重视包括公立学校、社会保障、医疗保险在内的联邦计划。这种情况在20世纪80年代和90年代开始发生变化。在新自由主义政府官员、高校学者以及来自传统基金会、胡佛研究所、美国企业研究所等机构的智囊团的努力下，这个曾经边缘的系统所包含的思想和技术，不仅变成了常识，且彻底占领了逻辑的高地。

1981年5月，玛格丽特·撒切尔（Margaret Thatcher）在接受《星期日泰晤士报》（Sunday Times）采访时表示："让我恼火的是，过去30年来政治一直朝着集体主义社会的方向发展，人们已经忘记了个人社会。"她在随后的战略讨论中，做出了那句臭名昭著的发言："经济学是一种方法，其目标是改变心脏和灵魂。"在冷战的背景下，新自由主义者企图通过强调人类尊严与自由的价值，来改变人们的思想，这与恐怖的法西斯主义截然相反。对他们来说，中央集权制政府效率低下，特殊利益集团极易贪污腐败；少数服从多数原则是对个人自由的威胁。

在新自由主义的世界观中，市场是一个中立的竞争环境，任何人都可以在此通过努力工作并在竞争中获胜来实现美国梦。新自由主义者相信，正是努力工作和竞争带来了创新、财富和伟大

第一章　政府（1973—2000年）

的文明。只有鼓励不受限制的创新与奋斗，一个社会才能让所有人拥有高水准的生活、自由和正义。因此，政府应维护财产权和竞争，而非监管市场活动或侵犯人民的私有财产，妨碍他们的选择自由。在新自由主义成为权威的背景下，法律法规、贸易协议、公共机构和税收制度的价值，不再取决于它们是否服务于人类和环境，而取决于它们是否促进竞争和资本流动。

新自由主义宏大叙事的根基是"选择"和"个人责任"这对孪生概念，这也反映在撒切尔夫人关于所谓的"个人社会"的自相矛盾的评价中。就选择而言，新自由主义的意识形态是以"自由"的理念为前提的，它以个体能力为基础，鼓励在不受干涉的情况下理性并自由地追求个人利益。个人财产受到法律保护，个体可以自由地选择如何生活，并对自己的福祉负责。在此背景下，新自由主义者反对社会福利政策，提倡减免税收、将社会机构完全私有化。因为他们认为要求人民向一个共同制度交钱，从根本上说是一种强制行为——何况这个制度内的官员往往一拍脑袋就做决定，该制度的附庸者们还可以剥削人民和滥用职权。税收对于新自由主义者来说，不再是公共利益的保证，而是需要去想方设法减少的生意成本。尽管他们总是围绕着自我调节市场的平等和高效编织神话，但现实中的自由主义却在很大程度上依赖由政府势力设定的法律架构和"竞争条件"，来达到资本积累的目的。这些架构包括财政政策、行政监管措施，以及利用法院促进资本流动，和对可能妨碍资本流动的人群实施暴力和压制性的惩罚政策。

举例来说，管控全球经济的法律条款就影响着"自由"贸易。而承认相应条款可能意味着参与国要废除价格控制、环保法规等基本国家法规，新自由主义者将这个过程视为一种放松管制和消除贸易"壁垒"的方法。在他们看来，消除这些壁垒能为各方提供"公平的竞争环境"，为创新和共同繁荣创造有利条件。事实上，自由贸易协定所消除的，是阻挡血汗工厂遍地开花和防止工人被剥削的壁垒，是保护公共机构和原住民土地的壁垒。这些协定毁掉了数百万个工作岗位，使薪酬下降，剔除了对消费者和环境的重要保护，还在多方面摧毁了当地工业。此外，他们还建立了执行机制（特别法庭），明确规定成员国不得批准可能蚕食跨国公司利润的法律或法规。新法规不是为了保护环境或防止工人权利遭受侵犯，而是为了确保贸易协定会对创造利润与促进资本流动有益。

在国内，新自由主义者将"放松管制"这一理念合理化，并通过规训手段和适时的声明，扫除烦琐的法规与官僚主义的繁文缛节带来的阻碍（他们会散布"政府越权"或共产主义威胁等骇人听闻的谣言）。例如，政府官员通过升级消费者的信用额度及其所消费的产品和服务（包括汽车和大学教育），来合理合法地"放松对银行业的管制"。然而，在没有政府监管的情况下，银行却可以通过征收过高的贷款利息和增加隐藏费用，来抢劫"高风险"借款人（即穷人和工薪阶层）。如今，许多老年人都不得不使用信用卡支付医药费和电费，而大多数美国大学生都背负着数万甚至数十万美元的学生债务。

从更宏观的视角看，这种不受约束的银行体系促使资本主义经济的重心从生产转移到金融，并在全球金融市场一体化的进程中，成倍增加了投机和赢利的机会。于是，华尔街投机者打着"放松贷款标准，扩大住房拥有率"的旗号，在房地产市场上进行了价值高达数百亿美元的投机行为，几乎摧毁了全球经济。美国政府为此介入原本稳定的市场，以力保银行，这造成了有目共睹的道德危机：全国大量民众因此丢掉工作，失去住房。

新自由资本主义的发展在很大程度上依赖两党达成的政治共识及行政权力的扩张。在过去的半个世纪里，民主党和共和党都曾公开批判赤字上升的危险性，并贬低"财政责任❶"的重要性。与此同时，一届届政府严苛地削减了在核心机构和服务方面的公共开支，包括对学校、图书馆、公共交通的资助，儿童保育和住房援助（工人阶级和穷人十分依赖这项计划），以及税收补贴计划。当这些削减不可避免地使社会问题恶化时，腐败的立法者便将政府、公共部门的员工和工会变成替罪羊，随后将曾经的公共资源交给私营企业打理，于是这些资源开始受到利润动机和危机四伏的市场波动制约。类似的"煤气灯操纵"行为似乎还有很多。最初导致这些严苛的削减行为的，是预算的短缺，而这种情况多是由被买通的政客在公司减税、公司合同和补贴等方面的超支造成的——这无异于对富人实行社会主义，而对其他人实行资本主义。

1973年，智利

新自由主义的急剧崛起，以及权力精英操纵政府势力和机构

---

❶ 指财政部门行使财政管理权，对国家承担的职责和义务，包括组织财政收入、安排财政支出、实现财政收支平衡、促进资金合理配置和财力合理使用，以及监督管理社会经济生活和财政分配等。——译者注

以达到目的做法，本质上源于 20 世纪 70 年代初的智利，这里发生的事情为世界提供了新自由主义与权威主义共同运作的早期构架，也展示了将"自由市场"抬高至终极政治权威的后果。文豪爱德华多·加莱亚诺（Eduardo Galeano）在反思美国政府和跨国公司鼓动下的乌拉圭专制独裁统治时，揭示了新自由主义的本质："把人们关进监狱，这样价格就可以自由了。"这种情况又在智利上演了。在经济学家的帮助下，政府和企业的精英与种族灭绝主义者串通一气，以暴力手段推行新自由主义改革。

自 20 世纪 60 年代以来，中央情报局一直通过美国国际开发署向智利的亲美商业团体提供资金。智利作为世界铜矿开采业的引领者，其高达 80% 的铜矿产量却由美国的跨国公司控制，铜矿生产为这些公司创造了数亿美元的利润。严重的收入不平等使智利民众对美国投机商的怨恨日益高涨，在此背景下，1970 年举行的总统选举中，萨尔瓦多·阿连德·戈森（Salvador Allende Gossens）赢得了普选。他提出将铜矿等主要行业国有化，并与社会主义和共产主义国家建立更密切的联系。这个计划让他成功当选，却也激怒了亨利·基辛格和理查德·尼克松，他们以遏制共产主义的"多米诺骨牌效应"为理由，暗中下令，推翻了阿连德的政权——尽管他们与智利企业精英的勾结以及向中央情报局发出的"让智利经济尖叫"的指示表明，贪婪和仇恨或许才是他们真实的动机。戴维·洛克菲勒（David Rockefeller）就是企业精英之一，这位来自美国最富有家族之一的权力精英，在拉丁美洲拥有重大股份。他作为拉丁美洲商业委员会的代表进行游说。该委员会是由当地的一个蓝筹股公司财团，在肯尼迪总统要求商界支持其反卡斯特罗议程的基础上建立的——旨在阻止该地区美资铜矿公司的国有化,同时打击阿连德政纲中的其他内容,包括土地再分配。当时,智利经济正遭受恶性通货膨胀的困扰,而中情局策划在卡车运输行业发动罢工,借此进一步恶化局势。阿连德倒台后,新上任的总统皮诺切特根据"芝加哥男孩"的指示重新调整了经济方向。"芝加哥男孩"是在芝加哥大学弗里德曼再教育机构接受培训的一批智利经济学家。在洛克菲勒的资助下,该大学在1957年到1970年间,开设了一个让智利学生接受自由放任主义及反共传统的培训项目。这些学生中的一些人后来返回智利,在公共部门工作,并贯彻他们学到的市场改革方法。

智利政府以武装力量残忍地实施了新自由主义改革——这与新自由主义者所主张的"国家应最小限度参与经济事务"的原则产生了直接矛盾,更不用说他们对人类自由所谓的关心了。这些改革包括将智利本国的财富大量转移给海外投资者和私营企业,将政府支出削减27%,并解雇数万名公务员。卫生和医疗系统被私有化,数百个州政府的产业被低价出售,甚至连穷人社区的卫生中心这类间接提供公共服务的机构,都被关闭了。皮诺切特还撤销了对金融部门的管制,并将其从公共银行业中剥离,同时降低了进口关税,取消了对外国投资的限制。

政府对工会和抵抗运动的镇压使皮诺切特成为史上最邪恶的独裁者之一。据《华盛顿邮报》(*Washington Post*)报道,皮诺切特政府曾造成3 000多人死亡,对29 000多人实施酷刑,其中大部分发生在皮诺切特确立地位的时期,美国参与了这一过程。2006年,智利的调查人员宣布,他们发现皮诺切特在美国等国的多个海外银行中,存放了数百万美元的国家资金,并且在一家海外银行中存放了价值约1.6亿美元的10吨黄金。

新自由主义的领头羊哈耶克、弗里德曼和布坎南曾前往智利为皮诺切特政权提供建议，促使他的独裁政权在全世界合法化。弗里德曼在1975年访问期间，向军政府传授了货币主义和经济紧缩政策的技巧。不久之后，他用沾满了智利人民鲜血的手，接受了诺贝尔奖。1980年5月，在大规模清洗公立大学教师的几个月后，詹姆斯·布坎南前往智利指导皮诺切特，使其能顺利操纵政治和宪法制度，让他的"改革"很难被继任的政府废除。

杰拉尔德·福特（Gerald Ford）就任美国总统后，让副总统尼尔逊·洛克菲勒（Nelson Rockefeller）高调地"独立"调查中情局的非法活动，因为中情局对美国公民进行非法窃听和精神控制实验的证据正被新闻媒体曝光。鉴于洛克菲勒家族和中情局之间的合作，这显然是"让杰西·詹姆斯[1]（Jesse James）守卫银行"的案例。毫无意外，就中情局在智利及其他地区滥用职权一事，洛克菲勒淡化了洛克菲勒委员会的调查结果。2016年2月，乔治·华盛顿大学国家安全档案馆公布了大量证据，详细说明了福特政府如何大幅修改洛克菲勒委员会的最终报告，其中包括大量时任白宫副幕僚长迪克·切尼（Dick Cheney）在报告上进行手写编辑的记号，而有关中情局海外暗杀的86页内容也被完全删除。

1975年，纽约财政危机

当然，拉丁美洲只是戴维·洛克菲勒帝国计划中的一个小插

---

[1] 杰西·詹姆斯是知名的银行抢劫犯。——译者注

曲。在智利政变的同一年,他成立了三边委员会,这是一个由来自美国、日本和欧洲的企业精英、银行精英和政治精英组成的拥有强大权力的骨干团体,他们的目的无非是巩固统治阶级的权力,并主宰世界秩序。三边委员会在吉米·卡特(Jimmy Carter)当选总统的过程中发挥了主导作用,作为回报,卡特授予委员会成员以最高行政职位。洛克菲勒在卡特执政期间发挥了非凡的影响力,比如出主意将流亡的伊朗国王带到美国,并最终促成了伊朗长达444天的人质危机。

洛克菲勒在纽约财政危机中也起到了重要作用。这场危机经常被列为"第一世界"新自由主义改革的案例。1970年至1975年间,美国东北的制造业就业率下降了10%以上,而在生活成本较低、土地价格较低、工会力量较弱的"太阳带"各州,这一数值却大幅上升。为了从投资减税政策中获利,美国国内企业存在产业分散的情况。一方面,自动化正将制造业的工作机会逐渐转移到服务业;另一方面,美国经济组成中存在不少以日本为主的对外直接投资。产业分散的情况也存在于海外跨国公司中,这造就了一个由广泛分布的劳动力市场支持的全球生产网络。高度竞争的供应商群体在这个时候刚刚形成,该趋势随着20世纪90年代"自由贸易"的扩张而加速。

20世纪60年代,由于去工业化和郊区化,纽约的经济基础陷入困境。纽瓦克和底特律等城市的骚乱使纽约领导层相信,强有力的工会合同,以及对公共就业和公共服务的投资是必要的。然而,随着大萧条以来最严重的经济衰退降临,政府税基因失业率上升而降低,这导致纽约越来越依赖联邦援助。当尼克松突然终止联邦支援时，纽约这个"傻子村❶"（Gotham）不得不增加负债，以支撑公共支出。在失业率飙升的背景下，贷款利率也提高了，最终纽约的债权人完全停止了放款。

拒绝为纽约提供救济的银行正是那些一开始无视其不断膨胀的债务，并鼓励该市过度借贷的银行。市政债券的交易和承销是一项利润丰厚的业务，因此银行家们纷纷涌入，导致在全国范围内，银行持有的免税市政债券的比例，从1960年的25%增加到1970年的近50%。税收免除使商业银行的有效税率从1960年的33%下降到1974年的16%。由于纽约深陷这样的困境，到1974年年底，银行利率已经高达近10%了。这时，他们意识到纽约的资金库存已被耗尽，于是抛售了手中的资产，并完全退出债券市场，致使纽约市濒临破产。

在美国国防部部长唐纳德·拉姆斯菲尔德（Donald Rumsfeld）和财政部部长等保守派理论家的操控下，福特政府最初的反应是拒绝提供联邦援助，以此对他们口中"肆意挥霍"的行为予以惩戒。行政分支愿意向国会请愿，为扎伊尔共和国提供紧急援助，却不愿以这种方式援助纽约。对此，明尼苏达州参议员休伯特·汉弗莱（Hubert Humphrey）提出合理抗议，反对政府在对扎伊尔予以援助的情况下，对纽约的危机置之不理。大约在同一时期，《纽约每日新闻》（*New York Daily News*）发表了封面文章《福特对纽约说：去死吧》（*Ford to City: Drop Dead*）。纽约的财务管理被交给了市政援助公司——这个"复仇者银行家委员会"由传

---

❶ "傻子村"是纽约的绰号。——译者注

奇人物费利克斯·罗哈廷（Felix Rohatyn）领导，他后来发布了一份包含结构性调整条款的救助计划，几乎将纽约摧毁。

此时，时任商务部部长彼得·彼得森（Pete Peterson）已经从内阁人员转变为雷曼兄弟公司（Lehman Brothers）的总裁。1975年10月18日，在美国参议院银行委员会就纽约财政危机举行的听证会上，彼得森与当时最有影响力的商业银行家戴维·洛克菲勒、花旗集团董事长兼首席执行官沃尔特·瑞斯顿（Walter Wriston）以及华尔街的其他重量级人物共同出庭作证。一些放贷的银行家只是想拿回他们的钱，彼得森这样的理论家却在利用财政危机这个机会攻击纽约的工会、社会薪酬政策和政府监管制度，并提出"财政责任"的理念。瑞斯顿将纽约"具有财政毁灭性"的养老金制度与乌拉圭的经济制度进行了比较，认为这无异于让"20%的公民支援80%的平民"。

彼得森和瑞斯顿的观点最终占了上风。在工会和群众抗议中，纽约解雇了大量公共部门的员工，而那些免于被解雇的员工的工资和福利也遭到了削减。这场危机终结了纽约市立大学的免费高等教育项目——这本是纽约工人阶级向上流动的渠道。这场危机还使包括医院在内的市政服务遭到大力削减。正如大卫·哈维（David Harvey）所言，"其间最大的丑闻是要求市政工会将原本的养老金用来投资城市债券"。

威廉·H. 西蒙（William H. Simon）这位20世纪80年代臭名昭著的杠杆收购"先驱者"，后来成了极端保守的奥林基金会（Olin Foundation）的负责人。他断言，在他的领导下，这些救助条件是为了施加"巨大的惩罚，让整个过程痛苦非常，以至于任何城市、行政区都不会因受到诱惑而走上同样的道路"。民主党精英们对此鲜有异议，这让福特时期的首席经济顾问艾伦·格林斯潘（Alan Greenspan）对自由派和保守派之间明显的"态度趋同"发表了评论，说他们"都期望抑制通胀、削减赤字支出、减少监管和鼓励投资"。

到 1980 年，纽约五分之一的地方收入都被用来偿还债务。从消防用车到住房和卫生服务，从公共交通和公共住房到教育等，各个方面的预算削减损害了公共卫生，透支了社会保障网，也剥夺了工人阶级的流动渠道。这些损害及其他因素驱逐了该市"过剩"的劳动力，并促成了一个由华尔街精英、广告人、中层管理人员和技术工人组成的新人口格局。这套话语对一味逐利的银行家不负责任的放贷行为避而不谈，且以名副其实的新自由主义姿态，指责公共部门员工、工会和穷人，并诋毁政府福利制度是在"给无赖送钱"。

滞胀

纽约财政危机是在一个大背景下发生的，那就是通货膨胀和失业率的同时上升，人们对是否应该实施货币政策和通货紧缩政策来遏制这一趋势争论不休。肯尼迪上台后，他所面临的除了经济衰退和高失业率，还有利润下滑、国际贸易逆差不断增加以及美元急剧贬值等情况。在经济动荡中，关于"政府为确保充分就业应起到什么作用"的争论，实际上指向了凯恩斯主义的两种模式：在其中一种模式中，政府会通过计划和直接干预缓解高失业率，如提供联邦就业保障；另一种模式倾向于以市场为主导，在解决社会民主问题之前，先解决经济稳定问题——通过减税和企

第一章　政府（1973—2000年）

业补贴，鼓励消费和私营企业增长。这种模式认为商业发展能够创造就业机会，刺激因素将会扩散到整个经济体系。肯尼迪总统的一些经济顾问曾建议增加公共开支，力求保证充分就业，同时接受一定程度的通货膨胀；但总统最终采取了减税路线，迅速地将社会民主主义这一选项从谈判桌上抹去——这是新自由主义发展的关键性一步。

这种更倾向于市场的凯恩斯主义确保了工资和消费的增加，以此换取超过工人需求的生产率，并以失业为威胁规训工人。在20世纪60年代末，越南战争时期持续的高就业率和经济刺激被越发严重的联邦赤字和通货膨胀取代，这迫使林登·约翰逊（Lyndon Johnson）总统缩减了各种"伟大社会项目"的经费。到了20世纪70年代初，通货膨胀加剧，呈现出物价上涨和失业率上升齐头并进的奇特巧合——这种现象被称为"滞胀"，其在四届总统任期内持续存在。滞胀破坏了主流经济学家的普遍假设，即国家干预可以实现就业和通胀之间的功能性平衡。虽然农作物歉收和石油输出国组织（简称欧佩克）石油禁运等特殊和短期因素在物价飙升中发挥了至关重要的作用，但商业精英和新自由主义经济学家之间却达成了越来越多的共识，认为凯恩斯主义正处于危机之中。他们得出结论：政府补助的刺激效应无法继续有效地稳定物价、确保良好的就业水平，而通货紧缩和操纵货币供应却能达到目的。

1979年7月15日星期日，吉米·卡特总统在一档黄金时段的电视节目上，向数百万观众发表了历史性的全国讲话。10天前，他就已做好打算，在欧佩克宣布下一轮严酷的石油价格上涨计划时，发表一次截然不同的演讲。1973年，欧佩克的首次禁运令天

033

然气价格翻了两番，造成了严重的燃料短缺，这迫使许多美国民众在加油站前排起长队。灾难性的高失业率和高达14%的通货膨胀率使卡特的支持率骤降至25%，甚至比理查德·尼克松在水门事件期间的支持率更低。当时，卡特取消了关于能源问题的演讲，前往戴维营，这促使"他已经逃去国外避风头了"的谣言不胫而走。

卡特的讲话标志着他在销声匿迹10天后，在众人的期盼下回归了。在戴维营期间，他就自己的总统地位，与"教师、传教士、州长、市长和没有特殊身份的普通公民"进行了磋商。一篇关于他坐在地板上胡乱做笔记的报道，让媒体大肆讽刺这位曾是农场主的总统，批评他无能且不靠谱。尽管卡特在中东事件上苦苦挣扎，但对他来说，真正威胁美国的危机不是来自欧佩克或阿亚图拉❶（Ayatollah），不是他在政治上的失误或错误领导的结果。这个国家表面上的人心溃散实则是由内部的"信任危机"引发的，只有通过自我牺牲、赎罪和精神重生才能被治愈。"美国精神危机的症状无处不在。在我国历史上，大多数人第一次有了这样的预估：未来五年将比过去五年更糟糕。"卡特哀叹道。

正如民调专家帕特里克·卡德尔（Patrick Caddell）预测的那般，卡特"令人不安的演讲"助他提高了支持率，但这没能持续多久。在发表讲话的第二天，总统要求全体内阁和白宫工作人员提交辞职信，以这种自作聪明的方式表明他对变革的决心。财

---

❶ 阿亚图拉·鲁霍拉·穆萨维·霍梅尼，曾为伊朗伊斯兰共和国领袖。——译者注

政部部长 W. 迈克尔·布卢门塔尔（W. Michael Blumenthal）是此次改组的受害者之一。当时的美联储主席 G. 威廉·米勒（G. William Miller）接任了布卢门塔尔，美联储因此出现了一个显眼的职位空缺，这不仅扰乱了金融市场，也使美元估值下降。卡特任命保罗·沃尔克（Paul Volcker）接替米勒担任美联储主席，尽管他对于沃尔克声名在外的保守主义和特立独行有所保留。

对沃尔克的任命不仅是华尔街的选择，同时也具有政治价值。他被戴维·洛克菲勒高度举荐。沃尔克作为独立思想家的形象有可能帮助目前声名狼藉的美联储恢复声誉，回到尼克松及美联储主席阿瑟·伯恩斯（Arthur Burns）在职时的状态。在尼克松的施压下，伯恩斯操纵货币供应量以帮助总统连任，这有效地刺激了经济，但也刺激了通货膨胀。卡特相信他作为新任美联储主席，可以恢复美联储以及国家的稳定和独立。卡特或许大错特错了。

在卡特发表令人不安的演讲的两个月之后，沃尔克发表了他自己的里程碑式演讲，将其称为"周六夜大屠杀"或许也不为过。卡特在演讲中呼吁美国民众自我牺牲，而沃尔克竟冷酷地逼迫他们自我牺牲。尽管关于"货币主义的解决方案是否能够抑制失控的通货膨胀"，美联储领导层内部仍呈对立局势（沃尔克本人之前反对此解决方案），但一系列内部会议最终促使决策者们达成共识：有必要采取严厉的措施。多年后，经济学家认为当时的通胀趋势似乎被高估了。撇开石油和食品价格在短期内急剧上涨不谈，他们认为核心通胀率实际上要低得多——这表明当初更谨慎的应对措施是等待这种情况结束。

但"沃尔克休克"策略不仅对市场进行了调整，更通过制造深度经济衰退，并将失业率推高到大萧条时期的水平，以施加财政约束。这使工人及工会处于从属地位。沃尔克将加薪需求视为物价上涨的首要原因，甚至会随身携带工会合同谈判时间表的索引卡。随着大量人员失业，工会人数减少，外加人们由于贫困不敢花钱，通货膨胀必然会爆发。没有谁比卡特总统对沃尔克休克法更感到震惊，他一直在筹备自己的反通胀策略——该战略是在与企业高管和劳工领袖的磋商中形成的。沃尔克的计划削弱了总统的策略，并可能影响到卡特的连任。但对于新自由主义者来说，沃尔克休克法却创造了他们所需的危机条件。通过这种方式，美国才能产生米尔顿·弗里德曼所说的"真正的变化"。

其实（早些年的）卡特在诸多方面，已经走上了新自由主义改革的道路。作为佐治亚州州长，他致力于改善效率低下的政府，并将通货膨胀与预算赤字和公共支出挂钩。在1978年10月24日的一次电视讲话中，他将通货膨胀列为美国"国内最严重的问题"，并宣布了他的首要任务："我们将抑制政府支出，减少预算赤字，消除政府浪费。我们会大幅削减联邦雇员数量，减少联邦劳动力。我们将摒除不必要的监管措施。"而就在同一天，卡特签署了1978年的《航空管制放松法案》（Airline Deregulation Act），他强调该法案对"对抗通胀"而言至关重要。该法案取消了价格管制，允许小型航空公司破产——这使航空公司员工的福利和工资遭到削减。同年，卡特还援引了危害工人利益的《塔夫脱–哈特莱法案》，迫使正在进行"野猫罢工"❶的煤矿工人重返工作岗位，以帮助国家实现"能源独立"。

---

❶ 野猫罢工指无工会领导的自发罢工。——编者注

第一章 政府（1973—2000 年）

卡特减少了企业须支出的社会保障税。他将最高资本利得税率降低了 40% 有余。他还压制了要求美联储降低失业率的《汉弗莱-霍金斯法案》，反倒将企业提倡的反通胀事宜提至就业政策的重心。除了放松对航空公司、卡车运输和铁路的监管，卡特还取消了罗斯福新政中 "Q 条例" ❶（Regulation Q）中的利率上限。这一举措为金融剥削开启了无数机会：从次级抵押贷款到汽车贷款和发薪日贷款 ❷，这些都掠夺了穷人和弱势群体本就微薄的收入。

在这样的大背景下，沃尔克休克法致使利率大幅上升至 20% 以上，极端失业率高达两位数，通货膨胀率接近 14%，同时，公共支出的削减严重削弱了劳动者维持生存的能力。大型企业和金融机构却通过沃尔克和美联储发布的一系列选择性紧急援助措施幸存下来。在此期间和之后的几年中诸多不算引人注目的紧急援助措施（其中没有一项是针对公众的）都可看作 2008 年对华尔街的紧急援助的预演。随着全国超过 10% 的人失业、食品和燃料等必需品涨至天价、抵押贷款和汽车贷款断供，美国中产阶级的生活水平下降到了大萧条以来从未有过的低点。田纳西州的一家建筑行业杂志《专业建筑商》(*Professional Builders*) 刊登了一张沃尔克和其他美联储官员的 "通缉" 海报，指控他们 "冷血地

---

❶ 美国联邦储备委员会执行的一款条例，目的在于限制银行的存款利息率。——译者注

❷ 一种无须抵押的小额短期贷款，以个人信用作担保，其依赖的信用依据是借款人的工作及薪资记录。借款人承诺在下一发薪日偿还贷款并支付一定的利息，故被称为发薪日贷款。——编者注

蓄意谋杀了数百万家小企业"。正如罗伯特·萨缪尔森（Robert Samuelson）在《大通胀及其后果》（*the Great Inflation and Its Aftermath*）中描述的那样："经济大屠杀的证据随处可见。春天以来，每天有多达280人破产，创下第二次世界大战后的最高水平……美联储在职的经济学家们预计经济到1982年中期会迎来复苏，许多独立经济学家也如此预测。但事实却并非如此。"

里根改革

罗纳德·里根（Ronald Reagan）是美国首位新自由主义总统，他地道的保守主义理念、直白的讲话方式、对美国霸权强有力的保证，以及"让大多数人富起来"的承诺，尤其适合弗里德曼的理念。从1979年的沃尔克休克法开始到1989年里根总统任期结束期间，美国前1%的富人拥有的财富占比从22%增至39%，几乎翻了一番，这是有史以来富人财富增长最快的一段时间。里根在白宫内阁室中悬挂的卡尔文·柯立芝[1]（Calvin Coolidge）的肖像，有意无意地透露出这种刻意的阶级结盟，且他在就职宣言中就表示"政府是问题所在"。关于这幅肖像，里根政府的财政部部长唐纳德·T. 里根（Donald T. Reagan）解释道："我们虽不会再回到以高纽扣鞋和赛璐珞衣领为时尚的时代，但总统确实打算采用许多过去的金融策略和经济激励措施——它们

---

[1] 约翰·卡尔文·柯立芝毕业于美国雪城大学，是美国第30任总统、共和党。其在政治上主张小政府，以古典自由派保守主义而闻名。——译者注

第一章 政府（1973—2000年）

曾为柯立芝时期的美国带来繁荣。"其中一方面包括对企业和高收入人群实施大规模减税政策，以及对金融部门的"放宽监管"，另一方面包括对工人、工会和穷人的持续打压。这些策略和措施还包括剔除罗斯福新政中的反垄断架构，使企业精英的权力得以大规模集中。正如弗兰兹·诺依曼在《巨兽：1933—1944年国家社会主义的结构与实践》中揭示的那样，这种模式在欧洲法西斯主义的兴起中发挥了关键作用。

里根在执政初期，组建了一个由尼克松时期的财政部部长乔治·舒尔茨（George Shultz）领导的新自由主义经济顾问"梦之队"，其中包括弗里德曼、施蒂格勒以及艾伦·格林斯潘、沃尔特·瑞斯顿、杰克·坎普（Jack Kemp）、阿瑟·拉弗（Arthur Laffer）等。里根的"涓滴"理论❶在很大程度上依赖于拉弗的主张：其一，在当时的情况下，若税率降低，那么（依照"拉弗曲线"❷）税收收入将增加；其二，用减税和补贴的方式养活企业和富人，能够促进投资、扩大国家的整体生产力，从而"自然而然地"惠及所有人。为此，里根将最高边际税率从70%压低至

---

❶ 指在经济发展过程中并不给予贫困阶层、弱势群体或贫困地区特别的优待，而是由优先发展起来的群体或地区通过消费、就业等方法惠及贫困阶层或地区，带动其发展；或认为政府财政津贴可先经过大企业再流入小企业和消费者之手，从而更好地促进经济增长。——译者注

❷ 拉弗曲线描绘了政府的税收收入与税率之间的关系，当税率在一定的限度以下时，提高税率能增加政府税收收入，但超过这一限度时，再提高税率反而会导致政府税收收入减少。因为较高的税率将抑制经济的增长，使税基减小，从而导致税收收入下降，反之亦然。——译者注

28%，并将最高资本利得税税率降低至 20%。他调整了政策以避免出现"税档潜升"的情况，避免通货膨胀将工人推到更高的税收等级，并通过赋予更慷慨的折旧津贴，来取悦商业领袖圆桌会议（Business Roundtable）中的商界精英。

1976 年，里根因"自愿社会保障"计划的失败，而在竞选中失去了共和党的提名资格，在该计划中，工人可"自主选择"自己的退休投资方案。这项计划通过允许富人退出社会保障系统，来抽取该系统的主要收入来源，从而将社会保障私有化。作为总统，他授权成立了一个由艾伦·格林斯潘领导的蓝丝带委员会，以解决该计划未来的偿付能力问题。"格林斯潘委员会"建议提升工资税，以弥补信托基金开始出现赤字时所需的支出，这一系列修正案于 1983 年通过。由于存在最低纳税额，中层收入纳税人所支出税款占其收入的百分比要比顶层收入纳税人高得多，税收制度因此异乎寻常地倒退了数年。在这场由政府推动的肆无忌惮的财富转移表演中，因里根对劳动人民征税而产生的额外收入，被用来填补因他为企业和富人大规模减税而产生的资金空缺。1987 年，里根任命格林斯潘为美联储主席，以奖励他在社会保障上做出的贡献。作为两党新自由主义共识的代表，格林斯潘被共和党和民主党总统接连任命，直到 2006 年才退休。

税收激励政策旨在帮助企业创新和创造就业机会，最终却因为企业将大量资金投入翻新、扩建工厂和去工业化而适得其反。钢铁、汽车和机械等战后时期的核心产业中的工作机会由于进口量的增加而减少，并且这些产业都向劳动力管制较弱、房地产价格低廉的南方各州转移了，像纺织品这样的非耐用品产业则全部从国内转移到了墨西哥和亚洲。1979 年至 1983 年间，汽车行业

第一章 政府（1973—2000 年）

减少了 25% 的工作岗位，到了 20 世纪 80 年代末，国外生产商占据了 50% 的市场。1980 年至 1984 年间，钢铁业的就业率减半，并在随后持续下降。在里根承诺的"自由市场"的国度中，企业高管而非政府管理着劳动力市场。在罗伯特·戈登（Robert Gordon）口中的"特殊世纪"（1870 年至 1970 年）所呈现的创新和增长骤然减少——这一趋势在随后的几十年中，随着投机性交易、股票回购和企业合并的增多而加剧。

在企业和金融利益的主导下，里根政府对工人发起了猛烈的攻击。联邦法院和国家劳动关系委员会中盘踞着的保守派法官和官员将工会恶意地瓦解。（曾在 1980 年支持里根的）10 000 多名专业空中交通管制员被厚颜无耻地解雇。政府利用军事人员将"解雇压力"移交到雇主身上，其中一些雇主因为贸易政策的激励，将工作岗位转移到了海外。试图加入工会的工人会被解雇，取而代之的是愿意接受较低工资和零福利的临时工。里根上台时，美国有近 25% 的工人加入了工会。到他任期结束时，加入者占比减少到 17%。到 2013 年，这一占比进一步下降到 11%。尽管有证据表明工会工人比非工会工人更有可能获得养老金、雇主提供的医疗福利和更高的工资，但工会的加入人数占比仍处于较低水平。经过里根的总统任期，以 1980 年的贫困水平为基准，到 1990 年，联邦最低工资下降了 24%。

里根政府还对穷人发起了强攻。里根公然将失业和无家可归的原因归为个人选择的失败，并使用"福利皇后"这种带有种族歧视的语言污蔑穷困的黑人女性［这与他在戈德华特的启发下采取的一贯行动一致：与南方白人至上主义者站在一边，批准《反对学校合并及平权运动法案》(Opposing School Integration, Affirmative

Action Act）和《1964年民权法案》（1964 Civil Rights Act），以及在1964年的自由之夏谋杀案现场开启1980年的大选演讲］。高失业率意味着约1 600万人失去了医疗保险，学校午餐计划的资金削减使遭受饥饿的儿童数量增加。由于公共住房和第八条款（房屋租金）援助金被大幅削减，无家可归者数量飙升。《1968年住房法》（The Housing Act of 1968）规定，国内每年须新建260万套住房，且其中60万套须供给低收入家庭。到1979年为止，国会共批准了55 000套新公共住房，但里根总统在任职期间没有批准任何一套，而是推广租房券。里根在系统地废除罗斯福新政的政策时，放弃了联邦政府对公共住房的承诺，并表示会把经济适用住房留给私营企业。一位政府官员在一次采访中评价道："关于联邦政府可以解决美国住房问题的共识一去不复返了。"

在大西洋彼岸，新自由主义者对公共部门、工人阶级和穷人的攻击也如火如荼地进行着。玛格丽特·撒切尔能成功当选很大程度上是因为她与工会作对，而英国工会在她选举期间，已在选民中声名狼藉。与美国一样，滞胀使英国经济陷入混乱，当工党政府向国际货币基金组织求援时，国际货币基金组织明确把削减政府的社会福利开支，作为提供贷款的条件。最终，工党未能控制住滞胀。于是，从掘墓人到医院员工和环卫工人，全民都参与了1978年的"不满之冬"罢工。街道上堆积如山的垃圾和未被掩埋的遗体推动着媒体与公众对工会的一致反对，也为撒切尔夫人的胜利打开了大门。

在波普尔和哈耶克的影响下，撒切尔夫人对新自由主义教条充满了狂热的献身精神，这一点在她对工会机构和福利国家高明而不知疲倦的攻击，以及对"个人自由"的夸张赞颂上，体现得淋漓尽致。"根本没有社会这种东西，只有单身男女和家庭"，她如是说。在私有化和出售国有产业方面，航空、电信、能源服务等国有行业被她"精简"运营（即解雇工人），以使国有资产对投资者更具吸引力。在这次清洗中，英国大部分公共住房被低价出售，以实现中产阶级"拥有自己名下的房产"的梦想。在撒切尔夫人执政期间，英国的失业率上升到10%，工会几乎被消灭。

新民主党

2002年，撒切尔夫人在被问及她作为首相的最大成就时，回答道："托尼·布莱尔（Tony Blair）和新工党。我们以此迫使我们的对手改变主意。"新自由主义者以比尔·克林顿和新民主党为傲，也是同样的原因。从20世纪90年代初开始，民主党摒弃了与劳联-产联和工人阶级结成的传统联盟，转而与沃尔玛、高盛、大型制药企业等企业权力捍卫者结成联盟，由此成了一个主张财政紧缩、放松管制和自由贸易的政党；同时效仿了共和党的"严肃法纪"议程、对穷人的攻击以及对海外的帝国霸权野心——民主党以这种方式攫取了政治权力。

1984年总统选举期间，民主党及其政治视域的右倾趋势越发明显。关于民主党的财政包干策略❶，《纽约时报》记者彼得·T.基尔伯恩（Peter T. Kilborn）写道："闭上眼睛，光听他们说的话，

---

❶ 财政包干策略是一种处理央地财政关系的管理体制，其要求在地方预算收支核定之后，在保证中央财政收入的前提下，地方财政达到自主平衡。——译者注

你会认为他们是共和党。民主党的主张是新罕布什尔州不需要大政府。"沃尔特·蒙代尔（Walter Mondale）在1984年的总统选举中提出了一个削减赤字的纲领，他虽然也呼吁增加税收、减少国防开支、下调医疗服务支出，但不像里根那样削减社会项目。然而，包括当时的参议员乔·拜登在内的其他民主党人，却试图通过共同发起共和党立法、冻结社会保障、提高退休年龄，来从右翼包抄里根。拜登等人的方法占了上风，在蒙代尔、卡特和杜卡基斯（Dukakis）的竞选遭遇惨败之后，民主党成立了民主党领导委员会，将党内立场进一步向中间派转移，他们相信这样就可以赢得选举。

到了1992年，共和党的国家债务已经翻了两番有余，民主党总统候选人参议员保罗·聪格斯（Paul Tsongas）的保守主义宣言荣登全国舞台。在名为《经济武器的呼唤》（*A Call to Economic Arms*）的竞选纲领中，保罗把"毁天灭地且无以为继的债务"描述成末日。他认为，解决这个问题需要权益改革，同时降低资本利得税，以鼓励长期投资。同样参加了1992年总统选举的"平民竞选人"石油大亨罗斯·佩罗（Ross Perot）声称，通过对接受社会保障的人进行经济状况调查，他可以省下200亿至1 000亿美元的政府支出。五连任的阿肯色州州长比尔·克林顿将佩罗的计划称为"对社会保障系统的全面攻击，破坏了社会保障计划的普遍性"。但克林顿自己也参与了一个为了实现"更精简，而非更吝啬的政府"而"无所不用其极"的计划。在民主党提名的胜选演讲中，克林顿预示了他的"新约"将如何削减社会支出，促进学校自主选择，并推行"一种新的政府运作方式……理解就业岗位必定来自充满活力与生机的自由企业体系的增长"。

第一章 政府（1973—2000年）

作为总统，克林顿支持社会自由主义和财政保守主义的"第三条道路"——以前者支撑后者。身份政治既有利于克林顿的政治野心，又为新自由主义者提供了一种手段，以将种族和性别与自由主义结合，用"包容"和"认可"等多元主义术语，而不是"再分配"这种直白的描述，来使他们的阶级稳固计划正当化——奥巴马也将这种方法用得得心应手。举例而言，克林顿内阁中的司法部部长珍妮特·里诺（Janet Reno）和国务卿马德琳·奥尔布赖特（Madeleine Albright）是第一批担任高级行政职务的女性。但也正是里诺倡导了严厉的治安保卫政策，并启动了大规模监禁措施，这对以穷困黑人和西班牙裔男子为主的群体造成了影响。当被问及对美国对伊拉克的制裁导致50万儿童丧生一事的看法时，奥尔布赖特说："这是一个非常艰难的选择，但我们认为这个代价是值得的。"这种手段在别处也有所体现，如新民主党表面的反种族主义口号与他们实际对待穷人和工人的方式之间的矛盾。克林顿可能曾为南方黑人教堂唱过振奋人心的歌曲，但他有关福利改革的诡辩，却与里根为了攻击穷人和巩固监狱国家❶而对贫困的黑人男女发起羞辱相呼应。

克林顿在他的第一份预算——《1993年综合预算协调法案》（the Omnibus Budget Reconciliation Act of 1993，又称《赤字削减法案》）中提出了他通过削减开支和增加税收来减少赤字的计划。在此之前，乔治·H.W.布什（以下简称老布什）与温和派民主

---

❶ 指美国公共监狱大量私有化，私营监狱通过增加监禁人数等手段大肆敛财，成为美国社会的顽疾。——译者注

党人达成了历史性妥协，通过"现收现付"规则，限制可自由支配开支（即削减社会开支）。"现收现付"规定所有有关税收和福利的立法改革都应保持赤字中性或赤字减少。否则，为了抵消赤字增加，像全面削减社会保障和医疗保险这样的非豁免强制性计划将被触发。

尽管秉持着财政保守主义，但当时克林顿并不确定自己的就职预算是否获得批准。为了得到民主党参议员鲍勃·克里（Bob Kerrey）手上的决定性的一票（他认为预算在赤字问题上过于宽松），克林顿曾组建过一个两党委员会来研究权益问题。彼得·彼得森是委员会成员中为数不多支持克里的削减提议和私有化计划❶的人。尽管该组织最终未能达成共识，但保守派经济学家马丁·费尔德斯坦（Martin Feldstein）指出了其深远影响：

> 克林顿的演讲和他发起的官方国民教育运动将关于投资型社会保障改革的讨论，从一场关于政府与私人体系优点的意识形态辩论，变成了对于技术性问题的讨论：如何设计一个混合系统，才能使其既包括"现收现付"福利，又包括基于投资的固定缴款年金？

克林顿1993年的预算的确也包括了听起来很奥威尔式❷的"赋

---

❶ 指削减补贴和预算，私有化社会保障。——译者注
❷ "奥威尔式"指保守政体借宣传、误报、否认事实、操纵历史等方式，来实现社会控制。——译者注

权区"❶支出，这一概念被玛格丽特·撒切尔和杰克·坎普等人大肆鼓吹，其中包括利用税收减免和监管减免来刺激低收入地区的经济、促进商业驱动式发展。这种区域划分是针对城市衰退和区域发展的市场化解决方案，不仅为赢利打开了大门，还发挥了重要的意识形态作用，将税收和监管刻画成低收入美国民众福祉的障碍。这些技术官僚式的公私合作解决方案现在在民主党和共和党政府都很常见，他们希望通过向投资者提供非常有利的条件来限制公共支出：他们获取利润，纳税人承担风险。

规训工人阶级和穷人

在里根任期内，数十万制造业的工作岗位随着去工业化而消失，这导致在工人阶级聚居的市中心社区中，冲突横行，犯罪率飙升。根据民意调查，大多数美国民众支持严厉的打击犯罪政策——这一普遍立场的出现主要是因为媒体在宣传中将穷人描绘成罪犯，而不是受压迫的人。克林顿利用这种恐惧，开创了自己的事业，并吸纳了共和党对贫困和犯罪的规训方法，通过采用类似的种族主义言论，利用文化焦虑来为自己谋利。

在1993年新罕布什尔州初选之前，克林顿与对手保罗·聪格斯的支持率不分伯仲，还因为与詹妮弗·弗劳尔斯（Gennifer Flowers）的长期恋情而陷入丑闻。因此，克林顿试图通过展示他

---

❶ 政府指定援助的经济困难社区，但这种援助旨在通过刺激企业和创造就业机会使社区摆脱贫困。因此，"赋权"是一个有点委婉或充满希望的术语。目标社区的主要特点是贫穷。——译者注

对犯罪的强硬态度来获得政治优势。他飞往阿肯色州，以监督瑞奇·雷·雷克托（Ricky Ray Rector）政治谋杀案的侦破过程。雷克托是一名黑人，因枪杀一名白人警察而被白人陪审团判处死刑。枪杀事件发生后，雷克托曾向自己的头部开枪，医生通过前额叶切除手术挽救了他的生命，但这也使他的智力明显下降。这一严重损害本应豁免雷克托的死刑，因为这违反了《第八修正案》（Eighth Amendment）中关于残酷和非正常刑罚的禁令。但在克林顿的政治算盘中，这种残酷和不寻常的惩罚却可为他赢得执法部门和其他温和派选民的支持，并让共和党看起来不能严肃法纪——事实也的确如他所愿。

在执政期间，克林顿的"严肃法纪"行动愈演愈烈。他在于1994年签署的《暴力犯罪控制和执法法案》中，将死刑扩增到50多项联邦罪行的条款中，并规定对犯罪达三次者判处无期徒刑。该法案取消了对囚犯的联邦高等教育补助金，拒绝向被判毒品罪的学生提供经济援助，并永久禁止对那些被判犯有毒品重罪的罪犯发放食品券。在1996年用来支持丈夫的竞选演说中，第一夫人希拉里宣传了这种严厉的措施，将黑人青少年称为"超级掠夺者"，并表示他们需要"屈服"。

克林顿夫妇非但没有通过政府项目刺激青年就业，阻止贫困和监禁的恶性循环，反倒将个人责任和自由市场作为社会流动性的关键。他们把数十亿美元的公共预算从公共住房和儿童福利中转移，只为造就一个监狱国家。在公共住房补助减少了61%的同时，用于惩治犯罪的资金暴增了171%。

这项犯罪法案使得美国的监禁率增至史上最高水平，比肩古拉格集中营。联邦囚犯的数量翻了一番，其中58%的囚犯因毒品

第一章 政府（1973—2000年）

相关罪行而入狱。该法案对快克可卡因❶和粉末可卡因的量刑差距高达100∶1，这也造成了犯罪人群中惊人的种族差异。直至克林顿总统任期结束，在许多大城市，过半的达到工作年龄的非洲裔男子都有犯罪记录。这些人不仅投票权受到限制，在就业、住房、教育和基本公共福利方面更是遭到合法歧视。尽管美国白人的失业率出现了历史性的下降，但没有大学学位的20多岁的黑人男子的失业率却上升到了历史最高水平：2001年克林顿离任时达到42%，其主要原因是监禁率的飙升。

克林顿在规训穷人方面比起共和党也不遑多让。众议院共和党议长纽特·金里奇（Newt Gingrich）在谈及美国的贫困问题时，不仅轻视穷人的需求，还针对移民和单亲生子人群发表仇恨言论。他说，他将切断为青少年母亲提供的福利，并带走她们的孩子，将其安置在孤儿院。他还试图禁止政府为合法纳税的移民提供福利，并且妨碍学校午餐和医疗补助的发放。克林顿虽没有走到这一步，但也确实呼应了金里奇和里根针对"福利皇后"的种族主义谩骂，并以"终结我们所知的福利制度""工作福利制""个人责任"等目标开展竞选活动。他的《个人责任和工作机会协调法案》通过将罗斯福新政时期的对有子女家庭的补助计划改为对贫困家庭的一次性拨款——贫困家庭临时援助计划，取消了社会保障网数十年来对贫困家庭的支援。一次性拨款是一种削减政府开支的方式，它将福利和扶贫从一项在有需求（如经济衰退）时自动增加的联邦权利，转变为一项每年更新的固定数额

---

❶ 高纯度、高价可卡因。——译者注

拨款。换言之，它终结了联邦社会保障网的理念。

贫困家庭临时援助计划削减了食品券和残疾福利的开支，并阻碍了数十万合法移民获得残疾和退休补助（其中许多人已在美国工作了几十年，也缴纳了社会保障金）。贫困家庭临时援助为获得福利增加了苛刻的工作要求，并为一个人可以享受福利的期限和他们可以获得的额度设定了上限。可以预见的是，在政府没有提供日托服务或解决就业困难的情况下，该法律使有资格获得援助的人的数量大幅减少，并使许多儿童暴露在风险之中。正如在克林顿时期，美国卫生与公众服务部负责规划和评估的助理部长彼得·埃德尔曼（Peter Edelman）在一篇题为《比尔·克林顿做过的最糟糕的事》(The Worst Thing Bill Clinton Has Done)的尖锐评论文章中所言，"该法案无视现实世界的一切事实和复杂性，本质上是对（福利）接受方说，快去找份工作"。在政府任职数十年的埃德尔曼在此时公开辞去了克林顿政府的职务以示抗议。他指出，这项立法将使大约200万儿童陷入贫困——克林顿和国会议员对此心知肚明。参议员爱德华·肯尼迪（Edward Kennedy）投票反对该法案，并称之为"合法虐待儿童"。

"工作福利制"催生了一批契约劳动力，并以此压低其他工人的工资并破坏他们的工会。这一制度迫使本需要援助的人——包括刚生产的妇女，不得不在恶劣的工作环境下工作，比如在城市公园收集垃圾，在农村家禽工厂清除鸡内脏。不仅如此，这一制度使这些妇女被像罪犯一样对待，她们的一举一动都在监视之中。母亲们被要求向当局提供孩子父亲的名字，如果无法提供，她们就可能会被从福利名册上除名。克林顿通过谈论"贫困文化"和"家庭价值观"，为这种道德主义和残忍行为辩护，尽管连他自己都经常欺骗和侮辱家人。作为福利改革的延伸，克林顿的"希望六号"计划从罗纳德·里根与杰克·坎普的行径中获得灵感，将低收入公共住房区夷为平地，用"混合用途"住房取而代之，将业主自住的私人住房与租金补贴的公共住房混在一起。在克林顿的"希望六号"计划下，全国城市中数万低收入者离开家园（有时是被迫的），政府向他们发放租房券，并借此开放住房市场。

克林顿的"一次违规连带驱逐政策"规则也驱逐了一群人，该规则规定，如果一名住户（或一名房客）犯了轻微的罪行，那么这个家庭都会被驱逐出公共住房。在这一残酷的私有化计划下，从监狱释放出来的人们没有钱，没有工作，也无处可去——如果他们不想把家人置于风险之中，就不能回家。这项法规使公共住房机构更易拒绝向任何有犯罪史的人（即使只是被逮捕）提供住所，同时也推动了社会中产阶级化。毫不奇怪，克林顿所谓的反贫困计划非但没有让人们"用工作换福利"，反倒扩大了深度贫困的程度。在全球金融危机期间，克林顿的银行业放松管制计划促进了危机的爆发。在这场危机中，每天仅靠 2 美元生存的极其贫困的美国民众的数量翻了一番，达到 150 万人。贫困家庭临时援助提供的是一次性拨款，各州可以"自由选择"削减其扶贫计划，以弥补预算短缺（或弥补企业减税造成的短缺）。

新经济

仿佛只对美国的工人阶级和穷人实施苛刻的反贫困政策还不够似的，克林顿还将对穷人的战争输出到世界其他地区。在柏林墙倒塌，资本主义和自由民主看似大获全胜之际，克林顿政府将其经济议程称为"新经济"——用关于增长、自由企业和全球化的未来主义理念粉饰他的真正目的。克林顿的"新经济"议程包括使美国进一步远离工业制造业，而转向高科技行业，并以此作为美国经济的新基础。此外，在国际货币基金组织、世界银行和世界贸易组织的帮助下，新经济为资本的平稳流动建立了一个法律框架。由超国家机构、跨国银行、企业组成的异构网络，促进各国经济融入由美国和跨国资本主导的新自由主义世界体系之中。国际货币基金组织和世界银行代表着企业利益，并将债务作为对各国行使帝国主义的手段，而世贸组织为企业友好贸易协定奠定了可行的法律基础。

自由贸易协定是由企业起草的，也是为企业制定的，因此它把盈利和"有利的市场条件"放在首位，使其凌驾于人类安全和环境保护之上。在知识产权方面，自由贸易协定加剧了企业垄断。它将供应链延伸至全球，使企业更容易在劳工保护法和环境标准宽松的地区招募工人、采购原材料。而在许多国家，消除贸易壁垒、向全球竞争开放当地市场的举动摧毁了当地农场和企业。在印度，低价棉花进口和孟山都公司对种子市场的垄断（孟山都公司把种子培养成无法二次播种的品种，迫使买家每年重新购买），使棉花行业遭受重创。这种现象引发了农民自杀的浪潮，在过去20年中，印度自杀人数达数十万。

在美国，自由贸易摧毁了本国制造业的基础，将过去的高薪工作转移至低工资国家。在那里，工人的薪资仅为美国同行薪资的一小部分。据估计，仅《北美自由贸易协定》一项协议就在10年内使本国丧失了约85万个就业机会。工作岗位大量流失使工人权力被剥夺，他们的雇主可随意解雇他们。当克林顿试图

第一章 政府（1973—2000年）

让工人相信，《北美自由贸易协定》对他们和环境具有积极影响时，遭遇了来自工党和进步民主党强硬且异常团结的抵制，他们无可辩驳地指出《北美自由贸易协定》将削弱工人的权力，并对薪资构成下行压力。对此，克林顿不为所动，因为民主党的新民主派系早已摆脱了对工人支持的依赖，并与企业权力形成同盟。事实上，在克林顿任期结束时，美国与中国的贸易关系成为中心议题。民主党领袖委员会的执行委员会已经成了一个由企业精英组成的名人堂，其中包括来自安然、微软、美国国际集团、菲利普·莫里斯和科赫工业有限公司的精英——这些企业的高管曾在民主党领袖委员会的董事会任职。

在美墨边境的另一边，世界银行在20世纪80年代推进的私有化和财政紧缩导致犯罪激增，政府在垃圾清运、医疗保健、供水和交通等基础设施方面的预算严重不足。20世纪90年代，随着墨西哥经济进一步私有化，公共部门产业被出售给外国投资者，这在使农民集体挨饿的同时造就了约24名亿万富豪。在《北美自由贸易协定》之下，没有政府补贴的墨西哥农民被迫在公开市场上与美国政府赞助的大型生产商竞争。《北美自由贸易协定》禁止价格管制，因此当美国的出口商品数量大幅增长时，商品价格被没有底线地压低，以至于当地生产商无法从商品交易中获利。美国企业利用这种现状，买下土地甚至整个产业，并进一步伤害压力大、工资低的工人，同时使美国的工作岗位骤减，以规训工人。

1989年至1997年间的数据显示，美国市场的全部股市收益中，86%流向了前10%的家庭，42%流向了前1%的家庭。前1%和0.1%的富人的财产比其他人的财产增长得都要快。从20世纪80

年代到 90 年代中期，大多数美国民众的债务超过了资产，美国家庭的资产净值中位数下降，而低收入和贫困家庭的资产净值变为负值。人们为了享受福利制度，被迫沦为劳动契约的"奴隶"，数以千万计的人——其中非洲人和大洋洲人的占比极大，因非暴力犯罪而被监禁，并被剥夺终生投票权。而华尔街和财富 500 强的精英们则获得了更不受约束的权力，他们可以通过血汗工厂、环境剥削、操纵金融市场、掠夺当地经济等方式获利。

克林顿从根本上改变了有关公共支出和财政紧缩的政治讨论和决策，将原本关于党派主义和意识形态的问题，转变为技术问题和效率问题，并将私有化、社会福利和政府规划作为重点。具体而言，他创立了一种制度，并使其得到巩固——政府资源成了支持私营企业并吸收风险的工具，私有化和腐败被粉饰成"公私合作关系"。克林顿未能扭转里根时代的新自由主义改革潮流，反而强化了这一制度。通过以"平衡收支"为借口妖魔化公共支出，并以经济增长和自由企业家精神为名推动私有化，他进一步让政府处于精英利益的从属地位，贬损了工人阶级和穷人，排除了进步性和左派的观点。在这个过程中，他有效地将美国的政治视域右转，并如以下章节所述的那样，为危害全球政治和社会制度公平，让民众怨恨不满的危险形势提供了温床。

第二章

政府

（2000—2017年）

要理解我们时代严重的社会不平等现象和反动势力在世界范围内崛起的根源，就需要阐明企业精英如何利用政策制度、意识形态操纵手段，使美国政府从属于企业，为企业的利益服务。为此，本章将延续上一章的内容，讲述小布什政府如何利用对世贸中心的袭击，通过减税、放松金融管制、贪污腐败、私有化计划，当然，还有战争手段，为精英阶层向上的财富再分配议程争取政治支持。本章详细描述了在小布什的新保守主义方针以失败告终后，奥巴马如何通过类似的计划——减税、公私合作、平衡预算、削减社会开支和自由贸易，继续实现小布什的企图。更重要的是，他在严重的金融危机中为华尔街打掩护，同时让工人阶级和穷人服从那些由自助、个人责任和财政紧缩等意识形态驱动的政策。本章还会分析精英权力是如何影响政府和政要的，以及其中盘根错节的关系。

小布什和新保守派

共和党提名的得克萨斯州州长小布什，是共和党名门望族之子。小布什的祖父普雷斯科特·布什（Prescott Bush）是康涅狄格州受人尊敬的参议员，其兄弟杰布·布什（Jeb Bush）是佛罗里达州州长，父亲"波比"——老布什是一位战争英雄，曾任联合国大使、共和党全国委员会主席、中央情报局局长、里根政府的副总统和美国第四十一任总统。生长在老布什的光环之下，小布什过着富裕的生活，因此淡化了父亲新英格兰式的沉闷性格。尽管小布什对自己无甚期望，享受着特权，而且有注意力缺陷的问题，但他的善良、男子气概和通过基督教重生的经历仍使他受到大众欢迎。在政治领袖卡尔·罗夫（Karl Rove）的帮助下，小布什赢得了与民主党代表安妮·理查兹（Anne Richards）之间的激烈竞争，被选为得克萨斯州州长。在击败参议员约翰·麦凯恩（John McCain），成为共和党总统候选人后，小布什在谈到共和党时表示："他们错误地低估了我。"

2000年，在国会两院均未获得多数票的情况下，副总统兼民主党领导委员会创始人阿尔·戈尔（Al Gore）被民主党选为总统候选人，并将虔诚的新保守派参议员乔·利伯曼（Joe Lieberman）选为他的竞选搭档——他"出色"的履历包括支持教育券和社会保障私有化。民主党选择戈尔–利伯曼组合不仅展现了他们对新自由主义改革的保证，也表明了他们欲加速改革进程的意图。在小布什的政策议程上，戈尔延续了克林顿的路线，强调自由贸易和公共支出，但这些社会计划和公私合作的解决方案，均以基于市场的新自由主义计划为前提。然而，在竞选过程中，戈尔选择与克林顿保持距离，原因在于克林顿的好色本性遭到曝光——令人尴尬的《斯塔尔报告》（*Starr Report*）中记录了他与22岁实习生莫妮卡·莱温斯基（Monica Lewinsky）的性关系。虽然仅在椭圆办公室中，克林顿就与莱温斯基发生了40多次"浪漫邂逅"，但他始终否认两人的关系。这使克林顿因被指控制造伪证和妨碍司法公正而遭到弹劾。尽管他被参议院宣告无罪，但这场"磨难"给克林顿留下了不可磨灭的印记，他的形象已经被婚外情、性骚扰和性侵犯指控所玷污。

小布什的国内议程直截了当：放松对企业的管制，为企业和富人减税，将公共机构和公共服务私有化，进行"权利改革"（即削减医疗保险和医疗补助等项目的支出）。除了自由贸易，小布什还提出了被称为"牛奶吐司外交"❶的政策议程，同时对克林顿在索马里和巴尔干地区进行的政权更迭行动表示谴责。克林顿令人毛骨悚然的不忠行为全国皆知，因此在个人品行问题上，小布什一改过去的酗酒、成绩差、不正经等习惯，承诺在作为图书管理员的妻子的陪伴下，恢复白宫往日的荣誉和尊严。

2000年的总统选举于11月7日举行。令民主党感到诧异和懊恼的是，在企业主导的全球化进程频繁引发大规模国际抗议的背景下，绿党候选人拉尔夫·纳德（Ralph Nader）通过对自由贸易、企业福利和两党寡头政治持续发出批评，赢得了300万张选票。民主党把纳德作为导致他们失败的罪魁祸首，尽管戈尔-利伯曼阵营的得票处于明显弱势，并且公然剥夺了该党进步派以及大量工人和穷人的选举权。

当佛罗里达州的票数因差距微小而不得不重新计票，整个选举陷入混乱时，共和党比民主党表现得更精明，且花了更多钱。佛罗里达州本就是布什家族的据点，小布什的弟弟杰布·布什在此州担任州长，而右翼古巴裔民众那时仍对克林顿政府

---

❶ 指软弱的、缺少攻击性的外交风格。——编者注

时期戏剧性的埃连·冈萨雷斯（Elian Gonzales）事件❶感到愤怒：他们竟将这个年仅6岁的小男孩送回卡斯特罗统治下的古巴！经过一个月的法庭论辩、抗议和对投票站员工的恐吓（在这件事上民主党支出了320万美元，而共和党则豪掷1 380万美元），美国最高法院在争议中做出判决，终止重新人工点票，承认选举结果有效。迈阿密–戴德县至少有10 000张选票未被计入，但这并没有阻止州务卿凯瑟琳·哈里斯（Katherine Harris）凭借仅537票的优势呼吁佛罗里达州支持小布什，助他赢得总统大选。最终，小布什以271比266击败了戈尔，然而戈尔赢得了普选。在下一轮投票中，共和党在众议院保持微弱多数，却在参议院失去了5个席位，使上议院的党派组成变为50名共和党人和50名民主党人，而迪克·切尼赢得决胜局，当选副总统。

小布什将挚友罗夫和与他关系紧密的得克萨斯团队的其他成员安排进自己的内阁和顾问团队。他让克林顿任命的乔治·特尼特（George Tenet）担任中央情报局局长，并任命深受福音派喜爱的约翰·阿什克罗夫特（John Ashcroft）为司法部部长。小布

---

❶ 1999年11月，6岁的埃连·冈萨雷斯由母亲带着偷渡前往美国，但他的母亲在途中不幸遇难，埃连被救下后，被交给他在美国的大伯拉萨罗·冈萨雷斯抚养。得知消息后，埃连在古巴的父亲胡安·冈萨雷斯于11月27日要求美国政府把儿子还给他。12月10日拉萨罗·冈萨雷斯为埃连申请政治避难。经过法院和移民局的几次博弈，埃连被法院判决暂留美国，但是2000年4月22日凌晨，美国移民局执法人员采取突然行动，将尚在熟睡中的埃连送上飞往安德鲁斯空军基地的飞机。这件事成为美国关于古巴非法移民的出名政治闹剧。——编者注

什还获得了来自他父亲的政府班子的可靠帮助,包括老布什政府的参谋长联席会议主席科林·鲍威尔(Colin Powell)(在小布什政府中,他担任国务卿)、国家安全委员会成员康多莉扎·赖斯(Condoleezza Rice)(担任国家安全顾问)、国防部部长迪克·切尼(担任副总统)。作为交接工作的负责人,切尼将亲信与新保守主义者纳入政府,其中最著名的是担任国防部部长的唐纳德·拉姆斯菲尔德;保罗·沃尔福威茨(Paul Wolfowitz)则担任拉姆斯菲尔德的副手。1993年,沃尔福威茨和切尼曾共同撰写《国防规划指南》(Defense Planning Guidance),该指南概述了新保守主义的"征伐"议程,其内容过于极端,以至于老布什和克林顿都拒绝承认这一文件。这份议程再次出现是在1997年的《原则声明》(Statement of Principles)中,该声明是2000年臭名昭著的报告《重建美国防御计划》(Rebuilding America's Defenses,RAD)的基础。小布什与他父亲的态度不同,将这份报告当作反恐战争的蓝图。

新保守主义的世界观在很大程度上回避了国际组织和国际条约,且坚持美国例外主义——基于此,小布什决定让美国从包括《京都议定书》(Kyoto Protocol)在内的6项国际协议中撤出。新保守主义者反对孤立主义,不是因为他们关注国际合作,而是因为他们认为,在不考虑其他国家主权的情况下,无耻地单方面展示武力,对于实现他们的最终目标——统治世界是有必要的。他们使用了"美国的伟大之处"和"美国价值观",以及"应对恐怖主义和共产主义的威胁"等措辞,为他们的帝国冒险和主导地位(这是维持冷战后世界秩序的先决条件)进行辩护。他们利用爱国主义、民主和捍卫自由市场等概念在国内构建正统理念,增进团结。在平衡新自由主义导致的私有化倾向和生存危机方面，可感的威胁、战争和美国例外论间的社会纽带发挥了重要作用。当人们几乎无法左右自己的生活，且竞争和利润成为生活主要旋律时，人们会充满虚无感。

新保守主义反恐战争

2001年9月11日，小布什总统正在佛罗里达州萨拉索塔的艾玛·E.布克小学进行"不让一个孩子落后"项目的拍照宣传会。中途，他的助手告诉他世界贸易中心遭到袭击。当天，以奥萨马·本·拉登为首领的"基地"组织的成员劫持了4架客机，其中两架撞向世贸中心，一架撞向五角大楼。在劫机者和乘客经过一番搏斗后，第四架飞机在宾夕法尼亚州被击落。在美国情报机构中，这次袭击并非出人意料。1998年，中央情报局就已得知本·拉登在计划劫持美国飞机；2001年1月，国家安全委员会反恐小组的理查德·克拉克（Richard Clark）和中央情报局局长乔治·特尼特向国家安全顾问康多莉扎·赖斯发出了对于这一威胁的警告。几个月后，情报官员再次警告赖斯和其他人，基地组织即将发动袭击。克拉克回忆说，赖斯似乎连基地组织是什么都不知道。为了挽回她的声誉，赖斯公然撒谎，声称她对即将发生的袭击一无所知。

"9·11"事件当晚，小布什在椭圆办公室向全国发表讲话，阐述了他在新保守主义启发下的布什主义。他扬言道："对于犯下这些罪行的恐怖分子和窝藏他们的恐怖分子，我们将一视同仁。"当晚，他告诉国家安全委员会，这次袭击造就了"解放阿富汗的机会",并能够让叙利亚、伊拉克和伊朗等地"摆脱恐怖主义"。小布什团队中较理智的成员表示,从法律上讲,美国只能用战争来抵御恐怖袭击,对此布什回应说,他不在乎这些,他只想"给某些人点颜色看看"。第二天,小布什将世贸中心袭击称为"战争行为",并通过对"反恐战争"进行解释,使冲突升级。其间,小布什还自称为战时总统,并将战争的基调定为善与恶之争。

9月12日,小布什会见了政府成员,其间国防部副部长保罗·沃尔福威茨提到了伊拉克问题,他怀疑伊位克参与了这次恐怖袭击,尽管众所周知本·拉登和萨达姆·侯赛因(Saddam Hussein)之间存在对立关系。沃尔福威茨长期以来一直主张暗杀侯赛因,这可以追溯到他为老布什政府服务的时期,那时这位伊拉克领导人被指控密谋暗杀他的上司——伊拉克官员一直否认这一说法,而且五角大楼报告也对此提出质疑。小布什回应了沃尔福威茨关于伊拉克参与恐怖袭击的暗示,强调"敌人"不只是本·拉登,还包括一切支持恐怖分子的国家。会后,小布什要求白宫反恐协调员理查德·克拉克(Richard Clarke)探寻"9·11"事件和伊拉克之间的联系。克拉克回应道,中情局已经对此进行了调查,但什么也没有发现,于是小布什命令他继续调查。第二天,总统向拉姆斯菲尔德发出问询,以确定他能否对阿富汗和伊拉克同时发起进攻。他的鹰派国防部部长对此的回应是:没问题。

9月13日,小布什访问了世贸中心的"归零地",以表示他对疲惫的消防员和救援人员的支持。小布什在此谈到了复仇和美国的伟大。同日,国会通过了《2001年军事力量使用授权》(Authorization for the Use of Military Force, AUMF),这赋予总统、"十字军领袖"小布什极大的军事权力。但是国会拒绝了小布什提出的以下要求：宣布发动一场先发制人的战争、剥夺国内嫌疑犯的宪法权利、（对本国公民）进行无限制的监控，然而布什最终还是做了这一切。那一周，小布什对媒体大声疾呼："我们将把他们从洞里揪出来。"在与战争委员会的一次私人会议上，小布什还对中央情报局的不合规引渡行为予以授权。

10月初，小布什向塔利班发出了移交本·拉登的最后通牒。不久之后，他便下令袭击阿富汗。国会签署了《美国爱国者法案》(U. S. Patriot Act)，该法案将政府的国内监视权限扩大到了"老大哥"级别，直接侵犯了美国民众的公民自由。小布什授权国家安全局对进出美国的通信进行监控，且无须授权，尽管他之前曾公开反对种族定性行为，但现在却批准对穆斯林和阿拉伯人进行定性。2002年11月，小布什为扩大安全机构，建立了一个权力大、骨干多的新内阁级别的机构：国土安全办公室。该机构负责监督对海关、移民、沿海地带和边境的管制，同时管理联邦应急管理局和新成立的运输安全管理局。

随着喀布尔被迅速攻陷，小布什任命哈米德·卡尔扎伊（Hamid Karzai）为新的阿富汗总统。卡尔扎伊在小布什总统任期内持续执政，但他的控制权仅限于喀布尔及其周围地区，而该国其他地区则由各个军阀控制着。塔利班在巴基斯坦重新集结。在全球人民因"9·11"事件而对美国产生同情和进行声援时，小布什威胁盟友国转变其中立的态度，执着地推进反恐战争，并进一步寻找进攻伊拉克的正当理由。最后，小布什在2002年1月的国情咨文演讲中，阐述了将战争扩大到伊拉克的理由。他将伊拉克、伊朗和朝鲜共同称为"邪恶轴心国"，指控萨达姆窝藏大规模杀伤性武器。

伊拉克圣战

在伊拉克问题上，小布什将美国和自己视为上帝意志的实践者。对他来说，美国的外交是一个明辨善恶的过程，美国是一个善良而杰出的解放者、被上帝召唤来铲除世界上的"作恶者"。法国总统雅克·希拉克（Jacques Chirac）在伊拉克战争前夕的一次电话会议上体会到了军国主义福音派的滋味，那时小布什正试图争取法国的支持。"歌革和玛各❶正在中东作乱，"他警告希拉克，"圣经预言正在实现。这场对抗是上帝的意志，上帝希望在新时代开始之前，通过这场冲突来消灭人民的敌人。"法国总统是反对小布什"圣战"的主要政要。

除了对国家安全采取超凡脱俗的态度外，小布什还对自己的办公室怀有宏伟的构想。对小布什来说，美国总统天生凌驾于法律之上，是唯一的执行者和最终的决策者。小布什在签署声明时采用了里根的单一行政理论——其中包括"在国家安全问题上，总统对行政部门拥有唯一控制权"这一理念。小布什以此择优挑选任意一项立法中，他想要遵循的那部分。至于"帝国行政长官"这一概念，则是副助理司法部部长柳约翰（John C. Yoo）领导的小布什法律顾问办公室策动的。柳约翰臭名昭著的行径包括为总统某些明目张胆的越权行为进行辩护——从无授权的国内窃听，到未经国会批准发动军事侵略行动，再到引渡和酷刑。小布什的这些越权行为也得到了身边人的支持，包括卡尔·罗夫。他

---

❶《圣经》中的黑暗力量统治者，反对基督。——译者注

寡廉鲜耻地宣称:"我们现在是一个帝国,当我们采取行动时,现实将由我们自己创造。"

《纽约时报》的迈克尔·戈登(Michael Gordon)和朱迪思·米勒(Judith Miller)为小布什的伊拉克战争增大了声势,他们报道了对萨达姆拥有大规模杀伤性武器的指控,同时司法部长阿什克罗夫特也进行了恐惧宣传,他在"9·11"事件一周年纪念日前发出了"橙色代码"安全警报。周年纪念日当天,小布什出席联合国安理会会议,为其不合法的、先发制人的战争进行辩护,称萨达姆拥有大规模杀伤性武器,并告诫国际团体,他们若不采取行动,就等同于支持恐怖分子,美国已经做好了独自作战的准备。没有任何听众在预定的掌声间隙鼓掌。他的演讲失败得一塌糊涂。

中期选举前夕,小布什的内阁官员在媒体上大肆出动,散布关于黄饼铀的谣言,制造关于蘑菇云和核浩劫的恐惧。国会摒弃监督责任,授权小布什对伊拉克使用武装力量,让这位渴望战斗的总统得以自由地发动一场无端的战争。在众议院,多数民主党人反对这场战争,但在参议院,多数人支持这场战争——尤其是当时的参议员乔·拜登、希拉里·克林顿和约翰·克里(John Kerry),尽管这些人对伊拉克问题的判断错到令人难以置信的程度,但他们此后却依旧在白宫担任最高职位。

由汉斯·布利克斯(Hans Blix)领导的联合国武器核查组持续报告,未发现伊拉克藏有大规模杀伤性武器的证据,并对小布什用来将战争合理化的英国情报表示怀疑。2月2日,小布什政府最可信的成员科林·鲍威尔将证据提交给联合国安理会,并发表了一次充满谎言的演讲。《华盛顿邮报》和《纽约时报》将鲍威尔的演讲描述为"强有力的案例和无可辩驳的证据",但联合国安理会并不买账。土耳其拒绝了美国通过其领土进行军事行动的请求,法国、德国、俄罗斯、中国和数十个中东国家表示反对。在希拉克表明抗议后,美国的政府官员和媒体发表了青少年式的幼稚斥责,将法国人称为"吃奶酪的投降猴子",还将法式炸薯条(french fries)更名为"自由式炸薯条"(freedom fries)。

对于这场战争,美国的宗教机构、军事机构和外交机构的主要成员都存有异议。早在 8 月,小布什的国家安全顾问布伦特·斯考克罗夫特(Brent Scowcroft)就在《华尔街日报》(*Wall Street Journal*)发表了一篇题为《不要攻击萨达姆》(*Don't Attack Saddam*)的专栏文章,而德高望重的四星上将诺曼·施瓦茨科普夫(Norman Schwarzkopf)则对战争的后果提出了警告。美国天主教的大主教签署了一封致总统的信,表示任何先发制人的军事行动都是不正当的。而梵蒂冈更是直接反对,其士兵拒绝听从部署,职业外交官辞职以示抗议。

2003 年 2 月 15 日,来自全球 600 多个城市的 1 000 万至 1 500 万民众走上街头,对战争表示抗议。那是当时历史上规模最大的街头示威,创下了吉尼斯世界纪录。哥伦比亚广播公司与《纽约时报》的一项联合民意调查发现,大多数美国民众(63%)希望小布什通过和平手段解决问题,只有 31% 的人赞成军事干预。针对抗议活动,《纽约时报》头版写道:"西方联盟在伊拉克问题上的分裂,以及本周末世界各地的大规模反战示威活动提醒着我们,这个星球上或许仍存在两个超级大国:美国和国际舆论。"然而,当在记者会上被问及抗议活动时,小布什却以帝国主义的方式回应说,他不会借助"焦点小组"来确定军事政策,

"领导人的作用是根据人民的安全来确定政策"。

几周后,联合国安理会召开会议,听取伊拉克武器核查小组的最后报告。他们毫无保留地汇报道,无法找到大规模杀伤性武器。安理会主要成员郑重宣布,驳回美国的战争决议。尽管如此,小布什仍坚称伊拉克政府"毫无疑问"拥有大规模杀伤性武器。在没有联合国授权的情况下,他发起了"伊拉克自由行动"——战后国际体系本应受国际法管辖,但小布什却给了它一个耳光,还擅自制定了新的国际参与规则。

2003年3月20日,由汤米·弗兰克斯(Tommy Franks)将军率领的美国部队发动了被美国媒体称为"威慑与恐吓"的行动。这支由14.5万人组成的地面部队迅速镇压了伊拉克阵营的抵抗,数千名伊拉克士兵四散脱逃。4月初,巴格达陷落,萨达姆·侯赛因标志性的雕像被推倒,其人也名誉扫地。在向伊拉克人民播放的一段视频中,小布什谈到了美方对伊拉克"伟大的宗教传统"的尊重,以及美国军队将如何与他们协作,使国家重获和平与稳定,并取得经济繁荣。就在同一天,国际媒体播放了巴格达暴乱的画面,伊拉克国家博物馆的古代文物被洗劫一空,而美国士兵却站在一旁无动于衷。当被问及入侵引发的混乱时,拉姆斯菲尔德口若悬河地回答说:"意外之事难免发生。"他表示,自由多多少少会有些"不修边幅"。5月1日,小布什乘坐直升机,登上了美国航空母舰亚伯拉罕·林肯号。他身穿绿色飞行服,戴着白色头盔,笑得合不拢嘴。换装后,他在一面写着"任务完成"的横幅前向军队发表讲话,并吹嘘美国是如何将民主带入伊拉克的。小布什和弗兰克斯认为,在侵略成功后,美国只需在伊拉克保留极少的美军剩余兵力。因此他们下令以8月为最后期限,将美国军队缩编至 3 万人。但叛乱此时才刚刚开始。

小布什任命刘易斯·布雷默（Lewis Bremer）为总统驻伊拉克特使，为"伊拉克从过渡到自治"做出美国方面的努力。布雷默在指挥系统中的职级低于拉姆斯菲尔德，但他作为"小布什伙伴"的名头给了他很大的决策自由度。布雷默施行了一项去复兴党化❶政策，将数万伊拉克人从政府部门中解雇。在之前食品短缺、学校关闭和基础设施遭到破坏的情况下，正是这些被解雇的人维持着国家的运转。他还解散了守护国内安全的伊拉克军队和警察部门，使 60 多万政府雇员和伊拉克士兵失业。这些操作和其他灾难性的决定助长了伊拉克激烈的叛乱。自 2002 年 3 月美国入侵开始到 2003 年年底，大约有 580 名美国士兵被杀害，其中三分之二是在小布什的"任务完成"演讲之后。到 2020 年，这一数字翻了两番，另外还有数千名军事雇佣承包商伤亡。2018年的一项调查估计出了令人震惊的数据，大约 240 万伊拉克人在小布什的私有化战争中丧生。更可怕的是，一批国防承包商和其他相关行业的企业负责人却在这场战争中赚得盆满钵满。

小布什的国内议程

与克林顿一样，小布什的国内议程将美国重塑为"所有权社

---

❶ 大量清缴政府内部与社会各个行业中的复兴党成员。在萨达姆执政时期，复兴党成员组成了伊拉克最重要的精英阶层，包括政府官员、公务员、军官、大学教授、银行家、实业家等。——译者注

会"❶（这也是卡托研究所的口号），其重点是粉碎罗斯福新政，并将公共机构和社会保障网私有化。不同的是，比起克林顿所用的"新经济"的幌子，小布什用战时总统的旗帜将他的经济政策遮掩起来，并把爱国主义与自由市场画上等号，将反对他计划的人描绘成对国家不忠的人。"恐怖分子不仅攻击了我们的自由，还袭击了我们的经济。我们需要团结一致，应对危机。"小布什如是说。

小布什在立法上的首次胜利是他价值 1.7 万亿美元的减税计划，这项减税计划得到了少数关键民主党人的支持。在当年的经济衰退中，这些削减虽被宣传为刺激措施，但实际上显然是在给富人白白送钱（在一份白宫的官方事实清单中，小布什将这笔钱称为"死亡税"）。通过将最高所得税的税率从 39% 降低到 35%（小布什本想降到 33%），并循序渐进地取消遗产税，小布什降低了资产位列前 1% 的家庭的平均税率，而其他家庭的税率仅降低了前者的一半。为了使这一金额巨大的"送钱"行为合法化，政府重复了遗产基金会有关减税如何刺激增长、如何创造就业、如何使人自食其力的说法。当财政部部长保罗·奥尼尔（Paul O'Neil）警告小布什，削减将使赤字加剧时，小布什坚称，这是"人民的钱"，而切尼坦率地回应表示，"赤字无关紧要"。

2003 年，小布什通过了新一轮的减税计划，该计划将在 10 年内为资产阶级（投资者）额外减税 3 500 亿美元。他将长期资本利得税和股息税降低至 15%，并提倡为那些在海外经营获利的

---

❶ 所有权社会是小布什政府提出的一种社会模型，提倡个人责任、经济自由和财产所有权。——编者注

企业提供回国免税期。2005年，企业汇回了近3 000亿美元的利润，与2000年至2004年的年均620亿美元相比大幅增加。虽然法律规定，汇回的利润应当用于创造就业机会，而不是股票回购，但这些企业在免税期并未创造新岗位，而是把钱用于回购股票。免税期优惠使财政部损失了数十亿美元。

"小布什减税计划"的其中一项条款一直运行到2010年。当奥巴马还是美国总统候选人时曾承诺，对于那些年收入超过25万美元的人，他将停止他们的减税期。然而，奥巴马当上总统后，却将减税政策延期，并使大部分削减措施永久化，为高收入者省了不少钱。在减税措施全面实施的那一年，资产前1%的家庭的税后收入增长了6.7%，而中间20%的家庭仅增长了2.8%。对于最底层20%的家庭来说，他们的税后收入仅增长了1%。

小布什的所有权社会理论还试图将医疗保险和社会保障私有化。在首个任期内，他签署了一项立法，称将通过扩大私人医疗计划，来让医疗保险覆盖处方药成本，从而降低处方药的价格。他的目标是，让总计4 000多万的医疗保险受益人全部都能通过私有保险公司获得处方药保险。这种在联邦政府事务上刺激消费的举措，明显是为了将公共财富转移到私人手中。该立法还禁止联邦政府与制药企业进行价格折扣谈判，且禁止从加拿大和其他国家进口价格较低的处方药。结果，医疗保险D部分❶药品的价

---

❶ 医疗保险D部分是美国的一项联邦计划，为参加国家医疗保险计划的个人提供处方药保险。D部分根据2003年《联邦医疗保险现代化法案》设立，旨在降低联邦医疗保险受益人的处方药费用，并提供更全面的药物保险。——编者注

格比由公费医疗补助部门和退伍军人事务部谈判所得的价格高出80%以上，比加拿大的对应价格高60%，比连锁超市"开市客"（Costco）的价格高3%。

作为自由议程的一部分，小布什提出通过重组计划将社会保障私有化，使人们可以将退休储蓄存入个人投资账户（需要强调的是，阿尔·戈尔曾提出类似的计划）。当时，社会保障计划预计在未来几十年内都能顺利偿付，但小布什却告诉美国人民，"该计划正在破产"，"危机正在发生"。当小布什在第二任期的第一次国情咨文演讲中谈到社会保障改革时，民主党人嘘声一片。蒙大拿州参议员马克斯·鲍卡斯（Max Baucus）曾是小布什在减税和其他计划方面的民主党智囊，但他却因为小布什犯的一个错误（在访问鲍卡斯所在的州，并推销他的社会保障计划时，没有通知参议员）而对小布什宣战，而国会的民主党人和温和派的共和党人也拒绝支持小布什的计划。社会保障计划因此得以苟延残喘。

不让一个孩子落后

小布什总统任期早期的另一项重大国内成就是"不让一个孩子落后"项目（以下简称"孩子计划"）——一项教育改革政策。他以"富有同情心的保守主义者"的身份竞选，希望能将贫困儿童从"低期望的软偏见"中拯救出来。"孩子计划"的核心是"责任"和"成就"原则，这些原则通过高利害的标准化测试实施。这些测试之所以"高利害"，是因为依据这些标准学校必须证明学生进步了，否则就会失去联邦资助，或者被关闭，教师和管理人员也将遭到解雇。"孩子计划"没有正视直接影响教育机会的社会不平等现象和投资不足,而是将教师、学生,甚至是整个公立学校系统作为替罪羊。

在小布什最初的计划中,由于表现不佳而被关闭的学校的儿童将获得私立学校的教育券。虽然民主党强烈反对教育券,但其却相当提倡"为我们的公共教育体系注入更多的市场力量,以促进竞争"。在"孩子计划"的最终版本中,立法者们提出了一个折中的"学校选择"项,准许学生转学到特许学校——这是一种公私合作的决策模式,共和党和民主党都一直使用这种模式来推动学校私有化。

"9·11"事件的惨剧发生后,"孩子计划"在两党的多数支持下通过。马萨诸塞州参议员泰德·肯尼迪(Ted Kennedy)和众议院议长约翰·博纳(John Boehner)早在小布什当选总统时就参与了政策制定,所以他们继续担任"孩子计划"的主要负责人。博纳本来不太可能是这项立法的倡导者,他曾呼吁完全取消教育部,但他目前更重视的是,以稳固的立法胜利来巩固小布什令人质疑的选举胜利——而"孩子计划"正是为了达到这个目的而建立的。

在"孩子计划"通过后不久,共和党显然不打算按原本商定的标准为该计划提供资金,这激怒了肯尼迪和其他民主党人。尽管如此,各州却必须遵守"孩子计划"的规定,如果没有足够的资金,州政府就不得不削减学校设备、书籍和户外教学的预算。学校还被迫减少对联邦和州测试任务中未包括科目的教学投入,如艺术和音乐、社会研究、科学和外语——尽管有大量证据表明,这些科目提高了学生的成绩,并为学生增添了社交与情绪上的幸福感。

"孩子计划"制定了严格的、无法达到的目标,然后对没有达到这些目标的学校和教师进行处罚。它把学校变成了标准化的测试工厂,给学生制造了焦虑,也剥夺了他们学习的乐趣。"孩子计划"不仅通过强迫教师"依据测试标准进行教学",从而破坏教学的专业性,还将高利害测试与薪酬和福利挂钩,其造成的压力让教师们精疲力竭,也导致了师资力量持续严重短缺。"孩子计划"规定,应当对所有学生进行测试,即便是严重残疾的学生也不例外。该计划实施期间,教师被迫对有严重残疾甚至致命残疾的儿童进行标准化测试,这类耸人听闻的事情比比皆是。

前政府官员在采访中表示,"孩子计划"就像一个人为设计的落锤,最终目标是摧毁公共教育体系,实现私有化。而这个目的似乎达到了。"孩子计划"以荒唐的方式,将公立学校和教师双双击溃,为两党的"学校选择"议程打开大门。该议程由特许学校推动,其中许多特许学校是非工会性质的,不承担公众责任,且其中一些由右翼亿万富豪资助。

安然

在小布什总统任期早期,能源行业巨头安然公司破产,这将由价格操纵、会计欺诈和贪污腐败组成的复杂且令人震惊的关系网暴露在大众面前。而其间出现的放松管制政策和经济金融化趋势,在未来越发成了美国经济的常态。安然公司成立于1985年,是世界上最大的电力、天然气、纸浆、纸张、通信公司之一,其仅2000年的申报收入就达1 110亿美元。该公司享有蓝筹股评级,连续六年被《财富》(Fortune)杂志评为"美国最具创新力的公司"。安然虽然最初只是一家能源供应公司,但在它扩大投资组合后,将经营范围延伸到了金融产品领域,从而不仅做能源交易,而且对带宽和天气衍生品进行投机。

安然的破产直接将小布什和共和党卷入丑闻。在小布什进行州长竞选期间,安然公司及其首席执行官肯尼思·雷(Kenneth Lay)是他最大的竞选赞助人之一。雷曾把安然公司的私人飞机借给小布什的竞选班子,也加入过他的交接小组,并与副总统切尼——这位大型石油公司的老友关系密切。小布什在2001年就职后,立即发起立法和公关活动,反对联邦政府对电力市场的价格控制,并停止了对避税天堂的限制计划。由于缺乏监督,安然得以隐瞒其海外子公司的资产负债表,并继续夸大其资产和利润的估值,从而导致安然的股票价值一直远高于公司资产的实际价值。

共和党众议员菲尔·格拉姆(Phil Gramm)和他的妻子温迪·格拉姆(Wendy Gramm)也是丑闻的主要参与者。温迪曾担任联邦商品期货交易委员会主席,在对安然公司做出正面的裁决后,她便辞去了委员会职务,一跃成为安然公司董事会成员,在负责核实安然公司会计程序的委员会中任职。1996年,在共和党州长彼得·威尔逊(Pete Wilson)的一通操作下,加州电力公司解除了对安然的监管,但为了保护消费者免受价格上涨的影响,安然仍在一套复杂的规则体系下运作着。2000年,安然公司花了345万美元的游说费,使其能源交易不受监管限制,同年12月,格拉姆快速通过了一项法案,允许安然公司控制加州电力和天然气市场的大部份份额。格拉姆的这项立法与总统金融市场工作组提出的建议相冲突。该工作组发出提醒,不得放松对能源商品交易的监管,因为这将使交易员得以操纵价格和供应——而这也正是安然的目的。

2000年和2001年,安然公司的交易员制造了能源短缺的假象,并提高了加州公用事业公司的能源价格。他们通过制造能源稀缺的表象,操纵能源需求度,然后大举提价,以获得前所未有的巨额利润。虚假的短缺和价格上涨使当地公用事业公司破产,而间歇性断电则让许多家庭无法正常用电,更不用说学校、医院和其他重要机构了。2004年5月公布的电话交易录音揭露了安然公司的内幕。在录音中,公司交易员轻佻地讲述了他们是如何从加利福尼亚州和"米莉奶奶"❶等老年人那里窃取数百万美元的。

安然公司在格拉姆夫妇、小布什和其他政治精英的帮助下,制造了长达一年的能源危机,使加州损失了400亿至450亿美元。当联邦监管机构最终实施价格管制时,安然公司无法继续进行价格欺诈,由此产生的损失使该公司的高管难以继续隐瞒其会计操纵内幕和离岸账户情况。放松管制使肯尼思·雷和其他许多人发家致富,但当泡沫破裂时,15 000名安然的普通员工却失去了工作,他们失去的还有总价值13亿美元的退休基金。至于小布什和切尼,他们则继续推行放松监管政策,只不过与安然中的"害群之马"保持了些距离。

---

❶ 米莉奶奶:泛指不懂行情的平民百姓,尤其是老年人。在安然利用监管漏洞攫取的钱财中,有很大一部分来自能源价格暴涨导致的平民损失。——译者注

双重灾难

2005年8月8日，名为"卡特里娜"的飓风摧毁了新奥尔良和墨西哥湾沿岸的大部分地区。当时，小布什正在得克萨斯州克劳福德的农场度假，尽管他对风暴的严重性已有所耳闻，但依旧决定将此事交予州和地方政府处理，并保持正常的日程安排。当风暴席卷大地，新月城的街道上尸体成堆时，小布什却被拍到正在圣地亚哥郊外海军基地的一次活动后台丑态百出。飓风登陆两天后，城市一片狼藉，小布什这才乘坐空军一号，飞越新奥尔良上空。他如同一位超然的游客，俯瞰着城市，又像是前来参加拍照宣传会的。

与"9·11"事件一样，这次小布什也收到了警告。2001年，联邦应急管理局就已预测到了飓风——本次新奥尔良受灾的罪魁祸首，也是威胁美国的三大灾害之一。但小布什政府却将该市的防洪资金削减了近一半，只为给他的反恐计划提供资金。这次飓风灾害的前一年，为新奥尔良地区提供飓风防护的美国陆军工程兵部队的资金也遭到削减，迫使该部队在新奥尔良区停止招新。尽管小布什政府承诺会对湿地地区进行维护，但在2003年，他却将这项工作移交给了私人开发商，由此也将新奥尔良市与这次致命风暴之间的主要缓冲区蚕食殆尽。

在几乎所有层面上，联邦政府的应对措施都缺乏协调，而且因为官员失职、政治操纵和新自由主义倾向，政府对工人阶级和穷人的援助也受到阻碍。路易斯安那州州长和新奥尔良市市长直到飓风登陆前19小时才发布强制疏散命令，而且其间没有为无家可归者、低收入者和病患提供任何保障。大多数被困在城市内

第二章 政府（2000—2017年）

的人的生存资源严重匮乏，安置所的条件也极其恶劣。随着风暴减弱，人们发现幸存者甚至只能睡在遍布着尸体、粪便、尿液和垃圾的街道上。而联邦应急管理局仿佛人间蒸发了。

政府也确实采取了行动，清理工作龟速进行着，几年后，整个城市仍然无法居住。新奥尔良市的数百万长期居民流离失所数月，甚至数年，其人口到2006年急剧减少60%（到2021年，又减少了约15%）。政客和媒体成员无耻地将流离失所的新奥尔良居民称为"难民"。在这场令人震惊的权力精英的表演中，总统的母亲芭芭拉·布什（Barbara Bush）在谈及休斯敦的撤离者时表示："我听说他们都想留在得克萨斯州，这有些可怕。每个人都为得州人的热情好客所折服。更何况，如你所知，在这个场景中，很多人都是弱势群体，所以他们对热情好客这一点尤其受用。"在攻击性上超过芭芭拉·布什的，是意图消灭公共住房制度的众议员理查德·H.贝克（Richard H. Baker）。他表示："我们终于清理了新奥尔良市的公共住房。我们做不到的事，上帝帮我们做到了。"

与伊拉克的情况一样，小布什政府雇用了私人承包商来从事恢复工作，其间出现的浪费、管理不善和贪污腐败加剧了这场灾难。没有标的的重建合同被发放给与当地官员有互惠关系的企业，承包商没有雇用急需工作的当地人，甚至没给部分工人发工资。当国会的民主党人要求联邦监督时，小布什回应道："我们将确保纳税人的钱被明智地使用；我们将确保纳税人的钱被实在地使用。"就像在伊拉克问题上一样，行政部门对国会的回应本质上都是："相信我吧！"

新奥尔良市教育体系的重建也面临同样的问题。风暴来袭前，由于严重的管理不善和缺乏重视，该市的公立学校处于陈旧和衰败的状态，"学校选择自由"的倡导者以此为借口对新奥尔良的公立学校系统进行"改革"。带头的倡导者阿恩·邓肯（Arne Duncan），也是未来奥巴马时期的教育部部长，无情地表示卡特里娜飓风"的发生对于新奥尔良市的教育体系来说是最好的事情"。"改革"意味着大多数黑人工会教师将被年轻的、大学毕业的白人教师取代，他们大多来自"为美国教学"项目（邓肯也曾参与其中），并且，该市所有公立学校都转为特许学校，几乎没有监管。根据南部贫困地区提起的诉讼，许多有特殊需求的学生跌落"悬崖"——根据他们在标准化考试中的预期表现，这些学生被从学校开除，南部贫困法律中心备案了不少这类诉讼。

　　数千人死于政府官员的冷漠和无能，数十亿美元被浪费在他们腐败横行的灾后重建工程上。卡特里娜飓风过后，小布什的支持率下降到40%以下，并在余下的任期内保持不变。在2006年的国情咨文中，他将重点放在伊拉克问题上，却对飓风造成的破坏和政府糟糕的应对措施只字不提。小布什在2007年的国情咨文中也没有提到卡特里娜飓风，尽管那时距离重建完成遥遥无期。

　　在小布什任期即将结束时，房地产市场不顾后果的粗野放贷行为猖獗到了极点。这可追溯到卡特时期的放松金融管制政策，并在里根和克林顿时期愈演愈烈。2006年，房价开始下跌，但"房利美"和"房地美"，以及其他许多贷款机构不但没有收紧贷款，反而进一步降低了房贷标准，甚至接受了风险更高的抵押贷款。例如，2008年第二季度，"房利美"和"房地美"一半的损失来自那些无须收入证明的住房贷款。

　　当房地产泡沫破裂时，美国的房屋止赎率变成了天文数字，直接威胁到银行系统的稳定。在大规模裁员、养老金耗尽以及美国的主要产业面临破产的情况下,小布什政府对美国最大的几家银行进行了救助,并对"房利美"进行监管。奥巴马常常被认为拯救了汽车工业,但实际上是小布什政府反对了党内"小政府"的主张,并将援助扩大到汽车制造商的。第四章会围绕小布什和奥巴马任期内对华尔街的失败救助计划进行讨论。

让·爱德华·史密斯(Jean Edward Smith)在小布什传记的开场白中写道:"在美国历史上,这个国家很少像在小布什总统任期内那样,遭遇如此恶劣的命运。"从数字上看,小布什任期内,企业和富人得到了几万亿美元的减税,而这几乎使国家债务翻了一番。美国由此陷入深度衰退,每月失业人数高达十万。家庭收入的中位数下降。800多万美国民众从中产阶级跌入贫困状态,790万美国民众失去了医疗保险,数百万人失去了养老金。大量学校因严格的高利害测试而关闭,这影响了每年20多万儿童的教育。

小布什进一步巩固了行政权力,扩大了非法窃听范围,并使贪污腐败常态化。他不但没有给遭受"9·11"事件和卡特里娜飓风损害的工人和家庭予以支持,反而增加了国防预算,在不必要的战争上花费了数万亿美元,并批准酷刑。在小布什任期结束时,美国民众似乎还认为其任期只是一个特例——在这个不能再差的情况下,国家只会前进。但他们错了:这只是一个开始。

巴拉克·奥巴马

美国选出巴拉克·奥巴马作为总统,这一举动打破了一个看似难以逾越的玻璃天花板。虽然民主党的初选周期因"第一位女总统的可能性"而变得复杂，但由于小布什，以及头脑简单、甚至常常滑稽可笑的共和党候选人约翰·麦凯恩和莎拉·佩林（Sarah Palin）不受欢迎，民主党赢得大选似乎毫无悬念。奥巴马的公共关系团队试图巩固现有优势，将他描绘成一个年轻、有进步性远见的人，代表着跨党派的新时代希望。然而，事实证明，奥巴马的当选实则是华尔街和企业赞助者的胜利，他们将他浪漫、多元化和年轻的形象作为达成目的的有效工具：让他们的精英议程在一场重大金融危机的严峻考验之际广受欢迎。

这也是极右翼的一次重大胜利。20世纪70年代初聚集的右翼政治力量（其中许多与朝圣山学社有牵连）通过资金雄厚的捐赠网络、拨款充足的智库，借助那些排挤中间偏保守派政客的力量，扩大了他们的影响力。2010年，极端保守派将民主党描绘成"自由精英"，并指责他们是美国人民生活水平下降和工人阶级流动性不足的罪魁祸首，从而在政府和地方层面取得重要的政治基础。但退一步讲，如果新民主党没有和华尔街与财富500强"联姻"，并对中产阶级和工人阶级的境遇视而不见，甚至厚颜无耻地加以羞辱，那么右翼的"胜利"及其在奥巴马任期内的干扰行动就不可能实现。

奥巴马热衷于对工人阶级和穷人进行规训和约束，这一点在他2007年的竞选活动中表现得淋漓尽致。当时他在竞选活动中利用自己所有的舆论胜地，公开向穷人和工人阶级的黑人讲授良好的个人习惯和儿童养育方式——这呼应了克林顿-金里奇联盟常说的"严厉的爱"和"个人责任"等概念。奥巴马这位曾经的伊利诺伊州参议员、常春藤联盟的"世袭"成员，用诸如"不

第二章 政府（2000—2017年）

要因为接受了八年的教育就忘乎所以"之类的话语来嘲弄没有受过教育的穷人，并斥责父母不应给孩子喂"冷掉的大力水手牌❶早餐"和"一天八杯苏打水"。奥巴马还用游手好闲地坐在沙发上看《体育中心报》（*Sports Center*）的"杰斯罗叔叔"（Uncle Jethro）比喻贫穷的工人阶级白人。他假意同情中西部小城镇的失业者，说这些人"沉迷枪支或宗教"，并不时表达"反贸易情绪是为了给他们的失败找借口"——仿佛削减他们工作岗位、瓦解他们社区的罪魁祸首不是自由贸易似的。而与此同时，为奥巴马的竞选活动提供资金的跨国公司正变得越来越富有。

在美国因房屋止赎金和失业率上升而摇摇欲坠之际，奥巴马一上台，就雇用了蒂姆·盖特纳（Tim Geithner）、彼得·奥萨格（Peter Orszag）、拉姆·伊曼纽尔（Rahm Emanuel）、拉里·萨默斯（Larry Summers）等华尔街内部人士担任政府要职。他选择来自科文顿·柏灵律师事务所的埃里克·霍尔德（Eric Holder）来领导司法部，这家事务所是一家效力于富国银行、摩根大通、花旗银行和高盛等大型银行的高端法律公司。作为回报，这些银行为奥巴马办公室的"旋转门"❷上油，并通过大量捐赠来补充其胜利基金。在华尔街"狼群看管鸡舍"的情况下，奥巴马政府的财政部不仅未制止银行的违法行为，还花费数万亿税款救助银行。在奥巴马进步性的外表背后，大型银行的规模变得越来越大，他们对政府会无条件保护其利益的信心也越来越大。

---

❶ 一家美国炸鸡品牌连锁店。——译者注
❷ 旋转门指的是让个体或团体在公共部门和私营部门或企业之间双向转换角色从而为利益集团牟利的机制。——译者注

2008年全球金融危机爆发后，奥巴马签署了一项耗资7 870亿美元的"刺激法案"，为就业、基础设施、小企业、教育、医疗服务、失业补偿等提供资金，使经济得以重启，这是和平时期力度最大的经济刺激行动，被寄予了将美国从全面经济萧条中拯救出来的希望。奥巴马政府内部的经济学家认为，7 000多亿美元仍然不够，还应该将金额翻一番，但萨默斯和其他在政府内外掌管大权、富有影响力的赤字鹰派人士却推翻了他们的想法。奥巴马的经济刺激计划包括对小布什"孩子计划"的加倍投入，新的计划被恰当地命名为"冲顶赛跑"。在这个计划下，资金不足的公立学校被迫为获取联邦资金而相互竞争，此举也刺激了特许学校数量的激增。此外，作为向共和党的妥协，刺激计划中包括的减税政策对大多数美国民众来说，几乎没什么好处，因为他们减少的税款几乎可以忽略不计。

对于陷入困境的房产持有者来说，正如问题资产救助计划的特别监察长尼尔·巴罗夫斯基（Neil Barofsky）所描述的那样，奥巴马的经济刺激法案是"一项巨大的失败"，因为其只在一小部分问题上下了功夫。但这也并没有阻止右翼发动全面的反政府攻势，他们给奥巴马贴上"社会主义者"的标签，并对他的中间名"侯赛因"进行种族主义影射。这些攻击大部分是由茶党带领的。通常，茶党的出现被认为与在美国消费者新闻与商业频道从事广播编辑工作的里克·桑泰利（Rick Santelli）有关。他在电视直播中批评了救助计划，并称那些为房屋止赎挣扎的人为"失败者"。事实上，茶党是由科赫兄弟的关系网资助的，旨在创造草根运动热潮，从而使他们的事业得以从中受益。即使奥巴马为美国人民提供了适当的援助，右翼仍然会抹黑他，而只有经济强劲复苏，他们的构陷才会被置若罔闻。

2010 年

2010 年从美国最高法院对联合公民❶诉联邦选举委员会案（*Citizens Unitedv. FEC*）一案进行的裁决开始，这对美国政治来说是意义非凡的一年。那一年，保守派游说团体公民联盟打算在 2008 年 1 月民主党初选之前，在有线电视上播放一部反希拉里·克林顿的电影。这种宣传违反了现行的选举法，制作组质疑选举法这样规定违宪了，这起案件一直被上诉到最高法院。2010 年，美国最高法院裁定，政府对企业、协会和工会独立开支的限制，违背了《第一修正案》。

通过将这些实体"人格化"，法院授予他们言论自由的权利，在不必向股东或公众披露的情况下，他们可在政治活动上花费无限制的资金，前提是他们不直接向候选人赞助或与候选人共谋。企业人格化的历史最早可以追溯到尼克松任命刘易斯·鲍威尔（Lewis Powell）为最高法院法官之时。当时，鲍威尔代表美国商会写了一份备忘录，并在该备忘录中警告说，在大学教室、教堂讲坛和演讲台上，极"左"分子和"国家主义者"的活动日益增多。在他看来，这些人对美国的自由企业体制和伟大之处构成了严重的威胁。在新企业权利运动的蓝图中，鲍威尔鼓励他的同僚们在法院和高校中部署保守派知识分子，对学者进行审查，栽培

---

❶ 美国的一个保守派非营利组织。——编者注

他们自己阵营的政治家，并发起一场全面的宣传活动，以鼓吹美国的自由权利和自由企业。

作为"圣战"的一部分，鲍威尔尤其反对由拉尔夫·纳德发起的对商家而言代价高昂的激进主义消费者保护运动，甚至反对纳德对汽车制造商安装救生安全带的坚持。这种对公共健康和安全的公然漠视，对企业权力的偏袒，在鲍威尔之后为大型烟草公司进行的辩护中重现。大型烟草公司认为关于"吸烟危害公共健康"的警示侵犯了《第一修正案》赋予公司的权利。考虑到鲍威尔是菲利普·莫里斯公司❶的前董事，也是肮脏腐败的烟草研究所的顾问，这些"公共健康警告"与他的确存在利益冲突。尽管他为烟草公司的辩护最终败诉，但他关于企业拥有宪法权利的理论和促进激进法庭❷的努力却在美国最高法院的保守派中取得共识。现在，从煤炭、石油，到银行、制药等各个行业，都可以利用公司人格化的概念使法律保护失效，剥夺消费者、劳工和环境保护的权利，并有效地篡权立法机关，而立法机关本是唯一一个所有成员都由民主选举产生的政府部门——至少名义上如此。

联合公民组织为百万富豪、亿万富豪和大企业开闸放"水"，并通过在投票上砸下巨额资金，对美国选举造成惊人的影响。这使得像科赫兄弟这样资源远超主流政党的超级富豪，能够在初选中赞助自己的候选人，并在某些情况下，反对共和党选择的候选

---

❶ 大型跨国烟草公司。——编者注
❷ 激进法庭指法官更倾向于支持宪法规定，并判决司法及行政举措无效。——编者注

人。虽然奥巴马公开反对联合公民组织,但他和民主党人却继续从大型捐赠者那里接受政治献金。2015年,佛蒙特州的参议员伯尼·桑德斯(Bernie Sanders)开始拒绝接受大笔资金,只通过小额捐款在全美开展竞争性选举活动。

2010年,随着奥巴马《患者保护和平价医疗法案》(Affordable Care Act,以下简称"奥巴马医改计划")通过,我们见证了美国医疗体系的全面改革。该法案源于米特·罗姆尼(Mitt Romney)担任马萨诸塞州州长时实施的一项传统基金会计划。"奥巴马医改计划"允许26岁以下的年轻人使用父母的医疗保险,禁止保险公司歧视已有疾病的人,并强制要求人们参加医疗保险,否则就实施经济处罚,此举让未参保人数减少了一半。该法案还大幅扩大了医疗补助计划,但随着几个州的共和党人的阻挠,脆弱的选民们被无情地剥夺了医疗保险。

"奥巴马医改计划"没有禁止企业降低员工保险,也没禁止企业通过减少工作时间来削减员工福利。美国民众每年仍需为医疗保险支付数千美元,此外还有高昂的免赔额和共付额,这些因素共同导致数千万美国人没有得到良好的医疗保障和治疗。据估计,美国每年有26 000人因未参保而死亡;医学研究所委员会表示:"未参保者普遍健康状况更糟,寿命更短。"

"奥巴马医改计划"实际上为医疗保险行业和制药行业带来了一笔意外之财,从全局来看,它意味着民主党拒绝将医疗保健视为一项基本人权。而在向全民提供医疗服务方面,奥巴马把话说得很漂亮,但当奥巴马政府的成员向公众保证"奥巴马医改计划"将包括公共选择计划时,他本人却正与医院和保险说客在私下达成共识,以确保最终法案不会将由政府运营的医疗计划包括在内。在竞选过程中，奥巴马曾痛斥制药公司及其说客，并为批判前路易斯安那州的国会议员、行业首席说客比利·陶津（Billy Tauzin）而做过电视广告。然而，奥巴马一上台，就在与陶津的谈判过程中，取消了他之前做出的许多承诺。

大多数政府在进行药品定价谈判时，都以防止救命药的价格虚高为目标。而奥巴马却恰恰相反，甚至驳回了通过从其他国家进口药物，来降低药品价格的举措。他说一套做一套，他的说辞也从一开始抨击制药公司的贪婪，演变为赞扬他们的"服务"，甚至开展了一场耗资数百万美元的广告活动，只为宣扬奥巴马签署的医疗政策。最终，制药公司获得了利润，奥巴马推进了他的政治议程，民主党人享受了大型制药公司送来的巨额政治献金，而残疾人、患者和老年人却承担了高昂的医疗费用。

在右翼方面，"奥巴马医改计划"成为共和党反对党的一根避雷针，成为他们反对大政府叙事的垫脚石，尤其是在其试运行失败，以及未能兑现"保持现有医疗水平"的承诺的情况下。对于左翼来说，"奥巴马医改计划"成了无耻牟取暴利的象征，也证明了奥巴马并非很多人所认为的进步派斗士。根据"奥巴马医改计划"，图灵制药公司的"制药大哥"马丁·希克雷利（Martin Shkreli）将治疗寄生虫感染的标准药品的价格从每剂13.5美元提高到750美元，暴涨了超过5 000%；而拥有肾上腺素笔（EpiPen）实际垄断权的迈兰制药公司也将该产品的价格提高400%。现在，病患和老年人为了能买得起处方上让他们保持健康和生存的药品，不得不在网上筹集资金；有些人甚至因为买不起所需药品而死亡。与此同时，制药公司的首席执行官们成了世界上收入最高的群体之一，他们的年收入达到数千万美元。

第二章 政府（2000—2017年）

在"奥巴马医改计划"通过的几个月后，奥巴马签署了《多德-弗兰克华尔街改革和消费者保护法》（Dodd-Frank Wall Street Reform and Consumer Protection Act，简称《多德-弗兰克法案》）。他在解释该法案时说："这一系列改革是为了赋予消费者和投资者权力，我们会将引起危机的模糊交易曝光，并在这些领域彻底告别用纳税人的钱纾困的旧方法。"该法案于2010年7月生效，但旨在限制银行投机性活动的改革耗时比预计的更长，且力度不足。尽管如此，奥巴马向美国人民承诺，《多德-弗兰克法案》将防止另一场金融危机。但根据利维研究所的说法，奥巴马政府在该法案之后，仍发放了数十万亿的银行纾困资金，并对税收延期和秘密贷款予以授权。

随着奥巴马"希望与变革"的说辞落空，共和党在2010年11月的中期选举中击败了民主党。共和党重新掌控了众议院，缩小了民主党在参议院的多数席位优势，甚至在参议员泰德·肯尼迪去世后赢得了"蓝州"❶马萨诸塞州的支持。因2010年为美国的人口普查年，保守党将目标锁定在州立法机构的职位上，因为新当选的官员有权按照对自己的政党有利的方式，不公正地改划选区。于是这些操作以"红色地图计划"之名，让威斯康星州、密歇根州、宾夕法尼亚州、北卡罗来纳州和佛罗里达州等"紫州"变红了。此外，极右翼共和党人开始主导地方立法机构和州长官邸，他们的政策议程明显出自由企业领导的美国立法交流委

---

❶ 蓝州指民主党占优势的州；红州则指共和党占优势的州；紫州指两党势均力敌的摇摆州。——编者注

员会之手，并且获得了科赫网络和其他右翼企业的支持。

美国立法交流委员会成立于1973年，也就是刘易斯·鲍威尔撰写臭名昭著的备忘录那年，其很快成为美国政治中一股强大的政治力量，该机构将企业负责人、共和党为主的官员和立法者汇聚一堂，打造适用于地方、州和联邦各级政府的政策平台和立法标准。无论是过去，还是现在，美国立法交流委员会的存在都是为了通过立法推进阶级议程，从而巩固精英权力，其中涉及的许多规训性手段，都旨在破坏工会、阻碍环境保护法和其他法规、取消社会保障网和最低工资法、削减公共服务基金并将其私有化。通过破坏选区公正性，改划选区和取消竞选融资法，这一议程得以延续下来。

金融危机和华尔街救济造成的预算短缺、茶党在主流共和党政治中的崛起、"红色地图计划"的成功以及其他因素为美国立法交流委员会在全国各州提供了机会。保守党州长和州议员在借助"涓滴经济学"这一声名狼藉的理论为企业和富人减税的同时，也对公共服务和公共机构采取了皮诺切特式的残酷削减政策。他们解雇了公立学校的教师和图书管理员，扩大了班级规模，缩短了上课周数。他们削减了公共部门员工的医疗和养老福利，并压低了地方卫生部门的预算，使其无法继续提供疫苗接种和儿童保健服务。食品安全检查预算也遭遇了削减。这些计划使加利福尼亚州政府削减了校车的经费，佛罗里达州的学校为了在炎热的月份节省开支，增加了超过法定限制的恒温器，进行降温，而亚利桑那州则完全取消了学前教育。即使在纽约州这样的"蓝州"，首任黑人州长戴维·帕特森（David Paterson）也将社会保障网称为一种"支出成瘾"现象，并将纽约州的财政问题归因为在教师和公共雇员上开销过大以及给他们支付的薪酬过高。

在科赫网络的支持下，堪萨斯州州长萨姆·布朗巴克（Sam Brownback）通过了由美国立法交流委员会和"涓滴"经济学家阿瑟·拉弗策划的减税措施，这是该州历史上力度最大的减税措施之一，这使堪萨斯州深陷困境，债券评级机构也在两年内两次下调其评级。布朗巴克利用数额巨大的政府收入损失，为他在医疗、交通、基础设施和教育方面大幅削减预算找借口。他在教育预算上的削减幅度极大，以至于一些学校每周只能开学4天，而无法达到正常的5天。威斯康星州州长斯科特·沃克（Scott Walker）和众议员保罗·瑞安（Paul Ryan）所采取的措施与布朗巴克反社会般的治理措施不相上下，而科赫公司也资助了他们。沃克着力打压集体谈判权，以至于在5年内，威斯康星州公共部门中，加入工会的员工占比减少了一半。而作为众议院预算委员会主席的瑞安，曾不近人情地提议大幅削减联邦预算，他曾对一位美国以色列公共事务委员会的听众表示，学校午餐虽让孩子们免受饥饿之苦，却也"只填饱他们的肚子，灵魂依旧空虚"。但是如果没有学校午餐，上百万的美国学生将挨饿。

小布什的减税政策

在竞选过程中，奥巴马承诺，针对年收入超过25万美元的人群，他将废除布什的减税政策。但在2010年，几乎所有共和党人和不计其数的民主党人都认为，增加高收入者的税收将导致就业和经济受到负面影响。因此奥巴马一上台，不仅对之前关于废除减税政策的承诺只字不提，而且为了应对自大萧条以来最严重的经济危机,为富人减免了更多税收,其中包括把原本用于资助社会保障的工资税削减了2%。在一场著名的长达9小时的冗长演说中,参议员伯尼·桑德斯对减税提出抗议,并告诫说,两党的保守派都会以不断上升的赤字(布什减税计划的产物)为借口,削减原本造福工人阶级的计划支出——他们也确实这么做了。

奥巴马厚颜无耻地称赞他做出的妥协是"全国中产阶级家庭的一项重大胜利",并表示这将创造就业机会,重振经济。相较之下,众议院议长约翰·博纳说的话至少要坦率些,"如果我们想要……开始创造就业,就得结束联邦政府扼杀就业的行为,以及疯狂的救济支出",并"为企业提供更多确定性。"在延长减税政策后不久,奥巴马重启了国会在1990年至2002年间采用的法定"现收现付"条款,该条款规定所有新的政府支出都必须通过削减预算或增加税收来抵销(回想一下,"现收现付"本就是共和党为了限制公共支出而施行的条款)。他还签署了一项行政命令,成立了一个由艾伦·辛普森(Alan Simpson)和白宫前办公厅主任厄斯金·鲍尔斯(Erskine Bowles)领导的两党财政责任和改革全国委员会,负责制定"平衡"预算的策略。辛普森-鲍尔斯委员会在他们的最终报告中,建议提高退休年龄,并调整社会保障中的基本生活保障费用。该报告还建议削减学生贷款补贴,让工人为他们的健康福利缴税,同时对那些将工作外包到国外的公司实行减税优惠。此外,该报告还建议将医疗保险和医疗补助的成本往老年人、残疾人和穷人身上转移,并划定支出上限,这导致国内医疗计划开支在2013年缩水了14%,到2022年更是缩水了22%。

克林顿夫妇也参与其中,他们于同年与亿万富豪彼得·彼得森的基金会合作,发起了一项名"为自己做主"的学生活动。这项为期一年的比赛由辛普森、鲍尔斯和切尔西·克林顿(Chelsea Clinton)裁决,旨在"加强财政可持续性的意识",来自各大高校的学生参与其中。该活动的名字源于新自由主义口号中的"选择"和"个人责任",奥巴马在2009年的胜选演讲中强调:"一直以来,我们的历史都是每个人所做选择和所采取行动的总和。它永远取决于我们自己。"

那年夏天,奥巴马告诫美国人民:"政府必须开始开源节流,就像家庭一样。我们必须削减那些我们无力承担的开支,如此才能使经济更加稳健,并让我们的企业对增长和创造就业更有信心。"顶着信用评级下调的威胁,以及美国政府"像希腊那样"违约的风言风语,奥巴马与约翰·博纳达成了一项"大交易",包括增加税收和削减政府支出。虽然奥巴马和博纳达成一致,但少数党党鞭埃里克·坎托(Eric Cantor)和由茶党主导的共和党却以债务限额为要挟,在要求大幅削减政府开支的同时,对奥巴马进行欺瞒。民主党对此也难展笑颜,因为奥巴马批准了对社会保障、医疗保险和医疗补助的削减,并把大把时间花在讨好共和党上,而怠慢了自己的党派。

民主党最终通过2011年的《预算控制法案》(the Budget),并与共和党达成协议,该法案以允许提高债务上限为代价,换取了在未来10年中10 000亿美元的开支削减,并成立一个两党"超级委员会",以将赤字再下压12 000亿至15 000亿美元,这与布什减税的数字大致相同。若超级委员会的提案未能通过,那么该法案将在未来10年内启动12 000亿美元的全面支出削减行动,即"财政扣押"行动。民主党商议该议程时,认为没人希望这样的事情发生，但当超级委员会的计划达成无望时，奥巴马为了避免自动减赤机制启动，通过了另一项协议，这导致小布什的减税政策被永久化。在2014年的预算中，奥巴马延续新自由主义的"企业区"（即商业开发区）概念，并为其扣上所谓的"希望区"的帽子，给予加倍重视，同时重提了辛普森-鲍尔斯那套提案，通过调整对生活成本的计算方式来使之下降，从而削减社会保障开支。为了对此进行抗议，伯尼·桑德斯与包括社会保障工作组织在内的约100个团体共同向白宫递交了一份由250万人签名的请愿书，要求增加社会保障支出，并带领一个立法机构联盟，向奥巴马施压，要求他停止对生活成本计算方式的操纵。但奥巴马最终还是得逞了。

自由贸易

奥巴马紧随前总统们的脚步，始终如一地推进着自由贸易，尤其是跨太平洋伙伴关系（Trans-Pacific Partnership，TPP），奥巴马政府将其视为标志性成就。由小布什发起的TPP是一项规模宏大、由企业驱动的自由贸易协定，涉及美国和其他环太平洋地区的11个国家——这使其成为全世界最大的自由贸易区，体量占全球经济总量的40%。TPP同早先其他的自由贸易协定一样，不仅使民众工资下降，而且使美国本土的高薪工作机会因产业外移而减少，并降低政府对重要行业的监管，这都会使地方和州政府的税收收入下降，而随着人们对社会服务的需求与日俱增，这些机关当下的预算已经很紧张了。

除此之外，对于任何可能对跨国公司利润产生负面影响的国内法律、法院判决或法规，如安全标准、银行监管、污染防控要求等，根据TPP的投资者-国家争端解决体系，跨国公司都有权通过绕过国内法律体系的国际秘密法庭对其提出质疑。与这一司法平台相比，针对侵犯环境、劳工和消费者权利的行为的申诉程序显得弱不禁风。法律或法规的制定不再基于维护环境、工厂权利和人类尊严，它的衡量标准变成了对利润的影响，这将赢利能力定位为超国家的最终权威。

2016年大选，民主党令人错愕的失败的主要原因就在于TPP和更广泛的自由贸易协定。在奥巴马总统任期结束时，人们普遍认为自由贸易协定是美国贫富差距拉大和中产阶级衰落的原因。《北美自由贸易协定》和与中国的永久正常贸易关系致使数千家美国工厂关停，曾经生机勃勃的制造业城镇变得极度贫困，当地房屋纷纷止赎，学校毕业率低并且阿片类药物成瘾泛滥。鉴于TPP会加速这一螺旋式下降的过程，消费者权利倡导者、家庭农场和社会正义组织公开抗议TPP。各行各业的工会在抗议中联合起来，环保组织警告，TPP将加剧环太平洋地区气候变化和有害资源开采的程度；医生警告，这将阻碍发展中国家获得药品——因为根据TPP，制药公司将有权妨碍药价控制、药品进口、低成本仿制药的开发，以及任何其他会侵蚀其利润的政策。

尽管反对声越来越高，奥巴马仍在2015年的国情咨文中强调了在亚太地区占据经济主导地位的重要性，并承诺TPP将创造更多更好的就业机会。他向国会要求授予行政分支"快速道"❶权

---

❶ 协商授权快速程序，简称"快速道"，是美国国会给予美国总统在国际性贸易协议磋商方面的特别授权。——编者注

限，以推进 TPP 议程，约有 600 名企业的"贸易顾问"参与了整个谈判过程，但时任立法者却被排除在外。正如下一章所述，在退出 TPP 之前，作为总统的唐纳德·特朗普利用 TPP 在贸易问题上挑起进步民主党和企业民主党之间的分歧，并强调后者公然无视 TPP 对工人阶级的负面影响。在这一过程中，希拉里·克林顿为了赢得工人阶级的选民，不得不反对她的政党，拒绝 TPP——然而，工人阶级并没有因此支持她。

奥巴马在 2012 年 12 月接受西班牙环球电视台采访时，告诉记者："其实，我的政策都很主流，如果我在 20 世纪 80 年代制定了同样的政策，我将被看作温和的共和党人。"这些政策包括在华尔街采纳共和党议程、教育改革和减税，并承担起自由贸易的责任。奥巴马确实降低了美国的失业率，适度增加了实际收入的中位数，并协力挽救了美国汽车业。但在特朗普当选前的 24 年中，民主党占领了白宫 16 年，其中有 4 年他们甚至占据了国会两院。在此期间，财富不平等达到了历史新高，工会被打压，4 300 万美国人生活在贫困中，社会上没有任何保障网，孩子们也没有未来。在奥巴马的领导下，美国的化石燃料产量达到了历史最高水平，学生和消费者的债务飙升，企业权力得到进一步巩固。与之相对应的是，2 500 万美国民众仍然没有医疗保险，数百万人没有得到充分保障。相比之下，华尔街和激进派右翼的权力却扩大到了前所未有的地步。美国逐渐成为警察国家，监视行为越发广泛，行政权力得到进一步巩固，军事活动变得更加致命、残忍和隐秘。

奥巴马通过建立一个历史性的联盟，将其政党的进步派和新自由派两翼团结在一起，从而赢得选举。然而，他最得意的成就却植根于对资本的承诺,在华尔街和企业势力陷入困境时,奥巴马为他们提供了重要掩护,并延续了布什通过减税政策来为精英利益服务的政策。如果奥巴马能够兑现他的竞选承诺,采取必要措施,实质性地解决财富分配不均和收入不平等等时代性问题,并引导政府向保护多数人而非少数人利益的方向发展,他或许可以阻止极右势力的崛起,至少在一定程度上,可以让美国的生存危机有所缓解。但恰恰相反,他把白宫的钥匙交到了反动势力手上,这些反动势力往往在人们绝望无助、愤愤不平、脆弱和易受操纵时涌现。

第三章

政府

（2017—2022年）

当亿万富豪、房地产大亨、真人秀明星唐纳德·特朗普宣布他将于 2015 年竞选总统时，在特朗普大厦上演了这一幕：他从一个金色的自动扶梯上走下，与"完美的"妻子十指紧握，在他身后，一群身穿印着"让美国再次伟大"的 T 恤的人为他欢呼——其中许多是花钱雇来的演员。特朗普经常成为小报和第六版[1]的话题人物，他也是纽约的标志人物，以夸大自己的财富和功绩、兜售阴谋论以及与黑手党和骗子沆瀣一气而为人所知。尽管因投资了选美比赛和大西洋城赌场等不合时宜的项目而陷入破产困境，但特朗普凭借在真人秀节目中的优秀表现，成功使他的个人品牌起死回生。热门真人秀节目《学徒》(The Apprentice)让他走进了数千万美国民众的电视机，塑造了他坚持不懈和自强不息的形象，并最终助他成功入住白宫。

特朗普在他的公开演讲中，吹嘘自己是"真正的富豪"，并批判美国政客"愚蠢"和"道德腐败"。他抱怨高得离谱的医疗保险免赔额和伊拉克战争耗费的万亿美元巨款，并悲叹道，作为一个国家，"我们再也没有胜利了"。他警告说，美国陷入了"严重的困境"，因为中国和日本正用贸易"杀死我们"，作为一个"精于盘算"的生意人，他称自己"一直在打击中国"。关于复杂

---

[1] 绯闻八卦版。——译者注

的南部边境移民问题，他则声称美国已成为"其他国家的垃圾倾倒场"。他保证如果当选，他将修建"长墙"，保护国家免受墨西哥"强奸犯"和毒品贩子的伤害，并让墨西哥为修建计划买单。

这种不打草稿的夸夸其谈和煽动性言论在总统竞选中并不常见，但由于本土极右翼思潮在大众媒体和国会中崛起，以及美国选民普遍持有的冷漠和怨恨态度，特朗普的垃圾言论并非完全不合时宜。就在特朗普当选的前几年，民意调查专家帕特里克·卡德尔对共和党当权派日益走低的人气进行了一项研究，结果发现美国选民对其的满意度极低，他们希望"一个局外人"来重塑华盛顿特区。在欧洲各国、土耳其、菲律宾、巴西和其他地区也存在类似趋势：随着生活质量下降，人们的基本需求越来越难以被满足，反动主义兴起了，同时新自由资本主义的突出矛盾正日益严重。

特朗普利用这些怨恨赢得了国会席位。当奥巴马政府的民主党人还在兜售 TPP 将如何"有益于工人"这种明目张胆的谎言时，特朗普正直言不讳地指出自由贸易对劳工和工人阶级社区的灾难性影响。当共和党候选人还在强调"整体改革"的紧迫性时，特朗普直接承诺，若有五分之一的美国民众买不起处方药，他就会维护社会保障和医疗保险制度，降低处方药的成本。在共和党这个受到华尔街和亿万富豪资助的竞选领域中，特朗普鼓吹自己有能力自筹竞选资金，并谴责他的对手向富有的赞助者乞求捐赠，这让人想起赌场巨头谢尔登·阿德尔森（Sheldon Adelson）的"阿德尔森初选"。当被问及华盛顿特区环城公路内部的极端主义党派时，特朗普发誓要"把沼泽排干"。而对于那些被希拉里·克林顿称为"可悲之人"的人，特朗普则立誓道："我将为你们发声。"

在对"二战"中的德国进行分析时，德国哲学家西奥多·阿多诺（Theodor Adorno）提出了一个关于法西斯独裁制度如何依赖于对权威人物的认同和偶像崇拜的理论，这些权威人物通过散布虚假信息，释放出人类天性中最坏的一面，同时打破政治和社会生活的稳定。特朗普解放人们天性的方式包括：利用幼稚的哗众取宠行为和娱乐化的手段来击败对手，并通过掌控新闻周期巩固权力。他蔑视共和党权贵，嘲笑杰布·布什"低能"，声称越战战俘、参议员约翰·麦凯恩不是战争英雄，因为他被俘虏了。"我喜欢那些没有被捕的人，"特朗普表示。在参议员林赛·格雷厄姆（Lindsay Graham）称他为"蠢货"后，特朗普通过在全国电视台上公布该参议员的个人手机号码来进行报复。当竞选人范围缩小到只有他和参议员特德·克鲁兹（Ted Cruz）时，特朗普称克鲁兹没有资格担任总统，因为他出生在加拿大，并在推特（已于2023年7月改名为X）上发布了一张克鲁兹妻子不讨喜的照片，该照片被与特朗普妻子梅拉尼娅的迷人照片放在一起。梅拉尼娅这位前模特则表示："一张照片胜过千言万语。"

　　除了贬低政治对手之外，特朗普还煽动了工人阶级的不满情绪，以获取尼克松口中"沉默的大多数"的支持。此外，他还将移民作为各种问题的替罪羊——无论是高犯罪率，还是中产阶级失业，抑或是社会保障计划的"破产"。在竞选过程中，特朗普还放话说，要驱逐数百万无证移民，并散播对叙利亚难民的恐惧情绪，称"他们可能是ISIS的人❶"。他还承诺要建立一个数据库，来追踪美国的穆斯林。2015年，在两名出生于美国的巴基斯

---

❶ ISIS全名为"伊拉克和黎凡特伊斯兰国"，是于2004年前后在伊拉克境内成立的恐怖组织。——编者注

坦极端分子在圣贝纳迪诺制造了可怕的大规模枪击事件后,他更是借机呼吁暂时禁止穆斯林入境,即便这两名极端分子与恐怖网络无关。

在指控特朗普大学的欺诈性商业行为的诉讼中,特朗普以种族问题为由,攻击该案的主审法官冈萨洛·库里尔(Gonzalo Curiel),从而转移公众注意力。库里尔出生于印第安纳州,但特朗普却坚称,库里尔作为墨西哥后裔,与特朗普在美国南部边境实施的政策存在"利益冲突"。上任后,特朗普签署了一系列强硬的行政命令,禁止穆斯林进入美国,这加速了盖世太保式的无证移民围捕行动,并以极端残酷的方式强迫位于边境的家庭分离。白人至上主义者和"另类右翼"❶认同他的种族主义言论,并因此而支持他,直到他的沙文主义越发明目张胆。种族仇恨导致的犯罪案件数量不断上升,最过分的是弗吉尼亚州夏洛茨维尔市的一名新纳粹分子驾驶他的汽车冲入反种族主义抗议者的人群,造成一名年轻女性死亡,20多人受伤。而特朗普却在示威游行中为纳粹辩护,称他们是"非常优秀的人"。

除了释放仇恨和仇外心理,特朗普还通过散布谎言和虚假信息来酝酿不信任感。他将为数不多的"客观新闻"政治化。一旦有记者对他经常出现的荒谬可笑言论提出质询,特朗普就会将这些报道称为"假新闻",并煽动针对这些记者的暴力行为。他对推特——散布煽动性言论的完美渠道——的广泛使用,为他赢得

---

❶ 另类右翼是当下美国白人至上主义者和白人民族主义者所相信的意识形态,他们除了坚持传统的保守立场,还反对"多元文化主义",并反对为少数群体提供更多权利。——编者注

了数千万粉丝和从未停歇的争议。边缘极右翼电台节目、互联网网站和广受欢迎的福克斯新闻频道为他的妄语提供了回音室，以至于特朗普成功地让全国大部分人相信：奥巴马不是美国公民；风车会致癌；特德·克鲁兹的父亲枪杀了肯尼迪；致命的新冠病毒"和普通流感没有什么区别"，而他"已经完全将病毒控制住了"。特朗普支持者挥舞着写着"把政府的手从我的医疗保险上拿开"的标牌，具象化了他的扭曲。

尽管特朗普身上体现了昭然若揭的偏执和机会主义，及对社会和政府规范的漠不关心，但他的总统任期前所未有地清晰展示了新自由资本主义普遍存在的腐败现象，及其反民主本质。这样看来，他的优势应从以下背景来理解：数十年来，两党政治精英无法再像过去那样，以看似理想主义，实则霸权主义的自由市场承诺糊弄民众；此外，精英们对着"自由"与"民主"这两个相互矛盾的概念侃侃而谈，而大多数美国民众却生活在权力缺失和生活保障的匮乏中——理念与现实形成了鲜明的对比。

本章继续前两章的内容，探究特朗普在新自由主义政府以及精英权力的持续巩固过程中所起到的作用，包括分析特朗普政府在向上的财富再分配进程中实施的政策制度和进行的官僚操纵行为。特朗普利用减税、监管和私有化计划，并以致命的全球新冠疫情危机为机遇，达到任人唯亲和扩张行政权力的目的，同时以沙文主义叙事，将不受约束的市场与美国的伟大联系起来。

行政权力

美国政府的行政部门是一个庞大的官僚机构，由数百个机构

第三章 政府（2017—2022年）

的200多万名文职公务人员组成，负责保障人民的安全，最大限度地减少风险，并在合适的时机促进社会、科学和技术进步。除了国防和国家安全外（多达70%的工作人员致力于此），联邦政府还提供私有企业无法提供或不会提供的服务，如空中交通管制、食品安全保障等。行政机构在人事和日常运作上的变动，会对联邦政府的工作及其运作能力产生深远影响。因此，总统交接期、称职的人员、充足的资金和完善的管理至关重要。

除了绕过国会、通过行政措施立法外，特朗普还操纵行政部门的官僚组织，以调整监管和加强执法能力为借口，解散和重组政治机构，从而实现他的政策议程。多年来，科赫式的自由主义者❶和右翼保守派一直在呼吁解散大多数政府机构，取消税收和所有对企业权力的管束，右翼媒体高管和前白宫首席策略师史蒂夫·班农（Steve Bannon）将其称为"对行政国家的解构"。而实际上，比起解散，这更像是一种与政府相互勾结的诡计。

在奥巴马的总统任期内，极端紧缩的鹰派强制实行了隔离措施，这标志着距离实现"解构"又近了一大步，因为公共支出的全面削减使各种公共服务和计划失去效力，也使联邦劳动力大幅减少。特朗普政府紧随其后，在交接过程中故意使坏，清理了可能对他构成损害的职业公务员，并解散了负责监管国家银行、工作场所、环境部门、交通部门、邮政系统、选举流程和应急准备的机构。他在行政部门留下了数百个职位空缺，并使这些职位政治化，然后用没有任何相关专业知识或政府工作经验的员工取而代之。这些恶劣的

---

❶ 极端自由主义者。——译者注

手段加深了公众对政府的不信任，导致成千上万的公务员心灰意冷地辞职。也有一些人选择留任，同时保存下对这些政府渎职行为的记录，随后英勇地向媒体披露和曝光这些信息。

特朗普对联邦劳动力的削减让几乎所有政府机构的执行案例、处罚和执法行动的数量同时下降，也为灾难打开了大门，例如造成346人死亡的波音737 MAX飞机坠毁案件，其部分原因就是（在奥巴马和特朗普政府时期）联邦航空管理局因资金不足而允许波音公司和其他航空公司进行自我监管。而在新冠疫情期间，医院系统崩溃也与各州无法获得国家医疗物资储备，疾病控制和预防中心人员不足、资金不足紧密相关。特朗普政府还试图使环境保护局失去权力，他授予企业数千项环境保护豁免权，这导致污染达到了专家口中的使"无数人死亡"的程度。

如果真如他们在华盛顿特区环城公路上说的那样——人事即政策，那么特朗普的官方政策便是明目张胆的腐败和任人唯亲。特朗普召集卢·多布斯（Lou Dobbs）和肖恩·汉尼提（Sean Hannity）等媒体人物担任高级顾问，并将一些亲信、曾经的说客、企业内部人士和右翼理论家（包括一些知名的白人至上主义者）安置在政府最高层任职。尽管存在反对裙带关系的现成规范和法律的约束，特朗普第一任期时最有权势的人却仍是他的女儿伊万卡和她的丈夫贾里德·库什纳（Jared Kushner），这两位自私自利的机会主义者对不体面的、残酷无情的父亲的依赖远超正常成年人。这对夫妇，尤其是贾里德，承担了远超他能力范围的职责，包括以色列-巴勒斯坦关系、移民改革和新冠疫情管控，《纽约时报》的米歇尔·戈德伯格（Michelle Goldberg）将他们的影响描述为"将业余活动提升到反社会的程度"。

第三章 政府（2017—2022年）

贾里德是常春藤联盟腐败的代表人物，他的哈佛"血统"是通过其父亲对学校赞助基金会的慷慨捐赠获得的。作为《纽约观察家报》的所有人，库什纳向反对者发起了攻击。在进入政府部门后，他更是公然在自己的法定财务披露上撒谎。库什纳利用他的政府职位，将紧急财政援助用于为他在曼哈顿第五大道666号的房地产买单，他因考虑不周而以18亿美元的价格将其买下，他还与沙特王储穆罕默德·本·萨尔曼（Mohammed bin Salman）成了朋友。萨尔曼曾下令残忍地谋杀记者贾马尔·哈舒吉（Jamal Khashoggi），还向特朗普政府官员的投资基金捐款数十亿美元。尽管库什纳坚称萨尔曼是一个商业伙伴和私交，但这位沙特王子还是向他的亲信吹嘘说，库什纳"被他玩弄于股掌之中"。因库什纳阴险的为人和苍白的肤色，白宫摄影记者为他起了个绰号——"男巫"。

伊万卡在白宫作为高级官员的履历包括担任形象代言人，创办自己的珠宝和时尚品牌，在她父亲的真人秀节目《学徒》中客串，管理特朗普的房地产项目，其中包括与俄罗斯黑手党、冈比亚犯罪家族、巴西洗钱者，当然还有克林顿家族的秘密交易。在公众对这对"过于亲密的"父女的暗笑中，特朗普在官方会议和高级活动中称伊万卡为"宝贝"，并将她的座位设置在海外国家元首和世界商业领袖旁边。特朗普曾幻想，伊万卡会成为伟大的世界银行行长，"因为她对数字很敏感"。

特朗普本不太可能选择印第安纳州州长迈克·彭斯（Mike Pence）那样的人作为副总统，正如彭斯对自己的描述，"一个基督徒，一个保守派，一个共和党人"。他唱诗班少年的气质和极端的传统主义平衡了特朗普的好色和缺乏虔诚——据称，彭斯将妻子称为"母亲"，并禁止她与其他男人单独相处。特朗普选择彭斯，是对科赫兄弟尽忠，科赫兄弟长期以来一直为彭斯提供资助，并引导他的州长议程：为富人减税，对其他人则实行紧缩政策。特朗普内阁中的其他几位成员与科赫兄弟也有着密切的关系，比如特朗普最初任命的中央情报局局长：堪萨斯州议员迈克·蓬佩奥（Mike Pompeo），他随后被任命为国务卿，接替前埃克森美孚首席执行官雷克斯·蒂勒森（Rex Tillerson）（特朗普通过在推特发文将其解雇）。被称为"科赫的国会议员"的蓬佩奥提出了一项极右翼的自由主义议程——该议程与"9·11"事件后的伊斯兰恐惧症有关，并将纳税人的近6.5万美元的资金，用在国务院为竞选赞助方举办的豪华晚宴上，之后又试图在提交给国会的报告中隐瞒该项支出。

特朗普政府的内阁主要由他的亲信组成，其中一些人终其职业生涯，都在与他们将去领导的机构斗争。例如，对于负责保护消费者免受银行欺诈的消费者金融保护局（以下简称CFPB）而言，特朗普任命了茶党最受欢迎的米克·穆尔瓦尼（Mick Mulvaney），这位前南卡罗来纳州国会议员曾将CFPB描述为一个"恶心而可悲的笑话"。穆尔瓦尼解散了CFPB的办公室，解雇了CFPB的咨询委员会，并提出零预算运营。在他的监管下，CFPB的执法行动数量直线下降，其中不乏针对掠夺性发薪日贷款[1]的行动——该行业为穆尔瓦尼的国会竞选捐款数万美元，为特朗普

---

[1] 发薪日贷款是指以个人信誉为基础，在下一发薪日偿还的小额贷款。掠夺性贷款通常指以不了解信贷市场、信用记录较低的弱势群体为对象并导致他们严重的个人损失，包括陷入破产、贫困和住房的赎回权被取消的一系列放贷行为。——编者注

第三章 政府（2017—2022年）

的总统竞选捐款数百万美元。

特朗普提名俄克拉荷马州总检察长斯科特·普鲁伊特（Scott Pruitt）担任环保局局长，他毕生专注于破坏污染标准，并称自己是"反对环保局激进议程的主要倡导者"。普鲁伊特对气候变化的否定使他声名狼藉，他曾声称"全球变暖的概念是由中国人炮制出来的"。在担任环保局首席执行官的短暂时期内，普鲁伊特面临了十多项关于他滥用政府资金的调查，其中包括在办公室门上安装的生物识别锁、一个价值4.3万美元的隔音电话亭、24小时警卫服务以及头等舱旅行。据他的前助理称，普鲁伊特和他的员工还经常——并且非法地——"抹去"官方日历上可能"看起来很糟"的会议，如与行业首席执行官的会议，又如他于2017年6月与红衣主教乔治·佩尔（George Pell）的会面。佩尔被控多次虐待儿童，但后来都被释放了，相应的指控也被推翻。最终，负面报道和国会调查迫使普鲁伊特辞职。在辞职信中，他对特朗普说："我相信你今天能担任总统都是上帝的眷顾。"

至于卫生与公众服务部，特朗普则任命整形外科医生汤姆·普莱斯（Tom Price）为部长，他曾是佐治亚州的国会议员，领导众议院共和党人废除"奥巴马医改计划"，并将医疗保险私有化，还带头制定了直接惠及他重金投资的制药公司的立法。普莱斯因其花费纳税人的钱享受包机服务，以及累积消费50万美元的账单，而登上新闻头条，他随后辞去了在美国卫生与公众服务部的职务。特朗普用来自大型制药公司的亚历克斯·阿扎尔（Alex Azar）接替了他，他曾担任礼来医药公司的首席执行官，操纵胰岛素价格大幅上涨，还曾因对未经食品和药物管理局批准的特效药进行欺诈性推广，而被罚款20多亿美元。

尽管特朗普的形象是"沉默的大多数"的拥护者,但在他所任命的内阁中,亿万富豪的人数比美国历史上任何一位总统的都多。他任命亿万富豪、投资人威尔伯·罗斯(Wilbur Ross)为商务部部长,他是一位著名的秃鹰资本家❶,凭借压榨工人和退休人员发家致富,纽约市市长鲁迪·朱利安尼(Rudy Giuliani)称其为"私有化顾问",而《财富》杂志称其为"破产之王"和"不良投资大师"。至于美国小企业管理局的局长,特朗普则任命了亿万富豪、世界摔跤娱乐公司的联合创始人琳达·麦克马洪(Linda McMahon)。特朗普任命贝西·德沃斯(Betsy DeVos)为教育部部长,她是一位宗教理论家,她的家族曾从安利公司疯狂的金字塔骗局中敛财数十亿美元。继承了她家族的极端主义传统,德沃斯主张教育券制度和学校私有化,支持神创论,并致力于切断联邦政府对学校师生公民权的维护,此外,还为公然欺骗学生的营利性大学辩护。德沃斯的兄弟埃里克·普林斯(Erik Prince)也被牵扯其中,这位仇伊斯兰人士是保安公司和雇佣兵集团"黑水"❷的创始人,该公司因在伊拉克战争期间屠杀包括年轻儿童在内的数百名无辜平民而声名狼藉。

特朗普利用奥巴马精心打造的白宫和华尔街之间两党的"旋转门",任命高盛首席信息官史蒂芬·姆努钦(Steve Mnuchin)为他的财政部部长,另外还有至少6名高盛高管也得到了任用,其

---

❶ 利用和公司达成的投资交易的条款来抢占该公司的所有权或公司最有价值的部分的投资者。——译者注
❷ 已于2009年改名为"Academi",公司业务重心也转为培训和后勤。——编者注

中包括前高盛总裁加里·科恩（Gary Cohn），他被任命为首席经济顾问。在2007年全球金融危机期间，姆努钦是印地麦克银行（IndyMac）的主要投资者，印地麦克银行是一家本已破产的次级贷款银行，姆努钦将其重组为一台名为第一西部银行（OneWest Bank）的"止赎机器"。在交通运输方面，特朗普任命乔治·布什政府的劳工部部长赵小兰（Elaine Chao）接管航运业务，她也是参议院多数党领袖米奇·麦康奈尔（Mitch McConnell）的妻子。赵小兰来自肯塔基州——全国最贫穷的州之一，以虐待"女佣"和开着非法渠道弄来的汽车四处兜风而闻名。她和麦康奈尔一起推动了肯塔基州的"大捐助者"政治。其间，为换取大额的政治献金，他们在大型煤炭企业严重渎职和制造破坏性污染的情况下为其免除了责任。

特朗普利用自己在军事上的权力，任命大量将军担任高级职位——这是"二战"以来最多的一次。而他们中没有一个人坚持过特朗普的第一任期，其中包括他的前五位通信主管和前三位参谋长。特朗普政府的退伍军人事务负责人大卫·舒尔金（David Shulkin）在把纳税人的钱花在自己和妻子的欧洲度假旅行后被解雇。高级顾问、前布莱特巴特新闻网❶的执行主席史蒂夫·班农也因与白宫工作人员发生冲突而在任期第一年离职。"黑色国师"和"影子总统"等绰号反映了班农道德败坏的本质，此外，他在特朗普主义的意识形态构建中起着主导作用。离开白宫3年后，

---

❶ 美国右翼网络媒体。——编者注

他在一艘价值3000万美元、长150英尺❶的超级游艇上闲逛时，被联邦特工逮捕，原因是他通过墨西哥边境墙的相关筹款活动诈骗捐赠者。在对该骗局的调查过程中，检察官透露，他筹集到的部分资金被花在了珠宝、一辆高尔夫球车、一辆豪华车和整容手术上。

特朗普还有一些内阁提名始终未得到批准，即使共和党在参议院占据多数席位。特朗普试图用他的白宫医生罗尼·杰克逊（Ronny Jackson）取代舒尔金，但杰克逊在被国会指控在工作中饮酒，还以万圣节糖果的名义分发处方药后（他因此获得了"糖果人"的绰号），便从候选名单上撤回了自己的名字。特朗普对于劳工部部长的第一人选是CKE大型连锁餐厅集团首席执行官安迪·普兹德（Andy Puzder），然而，他的名字最终被从候选名单上撤下，原因在于该集团存在员工待遇不佳的争议，包括工资过低、强迫员工放弃法定休假、歧视性做法以及性骚扰行为。普兹德还被妻子指控家庭暴力，他的妻子在奥普拉·温弗瑞（Oprah Winfrey）的热门脱口秀节目中将她与普兹德的关系"和盘托出"。特朗普随即任命美国佛罗里达州前地方检察官亚历山大·阿科斯塔（Alexander Acosta）代替了普兹德，但他后来也辞职了，因为有消息称，作为佛罗里达州的地方检察官，阿科斯塔曾授予恋童癖者杰弗里·爱泼斯坦（Jeffrey Epstein）一项不起诉协议，批准他仅对两项违反州法律的性交易罪名认罪，因而只需在监狱里服刑13个月，在此期间，他还被批准日常外出"工作"。在公然歪曲"法

---

❶ 1英尺约等于0.305米。——编者注

治"的情况下，阿科斯塔还对爱泼斯坦的"潜在共谋者"给予豁免权，据说其中包括前总统比尔·克林顿、安德鲁王子（Prince Andrew）等权力精英。在批准认罪协议的过程中，阿科斯塔成功终止了对他们的调查，即使在那时，该调查已确认了爱泼斯坦案数百名未成年受害者中的36人，其中一些受害者只有11岁。

特朗普式的正义

特朗普并不是第一位突破总统权力限制，并使自己凌驾于法律之上的美国总统，但他绝对是行事最极端的。他在担任总统之前就已与众不同，那时他也时常无视法律行事，他的职业生涯也因虚假诉讼和合同违约而成了强弩之末。与其他美国总统一样，特朗普政府的司法部是其政府努力扩大行政部门权力，并把这些权力当作武器使用的关键。作为国家"法治"的制度基石，司法部的运作本应独立于行政部门和立法部门。然而，之前的司法部部长，如小布什任美国总统时期的阿尔贝托·冈萨雷斯（Alberto Gonzales）和奥巴马任美国总统时期的埃里克·霍尔德，为了给总统提供法律保护，都违反了这一规范。但特朗普政府的司法部部长更加厚颜无耻，他甚至在某些情况下，公开支持法西斯主义。

特朗普任命亚拉巴马州参议员杰夫·塞申斯（Jeff Sessions）担任司法部部长，他是保守派中的强硬派，曾任联邦检察官，以毫不掩饰的种族主义者身份为人所知。塞申斯是特朗普的早期支持者，也是当时唯一一位在他竞选的全过程都予以支持的在任美国参议员。作为司法部部长，塞申斯命令检察官对毒品犯罪处以最严厉的刑罚,从而大幅增加大规模监禁的数量。他撤销了保护低收入被告者免受过度罚款的限制,取消了针对警察的不当执法行为和虐待行为而进行的审查。他提议对重大毒品犯罪者判处死刑,并没收其相应的公民财产,这使当地执法部门有权查封涉嫌犯罪(但未被提起指控)者的财产——他们也被鼓励使用这个权力。他把奥巴马时代禁止歧视"跨性别"学生的政策撤销了,并关闭了"诉诸司法办公室"。该机构曾通过拓展获取法律顾问的途径,缓解了刑事司法系统中的严重不平等现象。针对华尔街和财富500强人士,塞申斯削弱了司法部用来监督白领犯罪❶的讹骗案调查组,并完全中断了银行监管。他还搁置了许多正在进行的调查,或以最低罚款结案,其中包括对一家涉嫌参与毒品洗钱的跨国银行的调查,以及另一起大银行涉嫌歧视少数族裔借款人的案件。

作为特朗普政府的首席边境执法顾问,塞申斯严厉打击移民。他曾威胁要削减移民庇护城市的联邦资金,并起诉当地官员。他还规定,家庭虐待或帮派暴力的受害者将不再有资格获得庇护,并在几个月内,禁止难民进入美国,还无限期禁止来自被战争蹂躏的叙利亚难民入境。塞申斯还对特朗普臭名远扬的"穆斯林禁令"表示支持,该禁令禁止来自叙利亚、伊朗、伊拉克、

---

❶ 白领犯罪指拥有较高社会和经济地位的人利用职务进行的犯罪行为,如买空卖空、假报资产负债表、操纵股票市场、贪污、诈骗、诈取、受贿、偷漏个人所得税、出卖经济情报等。美国白领犯罪的情况非常严重,所造成的经济损失远远超过蓝领犯罪中抢劫、盗窃等侵犯财产罪所造成的经济损失。——译者注

利比亚、苏丹、也门和索马里等7个伊斯兰教占多数的国家的移民入境。1 000多名美国外交官公开谴责了这项禁令，成千上万的人涌入全国各地的机场，对该禁令的实施表示抗议。

特朗普政府将墨西哥和美国边境的特工数量增加了数千人，并使用联邦资金建造中世纪式的边境墙，以及额外的（通常是营利性的）非法移民拘留所。随着无数关于监狱腐败和其中恶劣生活条件的报道涌现，奥巴马政府曾试图循序渐进地废除私人监狱，从而逆转比尔·克林顿通过监狱私有化来削减政府支出的计划——这是奥巴马竞选时的承诺。特朗普在这方面却将克林顿的新自由主义计划发扬光大了。特朗普还下令创建一份公开文档，列出无证移民所犯下的罪行；而他最残忍、最有争议的政策则是将分离孩子与父母作为对非法移民的一种威慑，而塞申斯则通过采取"恐吓战术加宗教证据"的双管齐下的策略，使该举措看似合理。

在特朗普上台之前，一群儿童已经被孤身送到美国南部边境，其中一些孩子仅3岁。对此，奥巴马政府的回应是将更多人驱逐出境，还把一些儿童关在用混凝土板做的笼子里。2011年至2013年间，约有200万移民被拘留，而在布什总统的任期内，这一数字仅为157万。虽然这很残酷，但奥巴马政府和特朗普政府在移民政策上的一致性，未能掩盖他们之间的根本分歧。奥巴马的重要成就之一是代表人道主义且受欢迎的儿童延迟抵达行动计划，以及他试图通过《关于外国未成年人的发展、救济和教育法案》（Development, Relief, and Education for Alien Minors）为无证移民创建的获取公民身份的通道。反对人士认为，如果奥巴马能在任期早期推动更强有力的移民改革，那么在民主党控制国会的参议院和众议院之后，这个国家或许可以避免杜鲁门式的白色恐怖。尽管如此，奥巴马对无证移民的严厉态度与特朗普相比还是温和的。特朗普制造的家庭分离，已不仅是奥巴马搞的那套过度监管的问题了，而且是一个毫无愧疚之心的白人至上主义者公开表达仇外心理时不加掩饰的残忍。

负责移民政策管理的是塞申斯的前沟通主管斯蒂芬·米勒（Stephen Miller），他是一位公认的白人民族主义者，不仅试图禁止移民入境和驱逐移民，还对他们加以惩罚。据一位官员称："米勒向我们明确表示，如果你在一开始对孩子足够差，就能够说服其他父母，不再带着孩子穿越边境。"在拘留中心的一段录音被公开曝光后，他们的虐待计划遭遇阻碍。从这段录音中，可以听到小孩子正在因与父母分离而哭泣，他们哭得很厉害，连气都喘不过来。在录音中，还可以听到一名边境巡逻队特工在嘲笑哭泣的孩子们时说："行吧，我们这里有一个管弦乐队。"录音的泄漏促使一名联邦法官下令，让数千名被监禁的儿童与家人团聚。然而，由于政府的残酷和无能，一些孩子的父母花了几个月才被确定，那时，许多父母已经被驱逐出境，很可能再也见不到他们的孩子了。

塞申斯因决定在司法部对俄罗斯干涉2016年大选的调查一事上避嫌，而与特朗普发生冲突，数月后，塞申斯辞职。他曾在参议院确认听证会上谎称，特朗普与俄罗斯官员不存在往来。随后，为了保全面子，他退出了对"通俄门"的调查，并让他的副手罗德·罗森斯坦（Rod Rosenstein）任命前FBI局长罗伯特·穆勒（Robert Mueller）主导调查。塞申斯的回避让特朗普发问："我的罗伊·科恩（Roy Cohn）哪去了？"特朗普指的是他曾经的导师和替他收拾烂摊子的人，一位脾气暴躁的纽约律师。他与参议员约瑟夫·麦卡锡（Joseph McCarthy）共同操持他们的法律事业，主要工作内容为迫害美国民众。特朗普一再向塞申斯施压，要求他改变决定，称他为"白痴"，并公开用"弱智"和"愚蠢的南方佬"等极具攻击性的贬义词语羞辱他。

面对特朗普的施压，塞申斯表示："虽然我是司法部部长，但司法部的行动不会受到政治性考量的影响。"最后，特朗普让老布什政府的司法部部长威廉·巴尔（William Barr）接替了塞申斯，后者也参与了"通俄门"的调查，但没有像塞申斯那样选择回避。在担任特朗普政府司法部最高职务之前，巴尔主动向罗森斯坦发送了一份大篇幅的法律备忘录，在不了解案件事实的情况下，他声称宪法的第二条没有赋予总统妨碍司法的权力。参议院的民主党人相信，巴尔有希望成为一股温和势力。但这只是幻想，因为巴尔对总统权力存有众所周知的极端主义态度——其中包含他多年来对单一行政理论的执着，即认为行政部门应该对司法和立法部门行使最终权力。鉴于这一信念，巴尔很有可能帮助特朗普赦免他的一切非法行为，并削弱对这些行为的调查力度，而这也正是他所做的。在巴尔的支持下，特朗普解雇了监察长，恐吓举报人，并阻止政府对其商业交易进行调查。当调查人员要求司法部提供文件或证词时，即使有时收到了法院传票，司法部官员也会经常拒绝回应传唤，并援引"行政特权"和"国家安全"条款。

最后，穆勒的（"通俄门"）调查并没有止步于针对特朗普的法律行动，而是揭露了特朗普同谋们的罪恶行径：特朗普的竞选主席保罗·马纳福特（Paul Manafort）因其在乌克兰的游说工作涉及金融犯罪而遭到指控；前国家安全顾问陆军中将迈克尔·弗林（Michael Flynn）因向联邦调查局谎报与俄罗斯官员的联络关系而被捕；特朗普的老朋友罗杰·斯通（Roger Stone）被指控干扰官方程序、向国会撒谎和操纵证人；特朗普的前私人律师兼经纪人迈克尔·科恩（Michael Cohen）承认自己曾对国会进行虚假供述：他曾向与特朗普有染的色情女演员斯托米·丹尼尔斯（Stormy Daniels）支付封口费。科恩后来成为自由主义新闻媒体的拥护者，因为他将对特朗普不利的消息"和盘托出"。作为回应，司法部部长巴尔严重逾越职业道德的界限，干预了特朗普的效忠者罗杰·斯通和迈克尔·弗林的定罪和判刑过程。而特朗普没多久就赦免了他们俩，同样被赦免的还有班农。

特朗普还试图利用司法权力的另一条软肋——这可能会成为他最重要的"成就"，那就是通过将极右翼法官纳入联邦法官席——参议员米奇·麦康奈尔的政治遗产，来重塑国家的法律体系。麦康奈尔曾厚着脸皮阻挠奥巴马任命梅里克·加兰德（Merrick Garland）为最高法院法官，那时，奥巴马总统的第二任期还剩342天，但他却虚伪地狡辩称，由于今年是选举年，提名应该"由人民决定"。这种举措与先例完全不同：此前曾有17名最高法院的提名者在选举年得到确认。不仅如此，麦康奈尔对奥巴马"高格调"的、专家式的，甚至教师授课式的说话方式感到愤慨，他曾宣称奥巴马"用高人一等的口气对人民说话"，并乐此不疲。麦康奈尔同时还利用法院的力量，帮助无信仰的特朗普获得福音派的选票，这对他的"远射"胜利❶来说至关重要。

特朗普公然将法官的选择权交给了包括联邦学会在内的外部

---

❶ 比喻希望渺茫的胜利。——编者注

右翼"特殊利益"团体,他们在联邦法官席上安置了230多名法官,其中包括3名美国联邦最高法院法官,这让保守党在高等法院获得6比3的优势。特朗普推举的10名未获美国律师协会认证的联邦法院提名者中,仍有7名被任命。而在他任命的人中,有一部分从未进行过动议辩论,从未审理过案件,也从未获取过证词。其中一人还经常在墓地闲逛,就为了寻找幽灵,此人还在博客上对3K党❶持积极态度。另一人声称,所有变性儿童都是"撒旦计划"的一部分。在那些被破格任命的人中,虽然有相当大的一部分是年轻人,但他们却比前任总统任命的人要保守得多。

至于特朗普任命的美国联邦最高法院大法官,其中的尼尔·戈尔索(Neil Gorshu)和布雷特·卡瓦诺(Brett Kavanaugh)都以善于撰写商业化意见而闻名,他们对极右翼议程,包括选举和堕胎问题,极度忠诚。卡瓦诺,特朗普政府任命的第二位最高法院大法官的参议院确认过程充满了激烈的辩论,不仅因为心理学教授克里斯汀·布莱西·福特(Christine Blasey Ford)关于受到对方性侵犯的公开指控高度可信,还因为卡瓦诺以书面形式声明,总统在任期间不应接受调查。在对卡瓦诺举行听证会之前,白宫拒绝移交国会要求的卡瓦诺在小布什政府工作时的相关文件,称这是对"宪法优先"的破坏——而国会议员们表示他们从未听说过这一说法。

随着大法官鲁斯·巴德·金斯伯格(Ruth Bader Ginsburg)

---

❶ Ku Klux Klan组织,因该组织名称的三个首字母都是K,故被称3K党,这是一个美国历史上奉行白人至上主义的团体,也是美国种族主义的代表性组织。——译者注

去世，特朗普的第三个大法官提名艾米·科尼·巴雷特（Amy Coney Barrett）出现在公共视野中。她的形象在11月大选之前就摇摇欲坠，她在白宫玫瑰园的一次活动中成了新冠病毒的超级传播者——而金斯伯格那时甚至还没入土。巴雷特没有任何审判经验，在特朗普于2017年任命她为第七上诉法院法官之前，她从未担任过法官或律师，但她家中有7个学龄儿童——这确实符合深受共和党人和诸多极右翼人士喜爱的"足球妈妈"❶形象。2018年和2019年，巴雷特加入了一个大型联邦主义者协会，并得到赞助，进行了数十次巡回演讲，这些政治活动显然是为了获得最高法院的席位。特朗普对最高法院的任命对之后产生了深远影响，波及美国生活的各个方面，其中包括劳动、投票和生殖权利。仅在2021—2022年，极右翼法院就极大地限制了环保署的监督权，并试图推翻罗诉韦德案中对妇女堕胎权的判决。

医疗保健和减税

在宣誓就任总统几小时后，特朗普就签署了一项行政命令，旨在推翻共和党人立誓要"废除并替换"的"奥巴马医改计划"。在此之前，共和党人曾多次试图以修改联邦预算等手段撤销该法案，却没有同时提出官方替代方案。在特朗普的领导下，共和党参议员以个人名义提出的"废除并替换"提案如潮水般涌来，这

---

❶ 最初用来描述那些开车载孩子去踢足球并在一旁观看的妈妈们，后引申为家住郊区、已婚，并且家中有学龄儿童的中产阶级女性。——译者注

些提案无一不包含使数千万美国民众失去健康保险的内容。它们大多针对公费医疗补助制度——它为美国养老院提供了三分之二的资金,是数千万低收入者、残疾人和阿片类药物成瘾者的生命线。私底下,民主党人对特朗普的党内政治对手、参议员约翰·麦凯恩增加国防开支的做法大加赞赏,以换取他对"废除并替换"提案情理之中的反对,从而打破政党的阵营,让特朗普无法继续蚕食"奥巴马医改计划"。尽管在此遭遇挫折,共和党人还是设法利用预算程序,通过了美国历史上最大的减税法案。

总统竞选期间,特朗普就税收问题发表了声明:"我愿意支付更多,知道吗,富人也情愿交更多税的。"然而选举一结束,在曼哈顿顶级的俱乐部,他向鼓掌欢庆的富豪们保证:"不用担心,我会让你们交更少的税。"特朗普把他的减税计划作为礼物卖给了"在美国邮政系统和机器车间工作的人",但几乎所有(超过80%)减税所得的钱都流向了最富有的个人,他们因此省下了数十亿美元。而对于中低收入阶层,他们的税收却随着时间的推移而增加。

特朗普将企业税率从35%降至21%,大部分横财都以股息和股票回购的形式流入投资者手中。他重复着企业友好型政治家和说客的谈话要点,声称美国是"世界上公司纳税最多的国家"。众所周知,在特朗普减税之前,由于特殊税收减免和税法漏洞,许多美国企业支付的有效税率远低于35%。事实上,如今有五分之一的大型赢利企业未缴纳任何所得税,其中一些企业甚至得到了回扣。而同时,它们的企业利润正创下历史新高,首席执行官的收入达到普通员工的数百倍。对投资者,特朗普降低了资本利得税,对于那些巨富阶级,他则为其大幅降低遗产税。这相当于赠予人群中最富有的那 0.2% 的人数十亿美元，其中包括特朗普自己，这项政策为他省下 40 亿美元。他还提出了一个新的税收体系，允许将利润存放在海外企业，使他们得以避免将数千亿美元花在"山姆大叔"❶身上。2015 年，美国公司通过海外避税，总共省下 2.4 万亿美元税款，同时在美国推迟支付约 7 000 亿美元的税款。

共和党人将减税 1.9 万亿美元的法案与一项预算提案相结合，预计在 10 年内从一些项目中削减 5 万亿美元的资金，而这些项目的辐射范围包括从教育、医疗保健、经济适用住房，到儿童保育、营养援助和交通等各方各面，而这些都是美国工人阶级赖以生存和迫切需要的。此时，在美国，有 4 000 万民众生活在贫困之中，其中包括五分之一的儿童；超过 1 500 万的家庭填不饱肚子；超过 50 万民众没有任何庇护所容身。尽管有 2 800 万美国民众没有医疗保险，但政府还是提高了获得医保的门槛。尽管特朗普声称，他将"尽己所能不触及社会保障"，但他在 2018 年、2019 年和 2020 年的预算提案都包括削减社会保障和医疗保险的内容。

新型冠状病毒

2020 年 1 月底，卫生官员开始发出危险信号，表示一种新型

---

❶ 山姆大叔是美国的拟人化形象，一般被描绘成为穿着印有星条旗纹样的礼服，头戴绘有星条旗纹样的高礼帽，身材高瘦，留着山羊胡子，鹰钩鼻，精神矍铄的老人形象。此处代指美国民众。——译者注

冠状病毒正在美国传播。情况正如退伍军人事务部的一位高级医疗顾问在给公共卫生官员群发的电子邮件中所说的那样："不管你怎么做，情况都会越来越糟。"美国卫生与公众服务部部长亚历克斯·阿扎尔等人告诫总统，灾难即将发生，但特朗普却指责阿扎尔"危言耸听"，并且对南卡罗来纳州的一群支持者说，新冠病毒是民主党的"新骗局"。到2020年2月底，民主党人要求为应对新冠病毒提供资金，参议员米奇·麦康奈尔却指责他们在"表演愤怒"。

特朗普组建了一个由迈克·彭斯领导的新冠病毒工作组。作为印第安纳州前州长，彭斯曾提倡将祈祷作为缓解该州重大艾滋病疫情的方法纳入防疫政策，而非经科学证明有效的针具更换项目。特朗普在继续政治化新冠和淡化其威胁的同时，向公众保证新冠疫情已经得到控制，到了春天，它就会消失。直到2020年3月中旬，特朗普才宣布进入全国医疗紧急状态。而在那个时候，新冠疫情已蔓延到美国全部50个州。在大量病入膏肓的病人涌入的情况下，医院承受着巨大的压力，以至于军队也被部署前去修建急救设施。纽约州受到的打击尤其严重。到4月初，纽约州每天约新增病例10 000例（2022年1月，这一数字抵达新峰值，每天新增超过50 000例）。随着死亡人数超过医院停尸房的容量，用于临时停尸的冷藏卡车也在街道上运送死者。

特朗普对新冠大流行的管理计划是一场自由市场灾难，其间充斥着代表"州政府权力"和"对大政府的攻击"的意识形态，它不仅展现出对联邦资源的浪费，更暴露了对普通民众严重的忽视。由于全国各地的医院都面临着核酸检测用品、呼吸机和一线员工个人防护设备的严重短缺，各州不得不以高昂的价格抢购这些必需品。当联邦应急管理局或外国政府出价高于各州时,各州订购的医疗用品便会被没收,并被运送到其他地方。多州州长为了获取救生用品,不得不利用他们的个人关系网,从而寻求帮助与支持。

在 2020 年 4 月的白宫简会上,贾里德·库什纳宣布:"联邦储备的概念应该是,我们(联邦政府)的储备,而不应该是各州的储备。"然而,"将储备分给各州"正是联邦储备存在的原因——这是白宫网站上的说法,不过随后这种说法被他们删除了,那时,库什纳的言论正遭到广泛抨击。库什纳一直在管理一个"影子般的"新冠病毒特别工作组,这个团队由来自风险投资公司和私募股权公司的十几名年轻志愿者组成。这些来自华尔街的年轻人在供应链或设备采购方面毫无经验(更不用说在应急和流行病预防方面的经验),他们被要求优先考虑特朗普的政治盟友和商业伙伴的需求,这导致他们与有漏洞和未经审查的企业签订了数十亿美元的无标的合同。

3 月下旬,白宫召集了一组"重量级"企业顾问,来制定让私营企业助力提供防护装备和医疗设备的策略。该组织建议特朗普援引第二次世界大战时期制定的《国防生产法》(Defense Production Act),该法为总统赋权,使美国工业基地得以更迅速地为国防服务供应资源。正如特朗普在电视真人秀节目《学徒》中展现的那样,库什纳坐在会议桌的最前面,坐在比其他人都要高的椅子上,宣布:"联邦政府不会带头做出反应。想要做什么取决于各州。"谈到纽约州的问题,他这样评价纽约州长:"他的人民正在水深火热之中,这是他们的问题。"当一位与会者指出,美国民众被迫为了必需品而相互竞标,物价因此被一路推高时,库什纳说:"这是自由市场的问题,而不是政府的事。"

大约在这个时候,特朗普指示食品和药物管理局测试一些治疗新冠病毒的药物,其中包括用于治疗疟疾的羟氯喹。研究发现,羟氯喹对新冠病毒感染没有显著的治疗效果,反而导致一些患者出现了心脏问题。这并没有阻止像鲁迪·朱利安尼这样的"江湖郎中",和福克斯新闻的劳拉·英格拉汉姆(Laura Ingraham)等人对这种问题药物进行宣传——他们像鹦鹉一样模仿总统的胡言乱语,声称总统自己也在吃这种药物。在特朗普敦促美国民众"吃了又不会怎样,快吃吧"之后,全国各地出现了关于氯喹和羟氯喹过量使用和严重滥用的报道。更糟糕的是,在2020年4月底的白宫新闻发布会上,特朗普建议,可通过向体内注射消毒剂来对抗病毒。"有没有可能,往体内注射消毒剂之类的?"他问道。第二天,家用消毒剂制造商滴露和利洁时发表声明,告诫美国民众,切勿摄入或注射他们的产品。

随着美国大部分地区因新冠疫情而陷入混乱和封锁,国会就如何遏制快速传播的病毒以及为民众提供救济发生了争执。此前,4名美国参议员的内幕交易被曝光,他们不仅公开淡化新冠病毒的威胁,还利用他们因特权提早了解到的新冠病毒的消息,来获取经济利益。北卡罗来纳州共和党参议员理查德·伯尔(Richard Burr)在股市崩盘前卖出了超过100万美元的股票,与此同时,他向选民保证,新冠疫情已经得到控制。国会通过了一项2.2万亿美元的支出法案,《新冠病毒援助、救济和经济安全法案》(Coronavirus Aid, Relief and Economic Security Act,以下简称《新冠救助法案》),其中包括扩大非就业福利、向美国公民提供一次性直接付款、学生贷款延期,以及暂停驱逐令,这让3 000

万至 4 000 万美国民众免于失去家园。但是像其他支出法案一样，这些条款几乎无法维持美国中产阶级和低收入者的生存，像之前出台的许多纾困政策一样，最大受益者还是富人。

《新冠救助法案》的大部分内容与新冠疫情无关，而是为了给企业和华尔街的说客和捐赠者送钱，其中包括数千亿美元的税收减免政策——专为大企业量身定制。该法案包括一项支持小企业和保护工人免受裁员的计划，但一如既往，大型银行负责决策，而大型银行优先考虑的是他们的关系户，而非弱势群体和真正需要贷款的小企业。与银行关系密切的中型企业更易获得该项目带来的税收减免，而对于已经风生水起的私募股权公司、私立学校（包括精英大学和特许学校），甚至名流来说，对新冠疫情的救济是名副其实的淘金热。

从 2020 年 1 月至 3 月，美国经济萎缩了近 5%，同年 4 月，失业率上升到近 15%。特朗普和司法部部长比尔·巴尔并未表示"为了拯救生命，有必要把经济放一放"，而是以法律惩治来威胁州长们。他们不遵从显而易见的科学建议，《纽约时报》专栏作家托马斯·弗里德曼（Thomas Friedman）在 2020 年 3 月 22 日的意见专栏中写道："然而，随着如此多的企业倒闭，数百万人面对下岗困境，一些专家开始问：'等等！我们到底在对自己做什么？对我们的经济做什么？对我们的下一代做什么？这种对待疫情的方法，是否比疫情本身带给我们的后果更糟？'"当晚特朗普在推特上用全大写字母写道："我们不能让抗疫比疫情本身更糟糕。"

随着感染率飙升，特朗普开始煽动右翼人士对科学防疫方法进行抵制，其中包括保持社交距离、戴口罩、自我隔离，以及挽救生命的大规模封锁隔离。到了 2020 年 4 月中旬，全国各地的保守派组织对州政府进行公开抗议，其中一部分甚至发展成暴力抗议，他们认为政府封锁和要求戴口罩侵犯了个人自由和个人选择。在密歇根州，特朗普的支持者在教育部部长贝西·德沃斯的资助下，冲进州议会，对州长格雷琴·惠特默（Gretchen Whitmer）进行恐吓，其中多人携带枪支。一些人密谋将其绑架并暗杀，但最终被捕。2020年5月下旬，针对乔治·弗洛伊德（George Floyd）的谋杀案，200多个城市爆发了一系列不同程度的抗议活动。乔治·弗洛伊德是一名非裔美国人，一名警察跪在其脖子上对其施暴，致其窒息而死，这是过去几年来多起警方施暴致死类型的谋杀案之一。在美国的一些地区，特朗普的武装支持者对抗议行动进行了抵制，他们制造了一场混乱的"旋风"，看上去又像是由精英操纵的"内战"。

在爆发内乱的同时，美国的新冠病毒感染者超过200万例，死亡人数超过10万。针对这些令人不安的数字，特朗普辩称对新冠病毒的检测是罪魁祸首，并在俄克拉荷马州的一次集会上向与会者吹嘘，他已下令放缓检测。2020年7月，他称新冠病毒感染病例的增加是"假新闻的素材"，并表示他"可以接受检测"，尽管这"让我们看起来很糟糕"。他没有向真正的健康和传染病专家寻求建议，而是听取了神经放射科医生斯科特·阿特拉斯（Scott Atlas）等怪人的建议。阿特拉斯是斯坦福大学保守派胡佛研究所的研究员，在没有传染病或流行病学背景的情况下，他成了白宫大流行顾问。他与激进的市场自由主义参议员、眼科医生兰德·保罗（Rand Paul）等人共同提倡"群体免疫"这种毫无根据的理念，力证继续开放企业、让工人上工是合理的。"群体免疫"即只要允许新冠病毒传播，就可以实现大规模免疫。尽管现实情况是，这种自由放任的公共卫生政策不仅使死亡人数激增，还使出现更致命、更具传染性的病毒变体的可能性成倍增加，给卫生保健系统带来巨大的压力。几个月后，保罗引领了一场针对著名传染病专家安东尼·福奇博士（Dr. Anthony Fauci）的反科学筹款运动，这场运动给福奇及其家人带来了多重死亡威胁。

随着《新冠救助法案》到期在即，美国的新冠病毒感染人数突破了 500 万大关，民主党呼吁出台另一项刺激措施，以援助各州，同时包揽 11 月选举投票的邮寄费用。共和党对此进行了抵制，起初他们要求推迟这项政策，后来又主张减少支出。面对一些州濒临破产的窘境，米奇·麦康奈尔表示："就让他们破产吧。"重点在于，特朗普开始宣传邮寄投票是一种"腐败"行为，尽管在他自己的选举中选民就是通过邮寄投票的。为了应付即将到来的完全邮寄投票选举，特朗普任命路易斯·德乔伊（Louis DeJoy）担任邮政总局局长——他曾为特朗普捐助大笔资金，却毫无相关经验。德乔伊曾对直接受益于美国邮政服务私有化的企业进行过重大投资。德乔伊一上任，便进行了一系列变革，例如，禁止邮政工人加班和拆除邮件分拣机，这将使美国邮政服务无法满足大部分邮件投票选举的要求。在这些变革后，邮政系统不出所料地陷入了混乱，这甚至导致退伍军人和老年人的处方药都未能按时送达。这使各个党派的人都非常愤怒，特朗普政府只得停止了对这一重要政府服务的损害。

在人们不断加深对选举公正性的怀疑的同时，国会在提供救济方面步履蹒跚。众议院议长南希·佩洛西（Nancy Pelosi）在 2020 年大选前作出"强势"发言，声明她认为民主党将在国会两

第三章 政府（2017—2022年）

院赢得更多席位，因此驳回了略低于2万亿美元的救济提案。特朗普虽在选举中失利，却赢得了约7 400万张选票，他的政党几乎夺回了众议院，这两项结果都给共和党带来意料之外的优势，让他们在救济谈判中占据更多主动权。共和党的优先事项之一是企业的责任减免，这也是企业捐赠者最关心的问题——新冠疫情加剧了企业对工人的无情虐待。最突出的或许是艾奥瓦州滑铁卢的泰森猪肉加工厂，那里的管理人员强迫工人继续工作，然后就谁会感染致命的新冠病毒进行下注。

在针对新冠病毒的疫苗推出的时候，美国每天因新冠死亡的人数已经超过"9·11"事件中死亡的总人数了，但特朗普依旧将口罩、封锁和疫苗视作国家和个人权利问题，致力于将其政治化。他的虚假信息使无数脆弱的美国人失去了健康，甚至生命，而特朗普本人和他的员工却在感染病毒后得到了最高水平的护理和实验性治疗。在与新冠病毒感染对抗期间，特朗普的形象被大肆渲染成了一个战胜病毒的强者。宣传手段包括他在沃尔特·里德军事医疗中心接受治疗后，在夜间走下总统直升机，然后站在摄像机前，独自伫立，向海军陆战队一号致敬。而当灯光亮起，经过精心打扮的特朗普开始吹嘘自己的疾病已经被"治愈"，并将自己的康复归因于自身超群的力量、病毒的微不足道和"弱小"。发言时他还试图故意削弱新冠病毒感染引起的后遗症的严重程度。就在特朗普大吹特吹的同时，医院却越来越像战时医疗中心。成千上万的新冠病毒感染患者在呼吸机上喘着最后一口气，疲惫、精神受创的医院工作人员竭尽全力照顾着他们。在特朗普对大流行的描述中，并没有提到最关键的医务工作人员和病患。他领导下的美国"强力十足"——无论是在国家权利上，还是在市场自由上。

从数字上看，特朗普通过了一项高达1.9万亿美元的、针对富人的减税法案；《福布斯》杂志估计他在任期间通过腐败帮助他的生意赚得24亿美元；他是历史上首位被弹劾2次的总统，他发布了成千上万的虚假陈述；他的任期内有五分之一的时间是在高尔夫球场上度过的。与此同时，贫困人口增加，数千名移民儿童与父母分离。仇恨犯罪率激增逾20%，而他的行政部门所执行的死刑，比过去75年中任何一位美国总统都要多。在他的任期内，数十万美国民众死于新冠疫情，而专家表示，其中许多死亡本是可以避免的。

在特朗普被踢出政坛的过程中，曾强迫国会重新计算选票并对选举不公正提起诉讼，以否认他在选举中的失败局面，包括用暴力手段对待一名佐治亚州官员，强迫他为自己"寻到"足够的选票来赢得该州。特朗普还散布阴谋论，表示选票遭遇偷窃，并敦促他的追随者发起"阻止窃票"行动。为了抗议选举结果，他的一些追随者甚至在选举工作人员和选举官员的家门口恐吓他们。一些抗议者发出死亡威胁，众议院议长和参议院多数党领袖的住所遭到破坏。在美国各州，无耻的恐吓和投票过程的中断——以及共和党在选举委员会、州和地方政府中日益增长的主导地位——表明美国的选举制度，甚至民主的假象都处于危险之中，而这可能还会持续一段时间。

在选举前几个月的一次总统辩论中，主持人询问特朗普与民兵组织和白人至上主义团体的关系，当被具体问及一个名为"骄傲男孩"的组织时，特朗普回答说，"骄傲男孩站在我身后，随时待命"，这让许多人，包括骄傲男孩自身，都认为这是要他

第三章 政府（2017—2022 年）

们做好抗议准备的明确指令。特朗普失败后，由于结果涉嫌造假，当地投票站外和华盛顿特区都出现了暴力示威活动。长期以来，选举官员（多为义务劳动者，经常遭到死亡威胁）、众议院议长和参议院多数党领袖的住宅遭到破坏。政府对特朗普是否能实现权力的和平过渡持不确定态度。特朗普于 2021 年 1 月 6 日筹划了一场"拯救美国"集会，当天国会按计划统计选票，并宣布乔·拜登获胜。社交媒体的讨论和右翼政党发布的小报预示着，人群将武装起来，行使暴力，一些人甚至表示他们愿意为此献上生命，还有一些人鼓动暴动的同僚去杀害警察和国会议员，以拯救国家。这些恐吓威胁过于激烈，甚至右翼社交平台帕勒（Parler）都看不下去，向执法部门报告了这些言论。

集会期间，特朗普煽动他的支持者向国会进军，并鼓动"拼命战斗"，否则"你将不再拥有美国"。人群照他说的那样，攻占了国会大厦，并在潜入国会大厦后，对记者和警察进行殴打，使他们身受重伤。人们在美国国会大厦这样极其庄重的地方横冲直撞，一些人挥舞着联邦旗帜，抢劫办公室，并要求"绞死迈克·彭斯"，只因他没有听从特朗普的命令，破坏副总统主持的选举公证过程。尽管执法部门、安全机构与社交媒体公司收集并反馈了大量情报，但国会现场的警察却对此毫无准备，他们中的一些人严重受伤甚至死亡，其中一名摄影记者被拖下楼梯，扔到墙上。当选的官员与他们的员工躲在众议院地板上的桌子下面和椅子后面。

2021 年 1 月 6 日的尸检图片显示，暴徒们身穿彰显其身份的衣服，他们是匿名者 Q（QAnon），或是誓言守护者（Oathkeepers）这类非法军事组织的成员——这些组织在特朗普担任总统期间越发壮大。作为一个线上阴谋论集团，匿名者Q声称，一个崇尚撒旦和儿童性交易的自由主义精英集团已经渗透到特朗普政府内部；他们中的一些人认为，这个精英集团的部分成员是伪装成人类的蜥蜴人——一种爬行类外星物种。2020年12月，美国全国公共广播电台和益普索联合进行的一项民意调查发现，17%的美国民众相信该阴谋论是真的。特朗普当选当年，匿名者Q的两名成员被选入国会。

在2021年1月6日之后的几个月里，共和党官员（其中一些在暴乱当天也躲在桌子底下避难）响应了特朗普对大范围存在的选举舞弊的指控，并将其提升为首要问题。甚至迈克·彭斯也将他曾面临的威胁轻描淡写地一笔带过。共和党对其在选举中遭遇窃票的宣传非常有效，到2021年10月底，一项民意调查发现，35%的选民认为2020年的选举结果应该被推翻。2022年2月，随着对特朗普式的政治风格进一步屈服，共和党全国委员会经投票决定谴责众议员利兹·切尼（Liz Cheney）和亚当·金津格（Adam Kinzinger），因为他们参与了民主党领导的国会委员会对2021年1月6日暴乱的调查。在他们的决议中，共和党人指责切尼和金津格"迫害合法参与政治话语的普通公民"——这是对特朗普及其政府鼓励的流氓主义明确而公开的支持。

除了政治暴力和对选举黑幕的虚假指控，关于新冠病毒疫苗普遍存在的虚假信息严重影响了乔·拜登稳定国家局势和缓解疫情的能力。到2021年夏天，美国有8 000多万人出于恐惧或以"自主"和"自由"为名拒绝接种新冠疫苗。在佛罗里达州，强硬的州长罗恩·德桑蒂斯（Ron DeSantis）禁止在学校戴口罩，在此期间，因感染新冠病毒变异毒株德尔塔而死的人的数量急剧增

第三章 政府（2017—2022年）

加，其中包括婴幼儿。作为回应，德桑蒂斯推荐了一种由再生元制药公司出售的单克隆抗体治疗方法，德桑蒂斯的主要捐赠者之一城堡证券的首席执行官肯·格里芬（Ken Griffin）在该公司进行了大量投资。反疫苗者也大量传播伊维菌素对新冠病毒感染的疗效，但他们引用的是有缺陷的和造假的医学研究。而这种物质实际上是一种动物用药品。

在这样动荡的背景下，拜登试图实施一项立法计划，其中包括重新加强联邦政府在环境、银行和劳工监管方面的监察，以及限制在社会计划和基础设施方面的公共投资。他的这种模式需要政府刺激私营企业投资，并拓宽其在基础设施中的作用，但本质上并非以公共部门和国家规划为中心。与大多数所谓权力精英一样，拜登以具有全球竞争力的帝国主义话语，掩盖了他曾在公共支出上做出的承诺。

在工人赋权和罢工活动日益增多、劳动力市场日益紧缩的背景下，拜登确实更重视工会了。他还提议对富人、企业利润和资本利得增税，以资助公共支出，以及在大国之间达成一项关于全球最低企业税的协议（将于本书第六章详述）。然而，由于城市中心不断攀升的犯罪率、阿富汗撤军造成的乱象以及南部边境漏洞百出的移民政策，拜登的支持率在2021年11月仿佛自由落体般下降，民主党人发现他们的处境危险，于是期盼能通过一些法案。

尽管总统的企业友好型基础设施法案已经在参议院获得两党的支持，但民主党在两项反映总统优先事项的法案上出现了令人尴尬的分歧：一项关于基础设施，一项关于社会性支出。党内的进步派（已经缓慢地成长为多数党联盟）明智地利用基础设施作为谈判筹码，通过了一项更大的社会性支出法案。对他们来说，基础设施法案把数百亿美元的补贴作为气候变化的解决方案，这掩盖了化石燃料行业的问题。基础设施法案代表了党内亲企业派的观点，而社会性支出法案则是进步派主张的——以对富人征税的方式增加政府收入。该法案中充斥着关于经济状况调查、税收抵免构架和私营企业-国家-联邦式混合型私人基金的规定。

民主党人在有线电视新闻上表现得举棋不定。由新泽西州国会议员乔什·戈特海默（Josh Gottheimer）领导的一个"问题解决者核心小组"，支持基础设施法案并反对社会性支出——这相当于从捐赠者手中一次性筹集大量资金，而捐赠方已经要缴纳更高的税额了。这些表态在参议院得到了西弗吉尼亚州民主党人乔·曼钦（Joe Manchin）和亚利桑那州民主党人凯尔斯滕·西内马（Kyrsten Sinema）的响应，他们之前就对拜登针对穷人和中产阶级的新冠疫情刺激方案表示反对，并对拜登提高最低工资、解除参议院"阻挠议事"程序、阻止党派间的选区操纵的做法进行抗议。作为赤字鹰派的代表，曼钦告诉记者，"我不能接受在我们的经济中，或者从根本上说，在我们的社会中，应得权利心态不断膨胀。"他还声称，父母们利用儿童的税收抵免来购买毒品，并指责穷人利用带薪病假来享受"打猎旅行"。

基于此观点，曼钦要求大幅削减社会性支出，并反对当下普遍实施且满足大众需求的计划，如：扩大医疗保险以使其覆盖牙科、听力科和视力科，免费社区大学，带薪家庭假和医疗假，儿童税收抵免，以及清洁能源项目。进步人士和新闻媒体对其表示抵制，因他与大型煤炭公司狼狈为奸，反对环保局，还驾驶着玛莎拉蒂来代表美国最贫穷的州之一。曼钦是西弗吉尼亚州的一位长期政治家，他本人与助力其职业生涯的化石燃料一样肮脏。例如，他在右翼的美国立法交流委员会任职时，主张反对医疗保险和医疗补助，支持大型制药公司。而引人怀疑的是，曼钦的女儿希瑟·布列希（Heather Bresch）"恰好"成了曼钦州长的主要捐赠者之一——迈兰制药公司（Mylan Pharmaceuticals）的首席运营官，她在那里负责的肾上腺素笔的价格大幅上涨。这种设备用于治疗危及生命的过敏反应。

曼钦和西内马的阻挠，加上民主党在中间派和进步派之间的矛盾，导致拜登身边出现了混乱——当一个人试图为两位主人服务时，就会出现这种混乱。因为进步主义议程的普及，保守派民主党人被迫权衡选民和企业赞助者的愿望。后者一如既往地获胜了。由于仅6名最"左倾"的成员投了反对票，进步联盟在议长佩洛西和国会黑人核心小组等新自由主义势力的压力下只得让步。在特朗普再次担任总统的威胁下，为了提高拜登的民调支持率，同时在嘲笑民主党人群龙无首的共和党人面前保住政治面子，在社会性支出法案尚未进行立法表决的情况下，国会通过了基础设施法案。投票数小时后，紧缩派鹰派人士哥特海默承诺，只有国会预算办公室的记录显示，这项进步主义法案是使用抵消支付的方式，自己才会投票支持该法案——尽管他刚刚才为这项预计会增加联邦赤字的基础设施法案投过票。

最终，社会性支出法案被搁置一边，对特朗普和2021年1月6日事件的调查占据了民主党的主要议程。在突破历史纪录的高通胀下，由奥巴马的经济顾问拉里·萨默斯和史蒂文·拉特纳带领的自由主义经济顾问团队把飙升的价格和紧张的劳动力市场归咎于拜登的新冠疫情刺激性支出，呼应了共和党所说的"工资通胀"和政府"贴钱让人们懒于工作"，把"太多钱放在人们的口袋里"。他们提出这些论点的背景却是垄断企业正公然抬高价格,以及乌克兰危机和全球经济复苏导致的全球供应链中断。他们清楚地知道,工人工资的增长远低于价格和生产力的上涨,即使对于因为疫情而微涨了工资的一线工作者来说也是如此。他们同样清楚,对数百万排着几英里长的队、等着领救济的人和在重症监护室中挣扎的人来说,新冠疫情刺激性支出是绝对有必要的。

值得赞扬的是,当通货膨胀开始出现苗头时,拜登和他新任命的美联储主席杰罗姆·鲍威尔(Jerome Powell)采取了鸽派的做法。对于长期遵守新自由主义纪律的美联储来说,这几乎无法想象。然而,随着通货膨胀率的恶化,鲍威尔最终回到了萨默斯的阵线。并且尽管拜登努力不被反对劳工利益,支持商业利益的言论所影响,但他还是让反对公共支出的情绪破坏了他的政策议程,包括他曾经承诺要通过的价值数万亿美元的政府支出议案,以及《重建更好未来法案》那样。此外,为了应对飙升的天然气价格,拜登增加了对在公共土地上开采国内石油和天然气的许可——比特朗普在其总统任期的头三年批准的还要多——民主党人转向了放松管制和自由贸易的新自由主义工具。他们的持续失败、在满足劳动人民的物质和情感需求上的乏力,以及他们仅是"全力起诉特朗普",而不是解决特朗普主义的根源问题的策略,为极右翼再次取得政治权力打下基础。

第四章

军界

2009年12月10日，挪威奥斯陆，新当选的总统巴拉克·奥巴马在全世界的国家元首面前，接受了诺贝尔和平奖。诺贝尔和平奖委员会表示，他们之所以选择他，是因为他致力于推动《不扩散核武器条约》，并"为加强国际外交和各国人民之间的合作做出了非凡努力"，这其中包括奥巴马在美国被牵扯进中东多个战区之时，与中东方面的斡旋。奥巴马的演讲受到了纽特·金里奇和卡尔·罗夫等人的大力赞扬，他阐述了美国帝国主义的"人道主义"根基，将战争定位为人类文明的必然结果与时代的迫切需求："我面对着这样的世界，我不能在美国人民面临威胁时无动于衷……我们说武力有时是必需的，这不是狡辩，而是以史为鉴，我们应承认人类的不完美和理性的局限之处。"

C.赖特·米尔斯观察到，世界大战之后，政府领袖和军队领导人也有类似的情感，他说，在美国"唯一被真正采纳的'和平'计划就是武装计划。"自米尔斯写下这句话以来，美国已进行了5次重大战争并不间断地进行国际干涉。这些干涉活动推翻了民选领导人，并在他们原本的位置上安置了专制君主。如多米诺骨牌效应般，这些干涉使数百万东亚和拉丁美洲平民遭遇大规模屠杀和化学攻击。随着冷战的阴云退却，美国在东欧和非洲之角进行了人道主义干涉。"9·11"恐怖袭击后，美国在中东发动了两场长期战争并进行了多次无人机打击。现在，美国在全球拥有大约750多个军事基地，其特种部队在至少80个国家发动秘密战争。

柏林墙倒塌后，全球化成为新世界秩序的咒语，由全球资本、信息和通信技术进步推动的超国家权力层出现。在没有任何一个敌对的超级大国可以扶持弱国并遏制美国的情况下，美国及其盟国的政府和企业领导人通过关系网可以随意地对弱国的经济实施新自由主义结构调整政策，并对它们进行军事干涉，以巩固其帝国地位。全球化的特点在于，人、物、观念和信息之间的时空尺度前所未有地发展着，衍生出了全新的、复杂的相互关系，国家、公司和各种非政府势力之间逐渐强化的相互作用促成新的社会网络和金融网络，增加了多节点威胁和灾难性暴力出现的风险。

2012年，参谋长联席会议主席马丁·邓普西（Martin Dempsey）将军宣布，美国陆军正在向"全球网络方法战"时代迈进——这一战略中包含了先进的科技、较轻的人力需求和强大的国际伙伴关系。作为"新方法"的一部分，美国及其盟国制定了情报驱动战略，从而更全面地监察安全威胁和获取分布式战争网格。在数字时代，地球上的所有东西都变成了一系列可以被即时跟踪和定位的数据点。美国国家元首通过利用无限的、无固定形态的数字网络，来激起人们对无处不在的敌人、无休止的战争的恐惧，从而施行曾经被禁止的政策，如政权更迭、先发制人的战争。这便是布什主义的基本原理，奥巴马总统虽然在竞选过程中批判了布什主义，却将其采纳为美国政府的官方政策。奥巴马使用无人机和精确制导炸弹，在创造不流血的战争的同时，增强了美国军队的情报能力，在世界范围内制造了监控网，暗中增强对敌国军龄男子和其他特定人群施行精准打击的能力。

这种在战争问题上的行政权力扩张正是开国元勋在撰写宪法的过程中，试图避免的情况。事实上，这些开国元勋之间争议最大的问题是中央集权军队所承担的角色，以及它促成暴政的潜在可能。这种担忧在乔治·华盛顿总统身上有所体现。他在一场具有里程碑意义的告别演说中宣称："在任何形式的政府下，过度发展的军事机构都不利于实现自由，它甚至应被看作自由的障碍。"在英国君主制政体中，国王垄断了军事权力，除了承担总司令的职责外，还负责组建和维护军队。以此为鉴，开国元勋们建立了一个常备军的模式，即军队规模在紧急情况下会扩张，而在和平时期则会收缩。一旦紧急情况结束，士兵就会重返平民生活，美国就会步入非军事化状态。这种模式一直持续到第二次世界大战结束，在和平时期伊始，美国的大型军工复合体仍在续存。如果是为冷战做准备，那还说得过去，不过，这个复合体实际上听命于军国主义——而这是乔治·华盛顿总统极力反对的情况。

除了临时军队模式，开国元勋们还明确限制了民选文官可行使的军事权力的范围，并将发动战争的权力分散在立法部门和行政部门。行政部门被赋予总司令的职责，而组建军队和筹措资金的职责则由国会来承担。然而，实际上，美国《宪法》第二条措辞松散，这使美国总统得以对"固有权力"施以创造性阐释，如此一来，他们便有了单方面执行一项决定的权力，并利用行政部门的官僚权威和不透明性，在没有国会监督的情况下展开军事行动。"9·11"事件后，国会签署了《军事武力使用授权书》，授权总统可在未经国会批准的情况下采取军事行动，这是前所未有的紧急权力。自那时以来，军事武力使用授权书成为常态，而不再是例外。

行政部门的权力部分来自军工复合体——它们具有绝对规模、不透明性和企业垄断权,其中包括五角大楼(世界上最大、最复杂的官僚机构)、组成安全机构的18个联邦机构,以及大批承包商和武器生产商——它们为现代战争进一步私有化添了一把火。随着冷战结束,武器需求的急剧下降引发了武器行业的大量合并和相关企业合资。到20世纪90年代末,这些合并和合资已从根本上改变了全球武器的生产和交易模式。为了帮助大型生产商续存,军事服务开始外包,而所有权在国际上的集中,则造就了为数不多的几家年利润达数百亿美元的超大型企业。"9·11"事件发生后,两党对永久战争和政权更迭的承诺证明,这是一场淘金热——针对一个市值万亿美元的行业,此后资金也一直在该行业中流动。

这种流动,是将美国人民手中的税款,通过国防部这一滚筒洗钱机,滚入全球军火商的手中,其中很大一部分灰色资金的流动并不会在预算中得到体现。五角大楼及其相关安全机构的开支占整个联邦预算的15%,但对这些资金的审计却很少。此外,中央情报局价值数十亿美元的黑色预算项目也不会对国会拨款者公开,因此,这笔钱也不受公共资金使用的通则限制。这种现象的结果是无法无天的浪费和诈骗,以及对私有化战争和军事行动的接纳。例如,在新冠疫情期间,国防部向承包商发放了数亿美元,用于购置医疗用品,然而,这笔钱最终用在了与大流行应对措施几乎没有关系的项目上。这不是特例:几乎所有美国政府雇用的主要国防承包商最终都因不当行为和欺诈而支付了数十亿美元的罚款和和解金。与此同时,国防部的巨额支出使原本可用于医疗保健、教育、重建国家破旧桥梁和道路的资金被缩减。国防为两党的政治家提供了借口，使他们能够进一步削减针对穷人和工人阶级的国内保障计划，加剧这些人穷困和堕落的恶性循环。

美国民众不仅为不知道在哪里进行的战争出了钱，之后还资助了一场针对他们自己的"战争"。国家对武力合法使用的垄断表面上是为了减少区域性暴力，促进政治平等，但这一切都基于一个令人怀疑的假设：如果没有胁迫和社会控制，人类最终将无法和谐地生活。当人们不再将资本主义视为不变的现实，而霸权力量看上去不再有力时，压制性国家机构——军队、警察、联邦调查局——便会各就其位，以对人民施加约束。

道格拉斯·麦克阿瑟将军在1957年对兰德公司的演讲中，谈到了这些动态：

> 随着国家陷入严重紧急状态，我们的政府让我们一直处于恐惧状态，让我们的爱国热情不断高涨。如果不为我们的国家提供其所需的大笔资金，从而盲目地给予支持，就会有一些可怕的邪恶势力吞噬我们。然而，回顾过去，这些灾难似乎从未真正发生过。

"9·11"事件衍生出的恐惧，同样让公民们害怕，他们因此接受了相关机构对宪法权利和公共机构的侵犯，也接受了领导人的权力不受约束的事实。这种恐惧压制了言论自由，也减弱了记者和吹哨人对权力的制约。这种恐惧还助长了迷信和无知，使权力精英得以利用公民因权利被剥夺而产生的合理愤怒与民主的反抗，促成齐心协力的排外行为、公民治安警戒和强制措施。

第四章 军界

冷战

在第二次世界大战结束后,美国和苏联这对战时同盟在地缘政治和意识形态上展开了一场重大竞争,双方组织了范围甚广的地缘政治集团。西方的北大西洋公约组织(NATO)和东方的华沙条约国家在朝鲜、越南和阿富汗打响了代理人战争,在拉丁美洲、东南亚和中东也爆发了小规模的冲突。在各种各样的军事行动中,美国推行了极端的、堪称种族灭绝的暴力战略,其中包括酷刑、化学武器和饱和性空袭,造成数百万人死亡或伤残,留下了困扰着当地人后代的战争废墟。

自20世纪40年代末起,美苏双方就争夺核武器主导地位开启了竞争。其各自建立起的核武库,超过了能确保相互销毁的临界点——这被视为一种灭世战争的威慑,这场战争丰富了国防工业,通过法律赋权,使旨在保卫美国国家安全的行动的权限和行政权力扩大。1961年,德怀特·艾森豪威尔就军工复合体的危险性发出警告,他警告称耗资万亿美元的核军备竞赛几乎使美国破产。中央情报局正在变成"总统自己的私人军队",历史学家西奥多·德雷珀(Theodor Draper)指出:"情报机构和国家安全委员会规模庞大,支系繁杂,甚至可以利用其他政府部门,秘密地为总统达成目的。"中央情报局也是石油公司与其他总部位于美国的公司的"私人军队",其在这些公司的指令下监视和罢免外国官员。

1953年,美国在伊朗发起政变,推翻了民主选举产生的伊朗总理穆罕默德·摩萨台(Mohammad Mosaddegh),这在一定程度上是对摩萨台计划解散英伊石油公司(现英国石油公司)

并将伊朗石油业国有化的报复。随着穆罕默德·礼萨·巴列维（Mohammad Reza Pahlavi）掌权，外国投资和企业盈利的机会激增，礼萨·巴列维的银行账户余额也增加了数十亿美元。他的宫殿成为好莱坞名流以及政治、银行业和商业精英的汇聚地。其中包括安迪·沃霍尔（Andy Warhol）、法拉·福塞特（Farrah Fawcett）、"百万富豪"李·梅杰斯（Lee Majors）。这座宫殿以由"漂亮屠夫"❶主办的鱼子酱和香槟派对而闻名，但其费用由美国纳税人支付。在宫殿围墙外，伊朗情报官员正在逮捕和折磨共产主义者和左翼分子，并将残暴的政权蔓延到社会各层，直到伊朗革命迫使巴列维下台。

越南战争期间，中情局与孟山都公司、陶氏化学公司和杜邦公司等化学公司合作，这些公司联合游说美国政府，使得大批无辜平民橙剂❷中毒，落下残疾。第一章中曾提到，在中情局的支持下，智利的阿连德政权被推翻，这也是基辛格和戴维·洛克菲勒（基辛格在担任纽约州州长时是纳尔逊·洛克菲勒的顾问）合谋促成的，如果阿连德成功将铜矿业和其他盈利行业国有化，他们将损失数百万美元。基辛格意识形态的代表性缩影，可以用他在白宫幕后小组"40人委员会"（该委员会负责监督中央情报局的秘密行动）上的一次发言概括："我不明白为什么我们要袖手旁

---

❶ 来自美国老牌媒体《村声》（the Village Voice）的一篇报道，用以形容巴列维政权的奢侈和残暴。——编者注

❷ 橙剂是一种致命毒剂，其中含有剧毒物质二噁英，越战期间被美军用作落叶剂或除草剂。水源和土壤中残存的橙剂难以被清除。——编者注

第四章 军界

观。这些问题太重要了，是智利的选民无法自行决定的。"

这项行动的大部分内容都被隐藏起来，远离公众视线，尤其远离国会。仔细想想，根据美国宪法，在战争权力中，宣战和资助战争的权力明明是由国会掌握的。然而，国会并未在朝鲜战争和越南战争中，发出此类官方声明。杜鲁门在没有向国会请愿批准的情况下，派遣了美国军队，这标志着在美国历史上，总统首次在没有国会宣战的情况下发动了一场重大战争。杜鲁门为此举辩护，声称对朝鲜的行动并不构成"战争"，只是一场"维和行动"，但实际上，朝鲜战争持续了3年，导致了大约500万士兵和平民死亡。在此之前，杜鲁门还未经国会批准，在日本的广岛和长崎投下原子弹——而大多数国会议员甚至都不知道原子弹的存在。

而在越南问题上，1954年法国从越南撤军时，美国军队最初是作为"军事顾问"前往的。在约翰·F.肯尼迪总统和林登·约翰逊总统的领导下，美军人数有所增加。当战争逐渐被大众普遍反对，而理查德·尼克松随后对柬埔寨进行非法和秘密袭击的消息被泄露后，国会通过了《1973年战争权力法案》（以下简称《战争权力法案》），以对总统进行约束。尽管该法案确实要求美国总统在发动武装冲突前与国会协商，却不要求对中情局的秘密战争和准军事活动进行审查。直到2018年，国会才援引《战争权力法案》——此时，这项法案已经通过了近半个世纪。美国依此决议撤回对沙特阿拉伯在也门进行的军事行动的军事援助。这场行动造成了大范围的饥荒，并导致了公认的世界上最严重的人道主义危机惨象。

国会的《战争权力法案》并没有阻止里根将尼加拉瓜桑地诺

民族解放阵线粉碎。1982年11月，民主党在国会选举中大获全胜后，虽然对尼加拉瓜的情报活动和军事行动进行限制，但仍在暗中协助反政府武装。美国政府以向伊朗出售武器为交换，来要求黎巴嫩真主党释放美国人质，美国还利用出售武器所得的利润，通过第三方和私人资金渠道，支持尼加拉瓜反政府武装——这些阴谋在臭名昭著的伊朗反政府丑闻被曝光时，才得以揭露。反政府武装所做的侵犯人权的行为包括组成行刑队、暗杀、强奸和酷刑，但里根却称这些恶行"在道义上与我们开国元勋的所作所为平等❶"。

人道主义干涉

作为冷战后的第一位总统，比尔·克林顿接手了一个没有对手的超级大国，这使他有机会削减军队规模，减少国防开支，并将这些"和平红利"投资到他参与的国内项目上。他采取多边主义的外交政策议程，强调通过"接触策略"而非孤立主义来达成外交上的遏制和稳定。1999年，他在《新世纪国家安全战略》中描绘了他的雄心壮志，将获得世界领导权和保护美国文化（以威慑、解决多边冲突和开放市场的方式）放在首位。为此，克林顿促成了近300项自由贸易协定，其内容包括让中国加入世界贸易组织，并进行"人道主义干涉"；巩固北约，促进稳定，以便

---

❶ 出自里根在1985年3月1日的演讲中对尼加拉瓜叛军的评价。——译者注

在非洲之角及其他地区实现平稳的资本流动和资源开采。他还对国防工业集团进行资助，并增加了对新监视技术和"黑暗艺术"（即情报机构和特种部队）的资金投入。

在此期间，美国打着国际"共同体"的幌子，干涉别国内政，号称是为了稳定经济、抑制战争犯罪和维护"人类安全"。虽然在国家主权、干涉行为和国家安全方面存在规范，但美国的这些行为还是在联合国和主要成员国中获得了合法性。在这个新的世界秩序中，占主导地位的国家时常打着人道主义的旗号，以暴力手段获取利益，同时对弱国的主权造成损害——这些国家的主权本应受到相关国际法的保护。

克林顿对巴尔干半岛的"干涉"就是其中一个例子，这在他任期初期就开始了，以应对克罗地亚族、塞尔维亚族和波斯尼亚穆斯林之间的种族灭绝战❶。克林顿上任前，老布什曾向萨拉热窝空运物资，但并未过度涉入这场根深蒂固的、高度民族主义的冲突。大屠杀的恐怖和大规模的流离失所使美国及其北约盟国最终被允许使用武力。在对波斯尼亚的塞族发动了一系列空袭之后，克林顿派遣了一支由 20 000 名美军组成的部队，作为北约特遣队的一部分，来执行停火协议。这场战争最终以 1995 年签署的《代顿和平协议》为结局。一方面，和平协议的签署正值克林顿连任关头，为其顺利连任增光添彩了一番，另一方面，这场战争赋予了北约在冷战后作为世界"维和人员"的明确使命。

三年后，科索沃的塞尔维亚自治省爆发暴力事件，截至 1999

---

❶ 波黑战争。——译者注

年3月，已有100多万难民流离失所，其中有不少人被塞尔维亚军队处决、遭遇强奸和其他战争中的暴行。由于米洛舍维奇无视美国的撤军要求，一支以美国为首的北约部队发起了一场大规模轰炸行动，目标是塞尔维亚的军事设施以及民营工厂、炼油厂和电视台。在遭遇78天的空袭之后，米洛舍维奇终于撤回了他的军队。

这次"成功"的行动鼓励了北约。这个由19个世界上最富有的国家组成的组织仿佛获得了冷战后作为"和平守护者"的任命。现在，任何一个不想加入新自由主义世界秩序的国家，都有可能被这位"和平守护者"教训。科索沃战争是北约部队首次对一个主权国家进行袭击，且未经联合国大会或联合国安全理事会批准——他们是在这种情况下有意为之的。鉴于俄罗斯与塞尔维亚的文化联系，美国估计以上国际机构会对干涉请示予以驳回，于是直接跳过了这一环。这也是空军在独自作战的情况下取得的首次胜利，对美国和北约来说，这场胜利造成了一种不流血的战争的错觉。普遍意义上，空袭给人留下的印象更多是，美国军方胆小懦弱，只会躲在先进技术的背后，使用无人机散布恐慌，而无视平民伤亡。此外，他们对塞尔维亚人的惩罚，多过了对科索沃人的保护。

美国国内对于克林顿科索沃政策的批判者坚持认为，这种无报备的行动违反了美国宪法，因为美国未遭到攻击，而发动战争的决定需要经过国会审议。而且，美国在巴尔干地区推进"人道主义"事业的行动，不仅激发了俄罗斯和美国的矛盾，同时还对数量庞大的平民造成了伤害，克林顿决定在欧洲参与"人道主义"行动而拒绝在非洲参与此类行动，导致数百万参与内战的卢

第四章 军界

旺达人死亡,这也是人们批评他虚伪的原因之一。

克林顿同样没有干预索马里问题,但是不像卢旺达,在索马里问题中,还存在"石油因素"。总体来说,共和党之所以倾向于反对人道主义干涉,是因为担心过度扩张——这对美国的利益没什么好处。然而,在索马里,"共和党的石油商人"小布什却打着完成"上帝的任务"的幌子,去插手一个已经被部族战争摧毁的国家的事务。表面上看,这似乎是为了避免大规模饥荒,防止空运的救济物资落入地区军阀手中。然而,据《洛杉矶时报》(the Los Angeles Times)报道,在内战爆发之前,美国四大石油公司——康菲石油公司、阿莫科石油公司、雪佛龙石油公司和菲利普斯石油公司已经获得了索马里农村数千万英亩❶土地(占全索马里国土总量的三分之二)的勘探权,并为美国驻该地区的外交官提供了好处。随着美国军方让索马里回归"稳定"(提供稳定的市场条件),这些公司便可以顺利地在这些地区进行石油投机了。

克林顿上台后,将美国在索马里的干涉目的推进到国家建设的程度,当时的联合国大使马德琳·奥尔布赖特称其为"旨在恢复整个国家的、前所未有的事业"。在与当地军阀一同搞出一系列失误后,美国和联合国部队间的冲突最终加剧,美国还打着人道主义干涉的旗号,对索马里人民犯下了一系列战争罪行,包括袭击摩加迪沙的一家医院,炸毁一座住宅楼,造成数十人死亡,亡者中包括部族长老。在一次袭击中,两架美国黑鹰直升机被击

---

❶ 1 英亩约等于 4 046.86 平方米。——编者注

落，18名美国士兵丧生。其中一名飞行员死于愤怒人群的乱刀之下，他残缺不全的尸体被抬着游行示威，穿过城镇。这一可怕的事件在轰动一时的电影《黑鹰坠落》(Black Hawk Pown) 中得到重现。在这部电影中，美国士兵由一群好莱坞的"大众情人"扮演，而索马里民众却被描绘成面目模糊的野蛮人。这部电影没有纪念那天被美军杀害的数百名索马里平民，也没有展现在安置无家可归的平民的营地中，发生的性侵犯和抢劫，更没有提及索马里的虐童事件——照片中，比利时伞兵逼迫一名索马里男孩越过一个露天火坑，那火焰把男孩烤焦。

在激烈的批评声中，克林顿迅速撤掉了美国军队，抛弃了国际救援和国家建设的雄心壮志。索马里仍然被军阀控制着，在这里，没有职能政府，只有酝酿多年的组织犯罪和宗教极端主义。中情局特工们在离开索马里的途中，在摩加迪沙机场候机室将有关索马里的文件随意乱扔，这无疑象征着人道主义对克林顿和国际社会来说真正意味着什么。（目前，联合特别行动司令部和中央情报局正披着"反恐战争"的外皮，在索马里开展秘密行动，美国工业界称索马里需要稳定的"新油气边境"。）

全球反恐战争

"9·11"事件对美国自古以来的暴力和军国主义传统产生了巨大的冲击，这种冲击需要历经数代人才能平息。在全世界的一致支持下，布什政府利用"9·11"事件扩大其权力，使国家长时间处在恐惧和紧急状态之中。多位美国总统利用他们作为总司令的角色来扩大总统权力，提高他们的政治地位。而比尔·克林

第四章 军界

顿也有过这种行径：他曾下令轰炸苏丹的一家大型制药厂，并在随后掩盖其罪行。该制药厂负责苏丹近半数的药品生产，而仅有一些不充分的情报表明，奥萨马·本·拉登正在那里制造化学武器。然而，与克林顿如出一辙，小布什和共和党人通过过度援引行政特权和滥用司法部法律顾问办公室的制度独立性，将总统紧急权力的范围扩大到了一个新的水平。副助理检察长柳约翰最终被证实是一个忠诚的帮凶，他撰写了一系列备忘录，从法律上为小布什的公然越权行为作辩护：

> 在《战争权力决议》和《联合决议》中，国会都承认总统有权在"9·11"这类事件中使用武力。然而，在任何恐怖威胁中，这两项法令均不得对总统为了应对威胁而决定采用的军事力量、应对方法、应对时机和应对措施的性质进行限制。根据我们的宪法，这些决定应由总统独立作出。

布什将反恐战争定义为一种不限成员名额、无间断的紧急状态。这使他的政府得以拓展美国的"安全国家"概念，并加强社会控制措施。在"9·11"事件后的10年里，美国成立了1 000多个政府组织，私营公司的数量增加到原来的两倍，并在全美国约10 000个地点开展了反恐、国土安全维护和情报收集活动。为此，政府在华盛顿特区及其周边建造了数十座建筑，据《华盛顿邮报》报道："几乎相当于3个五角大楼或22个美国国会大厦——国会大厦占地约1 700万平方英尺。"

除了这一庞大的权威基础设施外，布什的《美国爱国者法案》——正式名称为《使用适当手段，来阻止或避免恐怖主义，以团结并强化美国的法律》，在两党几乎一致的支持下通过，为联邦政府提供了非凡的、专制的自由裁量权。该法案允许政府工作人员在当事人不知情的情况下闯入并搜查他们的家，监控他们的电话记录、电子邮件和图书馆活动。小布什政府也成功通过了《2001年军事力量使用授权》[仅芭芭拉·李（Barbara Lee）议员一人反对]，该法案有效地出让了国会的宪法战争权力，并允许总统"对那些他认为策划、授权、实施或协助了'9·11'恐怖袭击或窝藏此类组织、个人的国家、组织或个人使用一切必要且适当的武力"。

当老布什总统对伊拉克实施"沙漠风暴"行动时，他明确表示石油是主要驱动因素。比尔·克林顿采取了经济制裁政策，他在科威特边境集结了大量部队，并进行过几次空袭。小布什总统采取的则是单边主义政策，将美国这一超级大国定位为世界的保护者和警察，将萨达姆和"邪恶轴心国"描绘为人类生存的威胁。以亚利桑那州参议员约翰·麦凯恩和南卡罗来纳州参议员林赛·格雷厄姆为首的国会鹰派响应了小布什关于"十字军"的言论。曾作为战俘的麦凯恩对于约翰逊总统暂时停止越南空袭的决定表示谴责，并认为尼克松的轰炸行动使他重获自由❶。在伊拉克一事上，麦凯恩支持增兵和密集的军事演习，并将战争描述为"一场对人类尊严应有的重视，与邪恶力量之间的斗争……对与错、善与恶之间的较量。没有比这更确定的了"。

---

❶ 指1969—1973年，尼克松对柬埔寨展开的持续性空袭，其间投掷炸弹总量超过200万吨。——译者注

第四章 军界

布什最初的雄心壮志是阻止伊拉克制造大规模杀伤性武器，并在《1998年伊拉克解放法案》的支持下，将"政权更迭"作为美国的官方政策，该政策旨在为世界带来"民主"。然而，对于布什来说，"政权更迭"意味着科赫式的战争，也就是说，这个诉诸武力的自由市场，可以推动战争市场的淘金热，将美国普通公民的财富变成跨国资本。在伊拉克和阿富汗，承包商抬高了价格，对物资收取双倍的费用，还对运输和基建等未能履行的服务收费。来自西方的不受监管的分包商们肆意妄为，他们不断将订单分包给下级承包商，导致无人能问其责。由于一些承包商雇用叛乱分子来提供安全保障，他们等于是在向美国士兵的敌人非法支付报酬，因此甚至连敌方人员的名字也出现在了薪资发放单上。五角大楼有消息称，2010年至2012年间，美国国防部向阿富汗承包商支付的1 080亿美元中，有40%付给了有组织犯罪集团、塔利班成员、毒贩、阿富汗腐败官员等。

在混乱中，约120亿至140亿美元税款在无能的伊拉克总督保罗·布雷默（Paul Bremer）手上被浪费，其中一半不翼而飞（后来在黎巴嫩的一个掩体中发现了12亿至16亿美元的赃款）。还有超过10亿美元的军事装备下落不明。雇用短期的、灵活的劳动力在预算中被认为是一种省钱的方式，但国会研究服务机构却发现："与伊拉克救济和重建工作相关的资金浪费总额至少有80亿美元……在伊拉克和阿富汗的紧急军事行动中，约310亿至600亿美元（每天1 200万美元）的损失是承包合作过程中的浪费和欺诈造成的。"

酷刑

迈克尔·伊西科夫（Michael Isikoff）和大卫·科恩（David Corn）在他们的畅销书《傲慢》（Hubris）中，详细描述了第二次伊拉克战争的导火索。2001年，被怀疑为基地组织特工的伊本·谢赫·利比（Ibn al-Shaykh al-Libi）被巴基斯坦军队抓获，随后被移交给阿富汗的美国联邦调查局特工。拷打利比的特工们使用了一套"红白脸"（好警察与坏警察）的审问程序——他们认为这在美国法院是可以得到合法辩护的。利比与联邦调查局审问的其他基地组织成员一样，否认曾与萨达姆·侯赛因合作。中情局局长乔治·特尼特在夺取权力的过程中建议由他的机构接管利比。不久之后，利比便在联邦调查局审讯期间被中央情报局特工带走，飞往埃及——一个美国的盟友国，且对酷刑的管制宽松。在那里，利比被关在一个只有20英寸[1]高的盒子里长达17个小时，然后被连续殴打了15分钟。直到那时，他才承认，基地组织成员一直在伊拉克接受使用大规模杀伤性武器的培训。利比后来否认了这一说法，但他所提供的这份不太具说服力的情报还是被引用至美国最高领导层的证词和演讲中，以使他们入侵伊拉克的决策具备正当性。

尽管有大量证据表明酷刑并不能带来有效情报，但小布什却坚持认为，酷刑是打击恐怖主义的必要手段，他那群高级副手也这么认为，其中包括斯坦福大学教授康多莉扎·赖斯和四星将军

---

[1] 1英寸=2.54厘米。——编者注

第四章 军界

科林·鲍威尔——民主党在 2016 年和 2020 年的选举中对其大加称赞，以赢得这位中间派共和党代表的支持。民主党政要对布什的酷刑计划心知肚明，其中包括众议院议长南希·佩洛西。佩洛西先是否认自己知道这些计划，随后却又承认曾听取过有关水刑的简报，只是没有得到政府的实际使用许可。

为了避免受到美国宪法和《日内瓦公约》(Geneva Conventions) 的法律约束，布什政府将恐怖主义嫌疑人指定为不限国籍的"敌方战斗人员"，并将他们关押在中央情报局在世界各地的秘密监狱中——除了古巴的关塔那摩湾拘留营，其他监狱均在美国法律管辖范围外。正如汉娜·阿伦特（Hannah Arendt）在研究阿道夫·艾希曼（Adolf Eichmann）和"平庸之恶"时所述，将个体去国籍，并剥夺其公民权利是纳粹用来使其大规模驱逐犹太人的行为合法化的策略。第一批的 20 名囚犯于 2002 年 1 月抵达关塔那摩，不到 6 个月，囚犯人数就激增至 700 多名。而被关押在那里的 780 名囚犯中，55% 的人不曾对美国采取任何敌对行动。

2019 年 12 月 4 日，《纽约时报》刊登了关塔那摩湾被拘者阿布·祖贝达（Abu Zubaydah）所画的一系列画作，这些画作描绘了他所遭受的极端酷刑，令人痛心。其中包括中情局录像记录的 83 次水刑，该证据随后被销毁。祖贝达是反恐战争中第一批被称为"高价值"囚犯的被拘者之一，他充当了中央情报局及该机构内的心理学家团队的小白鼠。这些心理学家在美国心理协会的支持下，对既存的士兵培训方案进行了逆向分析，只为找到创造性方法，在针对这些反恐战争嫌疑犯的酷刑上有所突破。截至 2022 年 1 月，尽管奥巴马的司法部几乎推翻了布什政府对祖贝达的所有主要指控，祖贝达仍因"无限期战争拘留法"而被关在关塔那摩。

祖贝达的素描图被发表的大约15年之前,全世界已经瞥见,美国在伊拉克恐怖的阿布格莱布监狱内实施的酷刑制度。美国士兵在那里虐待儿童、老年妇女和其他人,其中大多数人在后来被判无罪。在调查阿布格莱布监狱时,安东尼奥·塔古巴(Antonio Taguba)将军将他们"有系统的酷刑制度"直接归咎于总司令,他表示:"毫无疑问,当前政府犯下了战争罪。目前唯一有待回答的问题是,下令使用酷刑的人是否会被追究责任。"他进一步指出:

> 政府颁布了一项政策,只为让这些人遭受肆无忌惮的虐待,该政策无视了《日内瓦公约》和《统一军事司法法典》。《联合国禁止酷刑公约》被置若罔闻。而包括医生和心理学家在内的医疗专业人士,成为故意伤害的帮凶——在《希波克拉底誓言》(Hippocratic Oath)中,他们的职责本是保护那些人。在他的报告中,被拘留后释放的每个人都在为重建自己的生活,而进行一场孤独而艰难的战斗,他们所遭受的苦难应当得到补偿,他们需要全面的社会心理咨询和医疗援助,甚至要求美国政府进行正式道歉。但最首要的是,根据国际法和美国宪法的原则,这些人应当得到公正的审判,那些(作恶的)美国人也是如此。

在阿布格莱布监狱的照片公布后,参议员克里和麦凯恩通过了一项国防预算授权的修正案,以禁止使用酷刑。二十多位将军和海军上将公开发声表示支持,其中包括科林·鲍威尔。小布什没有否决该法案,而是向中情局刑讯人员保证,他将赦免他

第四章 军界

们，同时发表了一份签字声明，来具体说明行政部门将如何对这些赦免举措进行解释。这不是一个孤立的事件：小布什通过签署声明，绕过各种法律超过161次，挑战了1 000多项出自不同法律的条款。他之前的所有总统在这方面签署的声明加起来都不到600个，而对于小布什来说，宪法基本上等同于可供他精心挑选，凭心意执行和承认的法律。这种行政权力的极端彰显，以及对其他"同级"政府部门的漠视，引发了关于签署声明的公开辩论，美国律师协会的一份报告宣布这些声明"违反法治和宪法规定的分权原则。"

2014年7月，5名中情局官员因入侵参议院情报委员会工作人员的计算机网络，而被抓获。这些工作人员当时正在准备一份关于布什政府酷刑计划的报告。2005年，共和党非法粉碎了90多盘录像带，这些录像带记录了中央情报局的人员在泰国的一个秘密监狱里，对祖贝达进行的酷刑实验。当参议院情报委员会主席、参议员戴安·范斯坦（Diane Feinstein）向奥巴马政府的中央情报局局长约翰·布伦南（John Brennan）询问有关入侵参议院情报委员会计算机网络的相关情况，以及其他为阻碍调查所采取的行动时，他拒绝回答（但他之后为此道歉）。当时的中情局副局长艾薇儿·海恩斯（Avril Haines）（现为乔·拜登政府国家情报局局长）推翻了中情局局长的决定，赦免了那些黑客并为中情局的无礼而致歉随后还授予了他们奖牌。同年，范斯坦所在的委员会针对6 000页的《酷刑报告》，发布了一份500页的执行摘要，而海恩斯对该报告进行了大量编辑。

《酷刑报告》包含的诸多可怕细节使人们不忍细想，其中包括施虐狂监狱长，以及拿着高薪、毫无经验的承包商，他们在审讯方式上别出心裁——《纽约客》(*New Yorker*)称之为"逍遥法外的游乐场"。这些"游乐场"包括阿富汗盐坑（Salt Pit）等恶名远扬的秘密监狱——报告中将盐坑描述为名副其实的地牢；而在秘密监狱"钴牢"，一名蒙冤的囚犯被活活冻死，另一名无辜的精神残疾者遭受折磨，只因施暴者要录下他的尖叫声来促使其家人提供情报。

作为一名参议员，奥巴马直言不讳地批评酷刑，并声称，"任何人都不能凌驾于法律之上"。他立誓要审查美国的酷刑计划，找到犯罪证据，并在谈到小布什政府时称："我认为该届政府基本上接受任何形式的战术，只要这些战术能够扭转局势且不被公之于众。"然而，上任后，奥巴马对中央情报局局长的首选是约翰·布伦南，他在小布什政府的酷刑计划中扮演了核心角色；根据维基解密的线报，奥巴马政府的官员与共和党人秘密合作，迫使其他国家把对酷刑计划的调查压下来。参谋长拉姆·伊曼纽尔（Rahm Emanuel）和新闻秘书罗伯特·吉布斯（Robert Gibbs）公开向号称独立的司法部施压，要求他们不得对其展开刑事调查。2014年4月，当柳约翰的酷刑备忘录公开后，奥巴马宣布参与该计划的美国官员享有绝对豁免权，并指责他们的批评者制造分裂，他还向参与酷刑计划的美国民众表示鼓励："花费我们的时间和精力谴责过去，将一事无成……我们必须对那些分裂我们的力量进行抵制，并且为了我们共同的未来团结一致。"奥巴马还通过援引保密权和豁免理论，阻挠酷刑受害者提起民事诉讼。

在2009年1月举行的确认听证会上，埃里克·霍尔德表示，在他看来，水刑属于酷刑，违反了国际法。但作为奥巴马政府的总检察长，他却对纽伦堡国防部表示支持，他说，"起诉那些为保护美国而敬业工作的人对他们而言是不公平的，况且他们的这些行为事先已得到了司法部的批准。"2009年8月，100多名被拘留者在羁押期间死亡，霍尔德宣布对虐待被拘者的行为进行刑事调查，但不到两年，这事就不了了之了。

作为总统，奥巴马试图兑现承诺，关闭关塔那摩监狱，他辩称，酷刑是不道德的，同时向公众和国会指出，每个囚犯每年要花费美国纳税人约1 300万美元的税款。奥巴马表示，就国家安全而言，关塔那摩是"招募"恐怖分子的工具。但共和党成功地将他把关塔那摩囚犯放到美国相关机构的计划视为对美国民众生命的威胁。虽然奥巴马本可以利用他的行政权力成功关闭这一集中营，但他选择着手将囚犯转移到其他国家。他转移了大约80%的囚犯。那些被送往阿拉伯联合酋长国的人被关押了更长时间，其中许多是也门人，随后在一场死伤惨重的内战中，他们才被释放回也门。截至本书完成，关塔那摩监狱仍然开放，而且环境变得更糟了——包括出了故障的厕所和充满污水的牢房。拜登政府也承诺会将其关闭，尽管现在，他仍未能遣返那些应被释放的囚犯，也未确认美国是否要在不进行审讯的情况下，无限期地囚禁这些人。

肮脏战争

奥巴马作为自由派民主党人和宪法律师的形象助他推行了"正义战争"计划，并让他在批评小布什帝国冒险主义的同时，不被视为"软弱的民主党人"。他竞选总统时认为，伊拉克战争是一场"愚蠢的战争"，纳税人宝贵的财产竟然被花在去阿富汗追捕本·拉登这样的事情上。然而，奥巴马一上任，就推行了许多在竞选过程中，被他嘲笑为不民主和违宪的小布什的政策。尽管他承诺要使政府更透明，但他经常援引国家机密特权。尽管他承诺保护公民自由，却又扩大无授权窃听权，侵犯人身保护权，侵犯新闻自由，并重新授权了《美国爱国者法案》。尽管他立誓不再像过去那样实行军国主义，却又雇用了不少雇佣兵，他在任期间美国向中东出售武器的记录也比小布什政府时期增加了一倍多。奥巴马还在无国会和美国民众表态的情况下，使用无人机和特种作战部队，在世界上一半以上的地区进行干预。美国在阿富汗发动的所谓的"巧战争"持续了20年。塔利班恢复统治时，美国的撤军行动重现了"西贡时刻❶"。两名绝望的阿富汗人在美国军用飞机起飞时，紧紧抓住飞机，最终从数百英尺的高空坠落身亡。自从撤军以来，阿富汗的情况不断恶化。阿富汗人被迫贩卖他们的器官和孩子来生存。

杀死奥萨马·本·拉登的超级精英部队联合特别行动司令部成为奥巴马新军队的杀手剪，联合特别行动司令部从一支小规模、鲜少部署的救援队，成长为一支全副武装的秘密部队。奥巴马扩大了联合特别行动司令部在全球执行秘密任务的权力，连CIA都要部分地受到国会监督，而联合特别行动司令部是直接向他报告的。《酷刑报告》编辑了关于联合特别行动司令部的所有内容，据称，联合特别行动司令部的服役人员接到指示，不得以

---

❶ 1975年，美国从西贡不负责任地撤军时，与当地民众发生暴力冲突。——译者注

第四章 军界

书面形式提供《信息自由法》要求的任何信息。在突袭本·拉登之前,美国公众甚至不知道联合特别行动司令部的存在。正如一位海豹突击队队员所描述的那样:"我们是暗物质。我们是影响着世界秩序,却不被看见的力量。"

与布什不同的是,布什在暗杀计划中会将细节规划交给指挥官,而奥巴马每周都会在"恐怖星期二"与国家安全委员会的工作人员会面,审查"杀人名单"。名单上的嫌疑人被印在棒球卡样式的纸片上。这个机制中不存在程序正义,也没有程序来审查确定美国下一个谋杀对象的过程,美国人民与国会对此并无授权。虽然国会确实将无人机行动的权限从中央情报局转移到了五角大楼,以"加强问责",但这些行动依旧是高度保密的,尤其在报告平民伤亡方面,更是密不透风。

在媒体开始关注之前,无人驾驶飞机几乎可作为政府的完美工具,其优势是不会对政府的公共形象造成损害。他们所谓的精确性暗含一种内置于机器中的人道主义,这种机器被称为"捕食者"和"地狱火"。他们以此让部队远离危险——虽然一些无人机操作员报告称自己存在创伤后应激障碍症状。武器开发商为此投入数十亿美元,试图开发具有感知能力和人工智能的自动武器。这些武器采用了精尖技术,能在投掷炸弹之前辨别敌友,从而完全消除战争中的人为失误。但在奥巴马执政期间,这种"辨别力"实际上是基于白宫制定的极其不精确的标准。多年来,中央情报局和美国军事特种部队根据人群的身份和生活模式,以及武器和军事装备等物品的数字标记,对城市和村庄进行了精准袭击,虽然在这之前并没有对目标进行身份确认。袭击的目标是由人口统计学标准确定的,如"军龄男性",同时也基于被认为具有恐怖分子特征的"可疑"行为模式。正如国务院一位高级官员所描述的那样，当中央情报局特工观察到"3个男人在做开合跳"时，他们认为这是一个恐怖分子训练营。

截至奥巴马被授予诺贝尔和平奖时，他批准的无人驾驶飞机袭击次数已经超过布什在整个总统任期内批准的次数。截至2012年底，无人机在巴基斯坦的袭击次数达到了布什的6倍。总的来说，奥巴马将使用无人机进行"精确轰炸"的次数增加到了前一届政府的5倍，造成3 000至5 000人死亡，而其中90%的袭击目标却根本不是正确的。2011年，中央情报局局长布伦南声称，"无一人因无人机袭击而间接死亡"。但海军分析中心的一项研究却发现，在阿富汗，无人驾驶飞机袭击平民的可能性是载人战斗机袭击平民可能性的10倍。

在奥巴马的领导下，最具争议的无人机袭击事件涉及一次针对海外美国公民的暗杀，目标包括神职人员安瓦尔·奥拉基（Anwar al-Awlaki），他从未被指控犯有任何罪行，更不用说被判有罪了。奥拉基是也门裔的美国伊玛目[1]，他在美国长大，并接受教育，他的人格魅力和对美国越来越具批判性的言辞使他在奥巴马的杀人名单上名列前茅。对于美国公民来说，言论自由应受到《第一修正案》的保护，即在被证明有罪之前，个人应被判定为无罪。这些法律不仅是为了保护公民，更是为了制约国家和行政权力。然而，奥巴马却仅在行政部门授权下，就单方面采用无人机进行袭击，将这类战争行为从国会监督和公众监督中移除。

---

[1] 在清真寺内主持礼拜的人。——译者注

第四章　军界

当被问及总统是否有权锁定并杀害美国公民时，白宫法律顾问办公室发布了两份具有争议的备忘录。与小布什援引行政特权的方式不同，他们说，"由于'特殊情况'，行政部门有权剥夺奥拉基的宪法权利"。并得出结论："美国公民身份并不代表必定受到宪法保护，我们会根据国防部、中央情报局和情报机构向我们陈述的事实做决策，以阻止可能发生的致命行动。"换言之，国防部、中情局的意见，以及其他行政办公室官员把美国宪法踩在了脚下。司法部部长埃里克·霍尔德为美方先发制人地杀害奥拉基和其他美国公民的行为辩护道："正当程序和司法程序不是一回事。"喜剧演员史蒂芬·科尔伯特（Stephen Colbert）对此反应激烈："陪审团审判也好，'凭火决狱'❶也好，不过是'石头、剪刀、布'的审判，谁在乎呢？正当程序只是意味着一个政府想去执行的程序。而目前的程序显然是，首先总统会见他的顾问，以决定他可以杀谁，然后杀了他们。"

他16岁的儿子阿卜杜勒·拉赫曼（Abdul Rahman）在与他分别两年后，开始寻找父亲。就在奥拉基遇刺几周后，当他儿子正与朋友和17岁的表姐共进晚餐时，一架美国无人机投掷的导弹将他们全部炸死。白宫新闻秘书罗伯特·吉布斯在对这场谋杀做了一系列漏洞百出的解释后（包括对阿卜杜勒·拉赫曼年龄的虚假陈述，以及谎称他正在与基地组织会面），在回应媒体关于谋杀的询问时，透露了政府的真实态度："我认为（年轻的阿卜杜

---

❶ 美国著名冤案，一名男子因被指控纵火杀死自己的3个孩子，而被判死刑。——译者注

勒·拉赫曼）应当有一个更负责任的父亲。"

令人难以置信的是，在一次由奥巴马政府部署，在特朗普的领导下进行的拙劣突袭中，奥拉基又失去了一个孩子。特朗普在担任总统一周后，在佛罗里达高尔夫度假村的一张餐桌上，下令突击队突袭也门的一处疑似恐怖分子训练场，但任务进行得并不顺利，美国士兵遭遇了顽强的抵抗和地雷袭击。一名美国精英军人和至少16名平民在此期间被杀，其中大多数平民都不满13岁。大部分通讯社报道表示，这名军人的死亡是美国唯一的死亡案例，但当晚被杀的8岁的纳瓦尔·奥拉基（Nawar al-Awlaki）也是美国国籍。这个女孩被一名美国海军陆战队士兵近距离射中颈部，由于未能获得医疗救助，她在两个多小时后因失血过多而死去，在此期间她顽强地安慰着痛苦的母亲。

尽管特朗普有着独裁者的形象，但在军事行动方面，他与前几届政府相比并没有太大变化，只是多了些粗鲁而矛盾的措辞。作为候选人时，他曾向已对战争感到厌倦的公众承诺，自己将"终结无休止战争的时代"。然而，他又公开表示，自己还是会使用酷刑——不仅用于审问，还用来报复，还会保持关塔那摩监狱的开放，并对那些犯下仇杀、滥杀儿童、玷污死者尸体等滔天罪行的军事指挥官予以赦免。特朗普曾抨击军工复合体，指责五角大楼领导人"除了打仗，什么也不想做。这样一来，所有制造炸弹、飞机和其他军工用品的大企业就开心了"。但作为总统，在他的任期内，武器销售和国防开支却大幅增长。

尽管存在诸多矛盾，特朗普在削弱两党长期共识的情况下，还是巧妙地处理了美国与以色列的关系，为"最值得信赖的盟友和伙伴"提供"坚定的支持"。奥巴马在任时，与内塔尼亚胡的关系很敏感,当以色列总理试图破坏伊朗核协议谈判时,奥巴马甚至试图让他离开办公室。特朗普采取的行动却与之相反。他反对美国一贯的政策,鼓励以色列继续在约旦河西岸建立定居点,并承认以色列对戈兰高地的主权,对此,以色列将其中一个定居点命名为"特朗普高地"。他还退出了美国、伊朗与其他五个世界强国参与的伊核协议——这项精妙协议的达成是上届政府不懈努力的成果。特朗普还将美国驻以色列大使馆从特拉维夫迁到了耶路撒冷——这相当于给了声称耶路撒冷是圣城的巴勒斯坦人一记耳光。

在贾里德·库什纳和伊万卡·特朗普出席新大使馆的开幕式时,以色列士兵在加沙边境杀害了大约60名手无寸铁的巴勒斯坦抗议者。库什纳是一位毫无外交政策经验的犹太复国主义者,他自告奋勇地起草了一份《中东和平协议》,并将其称为"世纪之交",以此将杜鲁门式的博弈引进中东。他的计划是与以色列人合作制定的,而不是巴勒斯坦人。当他承认巴勒斯坦的领导地位时,用的是对婴儿说话的态度,声称如果他们不接受他的协议,"他们将错失另一个机会,就像他们已错过的每一个机会那样"。为了反驳对他严重缺乏经验的批评,库什纳登上阿拉伯天空新闻,并吹嘘道:"我已经研究了三年,读了25本关于政治的书。"《华盛顿邮报》的专栏作家讥讽道:"我来这给你做开胸手术,我刚刚读了25本关于医学的书。"

与自由市场的风格相得益彰,库什纳的计划包括召开一次由投资者推动的"和平促繁荣"会议,巴勒斯坦领导人适时抗议了这次会议。库什纳在会议上的讲话中,谈到了将加沙地带变为旅游景点,还对与会者保证,如果他们停止"恐怖主义",就将

"得以享受更快的货物和人员流动服务"。在库什纳将公司治理逻辑强加给巴勒斯坦的计划受到专家们的广泛批评后，以色列政策论坛的迈克尔·科普勒（Michael Kopowl）完美地将整件事描述为"巴以和平倡议的滑稽剧场"，库什纳在一次新闻发布会上向记者解释说，如果巴勒斯坦领导人不那么"歇斯底里和愚蠢"，那么他的设想就是可行的。

特朗普还向沙特阿拉伯示好——当时国会正就沙特发动的也门战争，以及由此引发的恶劣的人道主义危机达成两党共识。2015年，当奥巴马政府正在就伊核协议进行紧张的谈判时，沙特阿拉伯及其盟友在也门展开了针对胡塞武装的军事行动。在美国的支持下，沙特对也门的袭击造成数万人死亡，并造成了大范围的饥荒，80%的也门民众（约2400万）需要援助。由于奥巴马让美国被牵扯进战争中，并在也门对基地组织的一个当地分支实施反恐计划，民主党人不愿改变路线。然而，当沙特王储下令谋杀和肢解记者贾马尔·卡舒吉时，民主党和共和党响应了众议员罗·卡纳（Ro Khanna）和参议员伯尼·桑德斯发起的一项战争权力决议，以指示特朗普撤回美国对战争的支持。特朗普一票否决了这项决议，由于也门的局势，曾经因为武器交易而加强的美国与沙特的关系破裂了。2019年，也门的局面逐渐变得不容忽视，但特朗普仍然决定出售核技术给沙特阿拉伯，尽管国会警告他这可能会引发核竞赛。特朗普政府不断在没有国会批准的情况下促成武器交易。2022年3月，民主党政府威胁说要孤立沙特阿拉伯，但是武器交易仍在进行，联合国儿童基金会将也门描述为世界上最严重的人道主义危机发源地和儿童的"人间地狱"。

第四章 军界

将军和部队

像美国这样的军事国家，对其士兵，尤其是将军相当敬重。将军受总统、副总统、国防部长和其他文官指挥，这表明政府致力于平衡军事领导人的权力，并尽量以非军事手段和外交方式解决冲突。将军们作为严肃的技术化和战略性专业知识的提供者，可谓"凌驾于政治之上"，而作为受到爱国情怀和自豪感驱动、尽职尽责、自我牺牲的英雄，他们享有崇高的社会地位与荣誉。这一形象赋予了他们无可替代的位置：使其能为战争履行关键的合法职能，并保护军队和背后行使权力的政治家免受公众干涉和问责。

在小布什的第一任期中，科林·鲍威尔成了沙漠风暴战斗的代言人，他的决定性力量理论❶使美国士兵免于受伤，并决定性地打败了萨达姆·侯赛因。战后，非裔美国人鲍威尔被誉为民族英雄和美国梦的化身，这位看上去并不太保守的保守主义者来自纽约市的南布朗克斯区。他在纽约市立学院参加了后备军官训练队，此后一路扶摇直上，跨越其种族和社会阶层的限制，成了一位英雄般的军事精英。鲍威尔被邀请为洋基队的1991年赛季投出第一球，当他的照片登上《美国新闻与世界报道》（*U.S. News*）封面时，标题是"超级巨星：从五角大楼到白宫？"

当小布什在第二任期任命鲍威尔为国务卿时，鲍威尔正致力

---

❶ 决定性力量理论是鲍威尔的战争策略：在决定性的地点和时间集中决定性的力量，每一次军事行动都拥有一个明确定义的、决定性的和可实现的目标。——译者注

于一系列获利颇丰的出版生意、巡回演讲，并在财富500强董事会中游刃有余。一位四星将军将担任国家最高外交官，可谓是对即将到来的军事闪电战的一个预先警告。但鲍威尔那时是"美国最值得信任的人"，公众支持率高达80%（与特蕾莎修女的支持率持平），他有着出众的形象，这体现在他诚恳的说话方式，他的荣誉准则和公共贡献中，这些都使他这样的军人免受指责。作为国务卿，鲍威尔的怀疑主义虽使他与布什的新保守主义核心圈子有些疏远，但他的忠诚和凌驾于政治之上的军人形象充分证明，伊拉克战争的光荣事迹，对媒体、政治中间派和沉默的公众都很受用，尽管没能持续多久。

纽约联合国大楼安全理事会会议室入口处的墙上挂着一幅《格尔尼卡》（Guernica）——毕加索杰作的复制品，画中描绘了西班牙民族主义者对巴斯克村庄的轰炸，以及当地人民、动物和土地遭受的苦难。尼尔森·洛克菲勒于1955年委托制作了这幅挂毯，毕加索当时拒绝向他出售原作，并于20世纪80年代中期，将原作作为个人财产借予联合国。2003年2月5日，联合国官员在挂毯上覆盖了一个巨大的蓝色帘子，这是为鲍威尔在安理会的演讲做的准备，其声称覆盖这个帘子是为了避免《格尔尼卡》成为背景视觉噪音。但讽刺的是，被鲍威尔的战争理论所连累的人们，和《格尔尼卡》中挣扎的村民并无二致。在他看来，只有强大的武力和统治才能使人屈服。在布什发动第二次伊拉克战争时，鲍威尔发表多次演讲，对这类事件进行辩护。

在鲍威尔备受期待的联合国公开演讲之前，媒体纷纷猜测这可能是他的"阿德莱·史蒂文森（Adlai Stevenson）时刻"。1962年10月25日，史蒂文森作为肯尼迪时代的联合国大使，向安理

第四章 军界

会发出呼吁,有力地证明了核超级大国苏联正在美国海岸 90 英里外的古巴部署核导弹。大使的重要讲话改变了世界舆论的平衡,对美国产生了正面效应,对遏制苏联有所助益,并阻止了核战争。

然而,鲍威尔的联合国演讲却产生了反效果。随着伊拉克的教派冲突反复无常地出现,鲍威尔看起来越来越像一个踢了马蜂窝的人,向全世界释放着不确定的愤怒。尽管媒体对其表示赞扬,但他的发言对安理会和美国却没什么影响。在美国入侵伊拉克时,也未能获得联合国的支持。鲍威尔在他关于大规模杀伤性武器的不实宣言被曝光后,就失去了毕生累积的道德权威。鲍威尔精英主义的自以为是,让他认为为了成功推翻萨达姆,即便造成数百万人死亡、花费数万亿美元,也合情合理。他认为他的联合国演讲仅仅是他一尘不染的完美履历上的一个小小的"污点"。多年后,他还义正词严地否认一切罪责,并指责低级情报人员不敢公开表态。

如果鲍威尔遗留下的是权力的傲慢缩影,那么大卫·彼得雷乌斯(David Petraeus)将军留下的,则是权力被过度使用的后果。彼得雷乌斯在帮助布什政府挽回面子,为布什所做的"贡献"进行辩护方面,发挥了关键作用,这包括在战争失去合法性并陷入混乱时,采取增兵策略。彼得雷乌斯是一位深思熟虑、文质彬彬的人,在如何获得记者、专家和民选官员的好感与关注上,有着无与伦比的领悟力,这对他大有裨益。这也帮助他像鲍威尔一样,随着美国梦叙事的兴起,一跃成为大明星。彼得雷乌斯是一名图书管理员兼船长的儿子,据说他自小就对西点军校心存向往——他成长的地方离西点军校仅有一箭之遥。在那里,他娶了学校校长的女儿,并且一直严于律己。之后,他的军阶突飞猛进,他成了一名精英将军,后来又荣升中央情报局局长。一路走来,他在普林斯顿大学获得了国际事务博士学位(他希望有朝一日能成为该大学的校长),并三度登上《新闻周刊》(Newsweek)的封面,包括2004年的那次。当时他还只是一名中将。彼得雷乌斯被布什总统推出,为2007年在伊拉克增兵3万人这一决策代言。在公众眼中,他是一位将美国军队从羞耻的失败中解救出来的将军。同年,美国橄榄球联盟邀请他在超级碗赛事上投掷硬币。

与鲍威尔一样,彼得雷乌斯也有自己的战争理论,他撰写的一本军队训练手册一度成为畅销书,这也是第一本登上《纽约时报书评》(New York Times Book Review)的该品类书籍。彼得雷乌斯的创新性方法被誉为明智的反叛乱模式,它将侵略力量与文化敏感性相结合——这与布什政府的战争贩子形象形成反差。媒体对他的创作大肆鼓吹。《时代》杂志将彼得雷乌斯评为"年度人物"亚军,并称赞他是"教会美国军队如何从无政府战争状态再次转换到战时联盟的人"。他在指挥链中的越级行为,以及在社会和政治精英中的崇高地位,让他在同行中获得了讽刺性的绰号"大卫王"。有传言称他将担任参谋长联席会议主席或参加总统竞选,但由于四星上将斯坦利·麦克里斯特尔(Stanley McChrystal)在接受《滚石》(Rolling Stone)杂志采访时,对奥巴马发表了贬低性言论,导致彼得雷乌斯受到牵连,遭遇降级。最终他接替麦克里斯特尔担任驻阿富汗联军司令。

在服役37年后,彼得雷乌斯退役,奥巴马任命他为中央情报局局长。在那里,他将中央情报局进一步军事化,并与联合特

第四章 军界

别行动司令部和五角大楼合作,扩大暗杀和秘密战争的规模。一年半以后,他被迫辞职,因为有消息称,他与情妇葆拉·布罗德威尔(Paula Broadwell)分享了 8 部涉及高度机密信息的"黑皮书",葆拉·布罗德威尔是他的传记《全力以赴》(All-in)的作者。彼得雷乌斯没有坐牢,但媒体公布了他婚外情的细节,其间还牵扯出一场网络闹剧,华盛顿社交名媛吉尔·凯利(Jill Kelley)是主要人物,此人以在佛罗里达州官邸招待美国高级官员而闻名。彼得雷乌斯曾被一支由 28 辆警用摩托车组成的车队护送到凯利宫殿般的家中,参加海盗主题的狂欢派对。随着多米诺骨牌逐渐倒下,凯利自己也成了丑闻中心,因她一直在与当时阿富汗的最高指挥官约翰·艾伦将军(General John Allen)互发内容露骨的电子邮件。

正如报纸上所描述的,彼得雷乌斯没有因此"从云端跌入泥潭",反而担任了著名机构的教授,科尔伯格·克拉维斯·罗伯茨(KKR)集团——20 世纪 80 年代杠杆收购之王、当今的私募股权之王——聘请他来管理他们的全球研究所。就在几年前,KKR 集团从诺思罗普·格鲁曼公司收购了情报分析公司(The Analytic Sciences Corporation,TASC)。雇用一位像彼得雷乌斯这样的五角大楼名人,能使他们获益匪浅。当然,彼得雷乌斯并不是唯一一位借助自己的四星上将身份,将纳税人的资金从国防预算转向私人股本公司,并从中获利的将军。绝大多数(80%~90%)将军和海军上将都会在退役后进入国防机构,通过提供宝贵的公共关系,来换取国防预算和政府合同,以巩固美国的战争经济。仅在 2021 年,受雇于前五角大楼官员的国防承包商就收到了总价值近 900 亿美元的五角大楼合同。

彼得雷乌斯是特朗普政府的内阁候选人，后来他接替了特朗普的国家安全顾问、退役中将迈克尔·弗林的位置。然而，尽管特朗普自身也常游走在法律边缘，彼得雷乌斯的缓刑身份却使他无法加入特朗普政府。彼得雷乌斯最终似乎逃过了一劫。特朗普政府任命的内阁中，将军的数量超过了其他任何一届政府，其中许多人是通过波音公司、雷神公司、光谱集团和通用动力公司等纽带任命的。特朗普并未从他们受人尊敬的地位中攫取政治资本，而是把他们当作雇佣兵，还称之为"杀手"。当涉及他们的荣誉准则和约束时，他用轻佻的侮辱性词语来贬低他们，他嘲笑四星上将詹姆斯是"疯狗"，马蒂斯则是"温和派小狗"和"小猫宝宝"，还嘲笑国家安全顾问中尉H. R. 麦克马斯特（H. R. McMaster）的便装，说他穿得"像个啤酒推销员"。

军队

除了利用荣誉身份附带的权力，以做出各种授权，将军们还指挥着美国战争机器中庞大而僵化的官僚机构。这些军事"准备"反映了美国作为超级大国的宏大野心——在全球范围内，创造和加强有利的市场条件——官僚机构雇用了大约300万员工，其中一半是军人，还有大约100万预备役军人和70万平民，以及数万名中情局特工和承包商。将军得以行使的权力，以及传送给其他权力精英的权力，部分源于他们的个人魅力。但同时，这种权力也得到了大量军队官僚组织的巩固，并被军队严格的纪律和非个人化文化所加强，此外，军队将相对自由的个人转变为顺从的臣民和高效的杀戮机器，这种运作方式也巩固了上层的权力。

第四章　军界

军事训练是依据科学和心理学而设计的，旨在打破个人化，并将受训者重塑为一枚技能娴熟、甘于奉献、身体健康的机器齿轮。他们的头发被剪掉，个人衣物被制服取代，每一天、每一分钟都被安排得满满当当，所有人在同一时间、同一地点吃同样的饭。个人良知臣服于组织和国家的集体意志，机器人式的自动反应模式通过训练，被复刻到每个新兵身上，以减少他们的自主判断（和错误），从而削弱人类本性中的同情心。士兵们被洗脑式的教条鼓动着，相信美国是一个优越的国家，杀害敌人是爱国的表现，他们将被杀害的目标视为对他们的家人和朋友，以及对国家整体的尊严和自由的威胁。

为了发动全球反恐战争，副总统切尼和国防部部长拉姆斯菲尔德剥削了他们的士兵，其中大多是穷人或来自工人家庭。他们在美国例外论的旗帜下，鼓励这些士兵泯灭人性，对当地居民进行恐吓。虽然暴行与战争如影随形，但反恐战争中的虐待和战争犯罪却尤为泛滥——这些罪行被将军和军事领导不约而同地掩盖起来，不让公众看到。即使美国的军事英雄们从事了非法的、有时甚至是极其邪恶的行径，政府和媒体机构碍于塑造国家强大统一的形象的压力，也可能会三缄其口。

在阿布格莱布，列兵林迪·英格兰（Lyndie English）、一个初级士兵，在美国的酷刑制度下，展现出肆无忌惮的魔鬼般的面孔[1]。然而监狱中使用的这些残忍和变态的恐吓手段，其实是从最

---

[1] 22岁的女兵林迪·英格兰用极尽残酷的方式虐待侮辱伊拉克囚犯。——译者注

高层政府中酝酿发酵的，并在指挥部获得了批准。在阿富汗加德兹的一次杀戮行动中，美国士兵杀害了5名无辜的阿富汗平民，他们当时正在庆祝家中新生儿的出生，并为其取名。美方试图通过从受害者的尸体中挖出美国制造的子弹来掩盖此事，受害者中有两人怀孕。杀戮结束后，遭受攻击的幸存者被飞机运送到一个秘密监狱，在那里，他们被一名被称为"美国塔利班"的满身文身的长须男子审问。当这些事情无法再隐瞒下去时，四星将军威廉·麦克拉文（William McRaven）带着车队前往村庄，向当事人支付了封口费。

在名为"黑暗之心"的悲剧中，士兵们精心策划了一场对一名14岁女孩的轮奸，并在她企图逃跑时将她的父母和6岁的妹妹击毙。这场悲剧发生在严酷的环境中：残酷的虐待狂领导、严重不足的部署、必要补给的匮乏（据报道，一名士兵把同一身制服穿了70天），以及大量的死亡。事后，该军队立即被召回，并将谋杀归咎于伊拉克人——尽管物证与这个结论完全相反。其中一名士兵后来供认了罪行，告诉法医科的精神病专家，他只是把一只小狗从屋顶上扔下摔死，他没有看出这只"小狗"其实是一名伊拉克人。精神病医生由此得出结论，这名士兵是一名反社会人格患者，但医生将其对他人的危险性级别划分为"低级"，所以他最终被"光荣地"释放了。

美国第六海豹突击队堪称最精锐的突击队，这支部队因其所犯下的与恐怖战争相关的罪行而为人所知。在暗杀了奥萨马·本·拉登之后，他们的精英地位和内部准则维护着这支部队，使其免受审查，而那些数量众多的举报他们不法行为的人，却遭遇忽视与排挤。据报道，在阿富汗，这支精英团队的成员嘲弄死去的阿富汗人，并在返回军事基地后观看阿富汗人"失血致死"的视频。他们对死去的敌军战士进行"剥皮"——该行径的灵感源自纳粹。2005年至2008年间，当该地区的特战行动激增时，有人抓拍到了第六海豹突击队杀人的现场照片，那是几次"皮划艇比赛"般的杀人竞技，士兵们用步枪砸开受害者的头骨，使他们的大脑暴露出来。这种残害性命和获取"战利品"的行为并未得到领导层的重视。

更不负责任的是，私人安保承包商在这场阴暗的、营利性的、私有化的战争中，充当了马前卒。这场战争实际上将数万亿美元从美国政府，转移到了安保公司、军火商、国防承包商等势力手中。伊拉克战争中，美国政府向承包商支付了约1 380亿美元，其中相当大一部分（395亿美元）被支付给柯贝尔电力技术公司，柯贝尔电力技术公司是哈利伯顿公司（Haliburton）的子公司，迪克·切尼曾在此担任首席执行官。数百家承包商公司为美国提供了一支私人安保部队，其成员包括：退伍军人、退休警官、安保人员，甚至格斗选手，他们大多是来自高失业率地区的中年白人男子，在此被当作一次性商品对待。承包商方面的死亡情况并没有被报道——这有助于制造一种人员伤亡率低、叛乱活动少的假象。此外，当这些人被抓获时，美国政府并没有为他们的家人提供保护或帮助。

2004年6月，在保罗·布雷默离开伊拉克之前，他授予雇佣兵和其他承包商伊拉克法律的豁免权，这是五角大楼首次正式为参与战斗的平民进行赦免。和士兵一样，"雇佣兵"也可以在"有需要时"使用武力，并以美国人民的名义参与战斗。虽然在某些情况下，军方会对触犯法律的士兵提起诉讼，但承包商却被视为受所驻国家法律管辖的个人，因此在伊拉克和阿富汗等战争地区，法律几乎没什么效用了。由于无须担责，部分承包商几乎与流动帮派和叛乱分子没什么区别。

这其中最邪恶的当属黑水集团——一家由亿万富豪埃里克·普林斯创建的安保公司。普林斯是一位右翼宗教理论家，他的总计划与迪克·切尼类似，其中包括将美国军队私有化，并利用反恐战争敛财数十亿美元。根据其前雇员的法庭口供，普林斯"认为自己是一名基督教十字军战士，肩负着从全球消除穆斯林和伊斯兰教的任务"，他的公司"对损害伊拉克人民生命的行为予以鼓励和奖励"。黑水集团人员在伊拉克驾车扫射无辜的行人，并像乔治·米勒（George Miller）的电影《冲锋飞车队》(*The Road Warrior*)中抢夺石油的野蛮人一样，故意让车辆驶离道路。黑水集团人员在尼苏尔广场杀害了17名伊拉克平民，引发了民众如火山爆发般的愤怒。此后，伊拉克政府禁止黑水集团人员入境，但该公司却继续在那里运营，并从其直接雇主国的国务院那里，获得了刑罚豁免的待遇。

内战

反恐战争是美国在国内外实施军国主义和暴行的有力证据，这些行为中包括严重侵犯美国公民的宪法自由和公民自由的行为。掌管美国国家胁迫性武装的权力精英对国内穷人和工人阶级的暴行有着悠久的历史，他们常以种族主义的态度对待种族歧视问题。尼克松和时任纽约州州长纳尔逊·洛克菲勒等精英为了粉碎对其权威的挑战，在强化"严惩犯罪"这一套手段的同时，滥杀滥伤，从而达到惩戒的目的，而1971年的阿提卡监狱暴动事件，只不过是冰山一角。2015年，记录警方平息这一监狱暴动的过程的文件和录音带被公布，其中揭示了洛克菲勒如何下令全面处决囚犯，并允许警方系统性地对幸存者施以酷刑。在其中一条录音中，我们可以听到洛克菲勒告诉尼克松，他不会去监狱解决危机或赦免犯人，并用"别区分好与坏，一视同仁"这样的说辞来体现他对犯罪的强硬立场。监狱大屠杀后，他向总统汇报，那位杀害10名人质和29名囚犯的州警在狙击方面表现得"棒极了"。政府还被发现曾谎称人质被囚犯割喉，而事实上人质是被狙击手射杀的。对此，洛克菲勒向尼克松承认："这就是人生。"亿万富豪洛克菲勒后来成为美国第四十一任副总统。

在阿提卡监狱暴动事件后的几年里，"严厉打击犯罪"的政策越发具有政治影响力，美国的治安变得更加军事化和专制。而里根更是为尼克松发起的"禁毒战争"添了把火。如第二章所述，民主党人比尔·克林顿将共和党的极端主义犯罪政策融入新民主党的纲领中。由于他们和继任政府的政策，美国现在每年监禁大约200万人，这是迄今为止世界上最高的监禁比率，政府每年支出超过3亿美元，用于惩戒、治安以及司法和法律活动——这是教育部预算的两倍多。执法人员会根据人们的种族"标签"来描述他们，执法人员像对待犯人那样对待穷人、瘾君子或患有精神疾病的人——都是先开枪，再提问。

20世纪90年代，国防部开始向当地警察部门捐赠军事装备，并培训准军事部队，将其转变为占领军，这加剧了针对穷人和有色人种社区以及非暴力抗议者的过度治安程度。自那时起，"不敲门"突袭等镇压战术的实施数量呈指数级增长，准军事部队未经同意，就可强行进入公民家中。虽然在两党的禁毒战争中，这些特种部队是为了处理高风险情况而设立的，例如某些行动地点可能存在狙击手或恐怖分子，但他们绝大多数的部署都涉及先发制人的毒品突击检查。不可避免的是，这种策略最终会伤害无辜的人，并对社区造成恐吓。在2014年的一次不敲门突袭中，警方的一枚闪光弹投入了一名19个月的儿童的围栏内，使其终生毁容。在2020年的另一起案件中，一名名为布伦娜·泰勒（Breonna Taylor）的无辜医务人员在她的床上被枪杀。

2014年，密苏里州的一名年轻黑人迈克尔·布朗（Michael Brown）被警方杀死后，弗格森市爆发了抗议活动，以谴责枪击事件和警察暴力。当地警方使用军事装备，对抗议活动进行肃清，这使得密苏里州众议员埃曼纽尔·克莱弗（Emmanuel Cleaver）表示"弗格森快成了费卢杰[1]！"在明尼阿波利斯的公民乔治·弗洛伊德被警方谋杀后，全国爆发了抗议。总统特朗普命令国民警卫队的部队对白宫附近的和平抗议者进行镇压，其间，一架黑鹰直升机从空中降落到屋顶，并将探照灯对准人群，这和美国士兵为驱散战区叛乱分子所做的"武力表演"一样。民主党人作为一如既往的机会主义者，选择站在抗议者一边，他们利用这个机会将特朗普描绘成一个莽撞的独裁者，尽管他们自己也有镇压抗议和支持警察暴力的历史。

回想一下，克林顿在任职期间，试图扩大私人监狱的规模，

---

[1] 费卢杰位于伊拉克的安巴尔省，在伊拉克战争中该市伤亡惨重。——译者注

以平衡他的预算。然而,由于关于虐待和欺诈的恐怖故事不断流传出来,民主党官员试图关闭监狱。但是随后,特朗普以打压移民为借口把私人监狱发展成了一个价值数十亿美元的产业。与阿富汗和伊拉克的承包商一样,私人监狱的监管也很薄弱,其间发生的暴行也不少。在某些州,私人监狱的暴力袭击率是国家监狱的2~3倍,其中,十几岁的青少年是常见的受害者。2008年,在宾夕法尼亚州,两名法官因"用孩子换金钱"的丑闻被捕,他们靠着对青少年施加过度的惩罚,达到增加营利性拘留中心的人数的目的,并从中获得回扣。这些孩子或青少年中的一些仅仅因为在社交媒体上取笑他们的校长,或闯入一栋空房子而被延长了拘留的时间。小部分私人监狱及其附属机构隶属于某些亿万富豪和私人股本巨头,他们每年能从监狱以及相关的医疗、通信、交通、服装等服务中赚取数十亿美元——从一群被逮捕的人和他们本就支离破碎的家庭中榨取利润。虽然私人监狱的服刑人员在美国只占监狱总服刑人数的8%(仍然很多),但是类似于美国战争中的承包商,他们象征着新自由主义国家的贪婪和残忍,并可能会为未来的右翼政府掩盖更多黑暗交易。

除了将美国国内事务军事化外,政府还对美国民众的宪法自由发起挑战,他们称这样做是为了保护宪法自由。冷战期间,政治精英利用红色威胁❶使他们在国外的侵略行为合法化,并在国内挑起冲突:移民、少数群体、工会成员和持不同政见者在国内

---

❶ 一种战略,其通过对于想要袭击的国家和共同体进行抹黑和妖魔化,来获得民众或别国政权的支持。——译者注

冲突中，遭到监视、威胁和压制。联邦调查局的"反情报计划"是政府以国家安全名义镇压不同政见的机制，也是他们为此做出的最冒进的努力之一。从20世纪50年代中期到20世纪70年代初，联邦调查局监视并威胁了黑豹党和共产党成员，还终结了像马丁·路德·金（Martin Luther King）这样的民权偶像的生命。水门事件之后，尼克松被爆出对联邦调查局、中央情报局和国税局等行政部门机构滥用权力的丑闻，同时，由爱达荷州参议员弗兰克·丘奇（Frank Church）领导的教会委员会，证明美国情报机构侵犯了美国民众的宪法权利。为此，国会通过了《1978年涉外情报监视法》，以保护美国公民免受非法监视，并设立了美国涉外情报监控法院，从而对政府滥用权力进行司法检查。1979年至2013年，该法院收到34 000份请求，其中仅11份被拒绝接受。

"9·11"事件发生后的几个月里，小布什在未经涉外情报监控法院授权的情况下，秘密批准了一项全面的国家安全局数据挖掘计划，代号为"星风"（Stellar Wind），该计划涉及监视和窃取国内民众的电话和电子邮件信息。后来，一名前司法部律师揭露了该计划。媒体质询该计划缺少涉外情报监控法院的授权书。对此，司法部部长阿尔贝托·冈萨雷斯在回应中，援引了《2001年军事力量使用授权》和总统的"固有权力"。不久，美国法律顾问办公室发布了一份白皮书，援引总统的宪法授权，并声称如果美国涉外情报监控法院认定该计划非法，那么该决策本身就会违反美国宪法第二条。

我们对布什和奥巴马的秘密战争、无人机袭击计划和无授权窃听计划的了解，大部分都要归功于像爱德华·斯诺登（Edward Snowden）这样的泄密者，他在2013年泄露了美国国家安全局项目的机密信息。当时，在奥巴马的领导下，美国国家安全局的项目以指数级增长，斯诺登认为这是违反宪法的。当时，大多数美国民众根本不知道涉外情报监控法院是什么，也不知道政府正在窃听他们的电话，阅读他们的短信，监控他们的互联网和图书馆搜索信息。美国的外国盟友也未能幸免，他们的通话也一样受到监控。斯诺登披露了数十万份文件，其中包括美国国家安全局的秘密"黑色预算"——这些信息表明涉外情报监控法院已要求谷歌、雅虎、微软、苹果和其他公司依据棱镜计划❶（PRISM），向美国国家安全局移交私人用户的记录，而与此同时，联邦政府正在使用政府资金购买私人科技公司通信网络的接入权。被监视的绝大多数人都是无辜的普通人，而非预定目标。2020年9月，美国联邦法院裁定，斯诺登所曝光的联邦政府大规模监视计划是非法的，并且涉嫌违宪。

一些国会议员试图掌控美国国家安全局，但最终因受到国家安全分类制度的阻碍，或未能从领导层获取真实的证词而失败。例如，在2013年参议院情报委员会听证会上，美国国家情报局局长詹姆斯·克拉珀（James Clapper）否认美国国家安全局一直在秘密收集数亿美国民众的信息。斯诺登泄密后，微软全国广播公司的记者安德烈娅·米切尔（Andrea Mitchell）要求克拉珀详细阐述他的证词。克拉珀则解释说，国会调查的内容不能用简单的"是或否"回答，所以他用他所谓的"把不实信息降到最少的方式"回答。

---

❶ 美国国家安全局实施的绝密电子监听计划。——译者注

本章叙述了新自由主义的军国主义特点，以及在战区冲突和执法方面，国家和公司精英不断深化的共谋。本章的内容洞析了精英权力持有者如何使用国家的威慑性武器来为自己的利益服务、增加自己的权力并为跨国资本维护"市场条件"。半个世纪以来，军事权力的部署都涉及行政权力的扩张、战争的私人化以及军事和安全工业综合体规模的扩大。帝国主义遗产最明显的表现是反恐战争，这是对恐怖主义的一次掘金，也是即将到来的时代的预兆：一个毫无边界的战争时代。最终，本章分析了美国的战争方式及其是如何转向伤害始作俑者的。今天，警察恐怖主义和始终存在的监控和监禁让整个社会遭受创伤，其留下的恐怖和敌对的文化需要几代人去克服。

第五章

华尔街

2021年7月，美国最富有的0.01%的人所拥有的国家总财富，超过了镀金时代的这一群体。镀金时代正是不加限制的金融投机，看不到头的贫困、腐败和种族仇恨肆虐的时代。当今财富过度聚集的现象在很大程度上要归因于华尔街对美国生活的主导，以及银行家和投资者为求利益最大化，对危机的利用和制造，罗斯柴尔德曾指出这种现象。在过去的半个世纪里，伴随着新自由主义改革的浪潮，金融在美国和全球的中心地位不断上升，这导致了利润私有化和风险外部化。本章的主题就是这一进程及其对社会不平等和精英权力巩固的影响。

回顾第一章，在20世纪60年代末和70年代初，全球金融市场的整合，以及全球经济重心的转向（或称"金融化"）等一系列阶级稳固计划，让企业克服了赢利障碍。通过技术和金融创新以及国内外结构调整，这种全球经济的重组极大地增加了投机和高利贷获利的机会。这些过程迫使政府削减公共支出、变卖基本的机构和服务，导致银行进行掠夺性贷款、高风险投机；企业也借机凭借一系列金融工程手段，对劳动力和生产活动进行掠夺，以攫取利益并逃税。

目前，在美国所有金融账户的总持股价值中，大约有38%的资产由最富有的1%的美国人持有，而几乎绝大多数股票（84%）都由其中最富有的10%控制。政客们和其他话语权掌控者们预测，道琼斯指数的每次上涨都会带来经济的增长，但真正让他们感到高兴的,是金融市场如何为这一小部分人创造赢利机会。如今,富人为了规避投资税而聘请金融和资产管理专家团队,从而为他们带来高收益的机会和高投资回报率。但对于普通人来说,他们只有在身负债务的时候,才会和华尔街扯上关系,对许多人而言,他们只能用债务来填补由几乎无增长的收入,以及日渐衰退的公共服务和公共机构带来的财务缺口。

新自由主义不仅带来一套新的金融技术,还造成一种"适者生存"的文化和新的权威形式。这种权威形式避开了那些对财富积累设限的法律和法规,并将"有利的市场条件"和"效率"作为检验特定法律或规则有效性的试金石。虽然在金融危机后,"贪婪"一词几乎无孔不入,但使华尔街如此运转的基本原则与其说是永恒的人性冲动,不如说是马克斯·韦伯所说的资本主义的固有性质,及其决定性的精神内核,即"追逐利润并使利润源源不绝"的本能。这种性质已在历史上彰显无遗。新自由主义资本主义标志着韦伯原则的强化,而金融则是该原则生根和扩散的"母体"。

华盛顿共识

在 1929 年灾难性的金融崩溃,以及随后的大萧条之后,罗斯福政府制定了新政法规,通过控制华尔街的高风险投机和监管银行业来规避未来的危机。几年后,在第二次世界大战导致的经济崩溃中,美国及其盟国建立了布雷顿森林体系,其中以国际货币基金组织和世界银行为货币兑换和跨境金融交易的监管架构,世界银行的目的是稳定全球经济。然而,马歇尔计划和欧洲出口导致美元流入欧洲，一个"欧洲美元"市场形成了。该市场不受美国法律制约，无准备金要求的约束，因此风险更大，但回报也更高。

在 20 世纪 70 年代的石油危机期间，随着油价大幅上涨，欧佩克国家的石油收入成倍增加，于是，国际货币基金组织、美国财政部和美联储就鼓励欧佩克将盈余存入美国银行和高收益的欧洲美元市场。美国最大的银行将中东的石油美元回收，打包成高利润的巨额贷款，发放给无法支付高昂石油进口价格的发展中国家。大多数贷款是以浮动利率发放的，因此利息会受到利率波动的影响。这种不受监管的制度，使腐败的第三世界领导人——如海地前总统让-克劳德·杜瓦利埃（Jean-Claude Duvalier）和其父弗朗索瓦·杜瓦利埃（François Duvalier），以及菲律宾前总统费迪南德·马科斯（Ferdinand Marcos）——有机会从贷款中攫取利益，然后将赃款藏在海外。具有讽刺意味的是，在海外，这些赃款可以被回收，并被再次用来向这些国家发放贷款。在这个循环过程中，银行家们收取的费用越来越高，而腐败的领导人则一次又一次地从中攫取钱财，并将风险和压力转移给他们的国家。

随着石油美元的大量涌入，美国银行扩大了放贷量，监管机构允许它们动用更多资本，有时甚至出现放贷资金多于收入资金的现象。据花旗集团前董事长沃尔特·瑞斯顿的传记作者称，回收计划是"世界历史上和平时期价值最高的资本转移工程和情绪最高涨的放贷热潮"。在 20 世纪 70 年代初之前，美国几乎不向外国政府提供银行贷款，但到了 1973 年，国际贷款占据美国大型银行利润的三分之一，到 1976 年，这个占比上升至四分之三。这种新型"淘金热"带来了一种新的借贷亚文化,在这种文化中,美国和欧洲的银行家(部分人仅二十多岁),发现自己得以伴随国家元首和财政部部长左右,政治精英以鱼子酱、香槟酒、豪华汽车、体面的护卫等各种奢侈享受为诱惑,来向这些银行家示好。一位前大通曼哈顿公司的亚洲银行家如是回忆道:"全世界都在响应这种强烈的感觉:我们正在为美国世纪奠定基础。"

1978年第二次石油危机爆发时,放贷狂潮变得更加激进和鲁莽。向发展中国家发放的贷款总额日益增长,但这些国家显然无法偿还债务,甚至连支付利息都很困难。作为一名新自由主义的理论家和完美的权力精英,瑞斯顿认为这场第三世界的借贷狂热取得了巨大成功,因为在没有政府干预的情况下,"市场"似乎正在解决流动性危机。即使当贷款国家的准备金率降至危险水平,而还款期限被一再推迟时,瑞斯顿也不屑一顾,他只是收回自己那份肮脏的利润,并漫不经心地说:"国家又不会破产。"事实证明,国家确实会破产。1979年的"沃尔克休克"策略造成利率大幅飙升,石油美元的债务国经济因此陷入混乱——因为它们的贷款是按照可变利率发放的。到1974年,通过私人银行向发展中国家提供的贷款总共有440亿美元;但到1979年底,这个金额已膨胀至令人震惊的2 330亿美元。以墨西哥为例,其债务从1970年的60亿美元攀升至1982年的800亿美元,这造成墨西哥需每周筹集约5亿美元来偿还债务,而其中相当大一部分贷款来自美国银行。

在1982年墨西哥债务危机爆发前,瑞斯顿和时任美国财政部部长威廉·西蒙(William Simon)将国际货币基金组织贬低为自由市场的反对者和干预者。但当墨西哥经济开始衰退时，银行家们却拒绝免除其贷款，而正是国际货币基金组织与美国财政部和美联储联手出马，才阻止了这场危机。沃尔克对"系统性风险"的担忧促使他向持有墨西哥债务的美国银行秘密转入大笔资金。随着危机持续到 20 世纪 80 年代末，美国政府鼓励银行免除债务或调整贷款，而作为条件，国际货币基金组织则要求墨西哥向外国投资开放其银行体系，鼓励美国银行家以低价收购该国的金融机构。时任墨西哥总统米格尔·德拉马德里（Miguel de la Madrid）不仅为新自由主义改革出了份力，且仅在 1983 年就为国家"减免"了 1.62 亿美元的石油美元贷款（到 2021 年，这一金额达到 4.3 亿美元）。

在这个时候，世界银行和国际货币基金组织越发沆瀣一气。国际货币基金组织的具体任务是调节汇率，解决国际收支问题，并提供短期贷款；而世界银行的目标是促进发展中国家经济的长期增长，鼓励私人投资。在战争刚结束的那几年，这两个机构本来都是为了解决经济冲突、促进国际合作和管理世界经济而成立的。然而，随着欧洲美元自由市场创造出巨额财富，新自由主义思想越来越受欢迎，它们最终成了世界各地新自由主义改革和市场规范的主要执行者。

时任美国财政部部长西蒙在 1976 年 10 月国际货币基金组织年会上的演讲中，预测了这种新的世界秩序，其间，他将经济发展定义为一种"消除保护主义和市场力量的阻力"的过程。他的言论与 1973 年 5 月的一份美国财政部内部备忘录形成呼应，该备忘录将国际货币基金组织和世界银行定位为美国霸权的大使："国际金融机构对美国的战略意义在于，它们是达成美国政治、安全和经济目标的主要工具,尤其是针对发展中国家而言。"

20世纪80年代初,罗伯特·S.麦克纳马拉(Robert S. McNamara)的世界银行行长任期即将结束,他建议通过结构性调整来实现扶贫和经济发展,而这标志着世界银行的战略转向政策干预。尽管当时,世界银行仍在为国有项目提供贷款,但不久之后,世界银行的战略中就清除了凯恩斯元素❶。世界银行的官僚机构也由美国银行前行长和首席执行官汤姆·克劳森(Tom Clausen)等新自由主义者掌权。里根在1983年世界银行年会上的一次演讲中,赞扬了"市场的魔力",并称"数以百万的个体在市场上自主做出的决策,往往会比任何中央政府的规划能够更好地分配资源。"

约翰·威廉姆森(John Williamson)供职于亿万富豪彼得·彼得森旗下的国际经济研究所。作为高级研究员,他很推崇这一转变,还提出"华盛顿共识❷"一词,以形容这些帝国主义制度工具的超级结盟,同时提醒世界权力中心的所在。在克林顿执政期间,世界银行和国际货币基金组织修改了其协议条款,将"有序的资本流通自由化"纳入其中,并强调"结构性改革和宏观经济改革"。"华盛顿共识"让华尔街受益匪浅,因为它将国家支出最

---

❶ 主张国家采用扩张性的经济政策,通过增加需求促进经济增长,即扩大政府支出,实行赤字财政,刺激经济,维持繁荣。——译者注
❷ 一整套指导拉美经济改革的主张,包括实行紧缩政策防止通货膨胀、削减公共福利支出、金融和贸易自由化、统一汇率、清除对外资自由流动的各种阻碍以及国有企业私有化、取消政府对企业的管制等。——译者注

小化，鼓励竞争，从而最大限度地提高了借款国的贷款能力。投资者友好型贷款条款或者说"条件"❶有助于增强成员国对私有化、低通胀和社会稳定的承诺（通常是以强制的方式），同时为自由贸易和金融投机打开大门。随着新自由主义者用一套新的规则和战略取代了布雷顿森林体系，使市场和政府相互关联，从而加强了竞争，扩大了金融和商业范围，常用术语"放松管制"的概念也被扭曲了。

世界银行和国际货币基金组织利用债务迫使这些地区融入全球经济，以实现资本流动，并推动上述进程。例如，世界银行的小额信贷计划通过向处于金融体系之外的农村社区提供小规模商业贷款来扶贫。此举实际上将全世界的穷人也纳入金融资本中，其途径则是国际金融企业。这些企业的任务包括"为私营企业的投资提供资金和咨询服务，并在国际金融市场筹集资金"。格拉米银行在20世纪70年代率先进入小额贷款市场，到21世纪，联合国将2005年定为小额信贷年，格拉米银行的创始人穆罕默德·尤努斯（Muhammad Yunus）于来年获得诺贝尔和平奖。然而，小额信贷走的绝非扶贫之路，放款方收取约35%的利率，而且，在许多国家，利率还要高得多（70%~80%）。据报道，他们为了讨债，不惜采用"猎巫手段"，如拆毁欠债人的房屋、公开羞辱等，羞辱行为包括"鞭打、泼沥青、剃头发以及在某人经过

---

❶ 国际货币基金组织在向成员国提供贷款时附加了相应的条件，其目的是使贷款与可维持的国际收支前景及还款前景相结合，保证贷款的使用不损害国际货币基金组织资金的流动性，并有助于调整债务国的经济状况。——译者注

时向他身上吐痰"等。

从 20 世纪 80 年代末到 20 世纪 90 年代末，艾伦·格林斯潘——这位公认的安·兰德❶主义者和自由市场的狂热分子，利用美联储的利率杠杆，带领世界经济从危机走向灾难。1994 年，在低利率保持了一段时间后，为了应对失业率的下降，他将利率调高，并声称这是为了对抗通货膨胀。尽管米尔顿·弗里德曼（Milton Friedman）坚信存在"自然失业率❷"，但实际上在通货膨胀未加剧的情况下，失业率也可以持续下降。利率的突然上升在墨西哥引发了另一场重大债务危机，这场危机的影响自 1982 年以来持续至今。美国为此提供了巨额援助（500 亿美元），这是自马歇尔计划以来金额最高的一次。

这些救援资金中有 200 亿是从时任财政部部长罗伯特·鲁宾（Robert Rubin）所掌管的美国财政部的可自由支配基金中提取的。由于鲁宾的前雇主高盛集团在墨西哥市场进行了大量投资，众议院银行委员会随后对鲁宾在救助中担任的角色进行了调查。10 年后，花旗集团拥有了墨西哥银行系统近四分之三的股份，鲁宾担任其董事会成员，并在这 10 年中担任高级顾问 5 年有余。一如

---

❶ 安·兰德是 20 世纪著名的美国公共知识分子，她强调个人主义、理性的利己主义（"理性的私利"），以及彻底自由放任的资本主义。她相信人们必须通过理性选择他们的价值观和行动；个人有绝对权利只为他自己的利益而活，而无须为他人牺牲自己的利益，但也不可强迫他人为自己牺牲；没有任何人有权利通过暴力或诈骗夺取他人的财产或是通过暴力把自己的价值观强加给他人。——译者注
❷ 充分就业下的失业率，是失业率在经济波动下的平均水平。——译者注

往常，为此买单的是墨西哥的老百姓，公共交通、垃圾收集、卫生服务和教育支出被削减——这在犯罪率曾经很低的墨西哥城掀起了严重的犯罪浪潮，劳动合同违约引发了街头抗议，而随之而来的是残酷的国家镇压。

到 20 世纪 90 年代末，随着国际货币基金组织推崇自由主义化，东亚"新兴市场"经济体的外国投资和投机活动达到了惊人的水平，尤其是在房地产市场。热钱和外国投资为这些地区带来了大量财富、基础设施和就业机会，但他们消逝的速度与到来的速度一样快。泰铢的贬值和浮动使泰国货币系统崩溃，危机以闪电般的速度蔓延到全球。随着银行倒闭、失业率飙升以及贫困率上升，投资者纷纷撤资逃逸。国际货币基金组织和世界银行向东亚国家及其他发展中国家提供了紧急援助，并进行了重大的结构性调整，其中包括取消食品和燃油补贴，削减公共支出，将国有企业私有化，以及关闭与抛售数十家银行。连续的破产使这些地区遭受重创，迫使政府削减支出——这为新一波外国直接投资打开了大门。

在自由市场和全球化的旗帜下，全世界的权力精英利用世界银行、国际货币基金组织、美联储、美国财政部以及后来的世界贸易组织的巨大力量，借助以赢利为基本原则的、全局受控的经济体系，推进他们的阶级稳固计划。他们在国内外实施新殖民主义式的结构性调整，通过强行撬开其他国家的经济大门，对别国加以财政上的限制，从而更全面地促进跨国资本的利益，并从中积累了巨大的财富和政治权力。同时，他们利用危机、掠夺、紧缩和债务等方式，对普通民众的生活和环境造成破坏。

第五章 华尔街

大而不能倒

东亚金融危机在全球经济中产生了长期影响,长期资本管理公司(Long Term Capital Management)作为当时最大的对冲基金之一,几乎对客户违约,直到美联储出手纾困。长期资本管理公司濒临倒闭,从根本上说,是因为格林斯潘自由市场改革过程中存在监管不力,这引发了过度杠杆化。而在关于对冲基金是否无须遵从披露要求和债务比率限制的讨论上——因为对冲基金往往由经验丰富、"理性"的操盘手管理,格林斯潘认为,这些操盘手有能力进行自我监管。尽管整个国家都不得不进行结构性调整,而华尔街能够"自我调节"。这一反复出现的论断已经被证明会导致灾难性的后果,且其中存在明显的矛盾,但这种说法延续至今。

新自由主义金融监管革命的核心是1933年新政时代的《格拉斯-斯蒂格尔法案》,该法案将低风险商业银行与高风险投资银行划分开来,以防止它们利用消费者资金进行投机。《格拉斯-斯蒂格尔法案》还包括一项"Q条例",该条例限制了银行可提供的存款利息,以防止银行为了赢得业务,而从事风险行为。其中,"专有"抵押贷款放款方或储蓄机构(从事储蓄与贷款业务的机构)是特例,它们的贷款利率被赋予15%的优惠,政府以此鼓励其在住房市场开展贷款业务。此外,《格拉斯-斯蒂格尔法案》授权联邦存款保险公司(Federal Deposit Insurance Corporation)对消费者存款进行保护,防止银行破产,并禁止商业银行从事出售保险和交易证券等非银行业务,从而防止它们将政府款项用于高风险交易。

20 世纪 70 年代，通货膨胀逐渐失控，银行利率超过了"Q 条例"的限制。这迫使投资者进入货币市场避难，因为在这里，没有利率上限和准备金要求的限制。投资者的转向，也将商业银行的业务吸走了——这些银行当时仍承受着第三世界贷款的损失，并被证券市场拒之门外。自 20 世纪 60 年代以来，由于货币市场和其他金融产品正在模糊存款和证券之间的界限，包括瑞斯顿领导的花旗银行在内的银行一直在游说美国国会放宽《格拉斯-斯蒂格尔法案》的限制。他们渴望参与货币市场的竞争，而瑞斯顿尤其希望实现跨州经营，并组建"一站式"的企业集团。从尼克松的亨特委员会开始，政府就在为解除"Q 条例"限制而做出努力，但直到卡特签署了《存款机构放松监管和货币控制法案》，利率上限才逐步取消，商业银行和储蓄贷款才渐渐能与货币市场竞争。

利率上限的取消与（日益流行的）制约信用卡业务的高利贷法的变化趋势一致。1978 年，在马奎特国家银行诉奥马哈第一服务公司案中，美国最高法院允许国家银行把所在州的最高利率用于全国业务，这激励着各大银行迁移至对银行管制最宽松的州。如果没有联邦利率上限，放款方就可以向借贷者收取极高的利率和费用，作为自身贷款风险的补偿，这为掠夺性贷款创造条件。

由于卡特的《存款机构放松监管和货币控制法案》否定了储蓄和贷款的利率优势，里根于 1982 年通过了《加恩-圣杰曼存款类机构法案》，该法案用联邦保险为储蓄机构提供支持，允许储蓄机构借出高达 10% 的资产，并允许它们提供可调利率抵押贷款。那时，美国政府正在通过 1977 年的《社区再投资法案》，鼓励越来越多的人拥有私人住房，并通过给房屋净值设置信贷额度,将抵押贷款杠杆化。截至1980年,这已成为一个价值10亿美元的市场。储蓄和贷款本应作为一种反歧视的公共服务,服务于不断扩大的住房市场,但随着监管环境的变化和投机活动的加剧,它正迅速演变为一项不光彩的业务。《加恩-圣杰曼存款类机构法案》提高了储蓄机构对非住宅房地产的投资限额(从其资产的20%提升到40%),并通过提高消费者贷款限额(从其资产的20%升至30%)来降低资本要求。这使得储蓄机构可以从事风险更大的借贷活动,同时把更少的资本放在业务上——即便这是不被鼓励的。

从20世纪80年代中期到20世纪90年代初,数千家储蓄机构倒闭,其中包括小查尔斯·基廷(Charles Keating Jr.)的林肯储蓄信贷银行。基廷曾向当时的共和党顾问艾伦·格林斯潘索要一封信,要求监管机构放开对林肯储蓄信贷银行非抵押投资的限制。虽然他获得了豁免,但4年后林肯储蓄信贷银行还是破产了。小查尔斯·基廷,这位无情而"体面"的斗士,被指控勒索、欺诈和共谋罪。5名为其辩护的美国参议员都接受了基廷的政治献金,其中包括参议员约翰·麦凯恩,基廷为麦凯恩的竞选资金和家庭私人度假总共捐赠10万美元有余。

尽管林肯储蓄信贷银行的紧急财政援助花费了纳税人30多亿美元,里根还是任命格林斯潘担任美联储主席,他在美联储掌权将近20年。储蓄机构的大部分资产被打包出售给有裙带关系的人,而华尔街银行则对出售和分销活动收取费用。最终,由于两党皆放松金融监管,金融市场出现大量可疑贷款和过度杠杆现象,这使相关救助法案花掉了美国纳税人1 240亿美元,而银行却以此进一步巩固了其"大而不能倒"的地位:1960年至1979年,银行并购行为总共发生了3 400次；而从1980年至1994年，这个数字变成了6 345；1995年至2000年，超过11 000家银行被并购。

在克林顿的新经济早期，格林斯潘的联邦储备委员会重新诠释了《格拉斯-斯蒂格尔法案》，允许银行对收益低于10%的某些债务和股票开展交易。1996年，该法案又出台了一项决议，允许银行控股公司以高达25%的回报率从事投资银行业务活动，这几乎彻底推翻了《格拉斯-斯蒂格尔法案》。在此之前，克林顿曾利用1994年的《里根州际银行和分行效率法案》推进里根的市场友好型监管计划，该法案放宽了对跨州银行业的限制，为银行并购和"大而不能倒"的大型银行的出现打开了大门。

在经营对冲基金的长期资本管理公司倒闭以及一系列债务危机之后，《时代杂志》(*Time Magazine*)的记者乔舒亚·库珀·拉莫(Joshua Cooper Ramo)就"市场经济三剑客"——格林斯潘、花旗银行的罗伯特·鲁宾（时任财政部部长）和前世界银行经济学家拉里·萨默斯——写了一篇传记文章，颂扬他们在危机管理上的"献身精神"、机智的利他主义，以及在彼此的网球比赛上开的玩笑。

使他们团结在一起的是对思考的热情和对新经济秩序不可抗拒的好奇心，这个新秩序对他们来说仿佛爱丽丝梦游仙境。构建21世纪魅力十足的金融体系，比华盛顿常见的"金钱与权力"这剂猛药更能激发他们的兴趣。

这位粉丝滔滔不绝的赞誉忽略了一个事实，那就是近在眼

第五章　华尔街

前的经济危机扩散得非常快，以至于在文章发表前一年半的时间里，世界上40%的经济体都陷入了衰退或萧条。对拉莫来说，这三位市场经济人已经"超越了意识形态"，他将他们的理论与弗朗西斯·福山（Francis Fukuyama）的"历史终结论"相提并论——这位美国学者曾过于匆忙地在冷战结束后判定资本主义和自由民主获得胜利。拉莫写道："他们相信市场以及他们对市场的分析能力。"本质上，这些人是精英银行机构的新自由主义理论家，他们掌控着美国财政部以及美国政府中的其他关键部门，他们利用这些关键部门来让自己和同僚们发家致富。他们贬低罗斯福新政中的法规，将其视为上一个时代的"化石"，将股票价格的持续上涨与公共福利的发展画上等号，并将放松金融监管视为经济现代化中不可避免的进程。他们这样做是为了打破对他们权力的制衡。正如当时主管国际事务的副部长蒂姆·盖特纳所描述的那样，鲁宾"像管理一家投资银行般"管理着美国财政部——这显然是华尔街所期望的。1995年，当鲁宾被引入财政部的旋转门时，大型银行对克林顿竞选的捐款增加了两倍有余——从1992年的1 100万美元增至1996年的2 800万美元。

这三剑客在腐败问题上的看法不谋而合，且在通过1999年《金融服务现代化法案》（又名《格雷姆-里奇-比利雷法案》）方面发挥了核心作用，该法案废除了《格拉斯-斯蒂格尔法案》，为2007年全球金融危机创造了条件。1998年2月，花旗银行计划与旅行者保险公司合并，成为世界上最大的金融服务公司，但那时法律尚未允许合并，且提倡保护消费者的人们集体反对合并。然而比起大型银行的说客，反对者的资金严重不足。1990年至1998年，花旗银行在政治捐赠上花费了1 300万美元，而美国银行仅在 1998 年就花费了 460 万美元，以游说废除《格拉斯-斯蒂格尔法案》。格林斯潘给了两家机构几年时间，来处理合并事宜。同时他宣称：欧元区的成立将削弱美国的全球竞争力。顺带一提，就在同年，高盛集团利用金融衍生品帮助希腊政府掩盖其债务状况，从而协助希腊政府加入欧盟。

作为财政部部长，鲁宾（与格林斯潘和萨默斯一起）领导了《格雷姆-里奇-比利雷法案》的起草工作，在法案通过后，他突然辞职，并在花旗集团担任了一个行政职务。据《彭博商业周刊》(*Bloomberg Businessweek*) 估计，在他任职的近 10 年中，他得到的薪酬总额为 1.26 亿美元，这也印证了该法案的别名 "花旗授权法案"。更明目张胆的是，花旗银行的 "帝国掌权者"、亿万富豪桑迪·威尔（Sandy Weill）——以在墨西哥湾流地区无情地削减工作岗位和医疗福利而闻名——仿佛接过了克林顿用来签署立法的笔，总统在这件事上成为花旗银行的牵线木偶，展现了极强的服从性。到 1999 年法律生效时，美国的前十大银行控制了 45% 的银行资产，而在 10 年前，这一数据仅为 26%，因此它们有了 "大而不能倒" 的称号。

除《格雷姆-里奇-比利雷法案》外，关于金融衍生品监管规则的斗争占据了中心地位。那时，金融服务业已经发明了一系列丰富多彩的场外交易（场外衍生品交易）金融产品。这些产品不受监管，交易员因此可以将其资产过度杠杆化，而不必检查他们是否承担了过度风险。操盘手（包括诺贝尔经济学奖获得者）将对冲基金的资产过度杠杆化，造成系统性风险，长期资本管理公司因而惨遭重创。随后，商品期货交易委员会主席布鲁克斯莉·伯恩（Brooksley Born）叫停了松懈的监管规则。格林斯潘在权力

第五章 华尔街

的巅峰时期,在鲁宾和萨默斯的帮助以及华尔街说客的支持下,以一种冷酷的胁迫态度和高人一等的姿态,对伯恩发起一场重大挑战。在伯恩提议发布一份概念文件来敦促监管衍生品交易后,萨默斯给她打了一通愤怒的电话:"我的办公室里有13位银行家,他们说如果你继续这样做,你将引发第二次世界大战以来最严重的金融危机。"遭遇政治上的孤立后,伯恩最终辞职,而萨默斯和那13位银行家则掀起了第二次世界大战以来最严重的金融危机。

通过一系列巧妙的手段,参议员菲尔·格雷姆(推动《格雷姆-里奇-比利雷法案》的议员),通过了2000年的《商品期货现代化法案》,该法案是一项篇幅11 000页的拨款议案的附加条款,而拨款议案未经辩论就被通过并生效了。议案允许衍生品交易商进行自我监管,还涉及对能源衍生品交易的特殊豁免,这被称为"安然漏洞"——以那家与格雷姆有密切关联的、声名狼藉的得克萨斯州能源公司命名。如第二章所述,温迪·格雷姆(参议员格雷姆的妻子)在立法过程中发挥了重要作用。作为罗纳德·里根政府"最受欢迎的经济学家",她曾担任里根总统减轻规制工作小组的组长,并于1988年至1993年担任商品期货交易委员会主席。《纽约时报》专栏作家鲍勃·赫伯特(Bob Herbert)将她形容为"放松监管的恶魔"。在该委员会的5个席位仍有2个空缺的情况下,她推动通过了一项裁决,免除对能源期货合同的监管,这对安然公司来说是一大福音。裁决做出几周后,她就辞职了,随后赴任安然公司董事会,并借此获得了丰厚的报酬。

尽管当时安然公司犯下的一连串罪行常被归咎于"几匹害群之马"的个人堕落,然而随着记者和调查人员揭开层层遮羞布,真相浮出水面:"安然的堕落"必定是在金融创新和监管力度不足的共同作用下,出现的共谋犯罪。安然公司摆脱了政府的监督,将其业务范围从传统能源领域扩展到风险投资和衍生品交易领域。这意味着为了对冲损失,或者保全利润,衍生品并不会锚定在某种实体商品上,反而依赖投机者在目标公司上的押注。投资者几乎可以在任何商品上下注,无论是利率、汇率,还是"鲍伊债券"❶(即流行音乐家的潜在版税)。安然公司在科赫工业公司的帮助下,开创了天气衍生品市场,这也登上了新闻头条。毕竟,不曾有一家公司能像安然公司这样创造出任何东西(包括太阳在内)的可替代产品。

不仅是安然公司,这种将任何商业逐利行为转化为股票的能力吸引了非金融公司,这些公司对金融资产和子公司进行投资——从信贷和保险业务到波动的货币和期货市场,投机无处不在。许多情况下,这样做是为了抵消生产损失。然而,安然公司所触碰的很多东西也并未变成黄金。加州电力公司放松管制,为安然公司创造了一个机会,其借机制造能源短缺的假象,来抬高价格(进而推高利润),造成了严重的大规模停电。据估计,加利福尼亚州的能源危机使州政府损失了 400 亿至 450 亿美元。火上浇油的是,一卷录音带揭露了安然公司的交易员曾傲慢地拿包括老年人在内的加利福尼亚州民众开玩笑,这将这个产业中堕落的文化公之于众。

---

❶ 20 世纪 70 年代,英国摇滚歌星大卫·鲍伊(David Bowie)以数十张个人专辑的未来版权收益作为担保,发行了十年期的鲍伊债券(Bowie bonds),从此开启了版权证券化的新纪元。——译者注

第五章 华尔街

安然公司通过"特殊目的实体[1]"和会计欺诈的方式,将损失从账面上转移、推到海外,从而使其股价持续飙升。现在,这种特殊工具或空壳公司的数量已成百上千。国际货币基金组织估计,企业借此逃避了约15万亿美元的纳税。当科技股在新千年伊始开始下跌时,《财富》杂志记者贝萨尼·麦克莱恩(Bethany McLain)发表了一篇调查文章,揭露了安然公司的渎职行为及其勾结者网络。安然公司的首席执行官肯尼思·雷和杰弗里·斯基林(Jeffrey Skilling)被铐着手铐带走,但最终付出代价的是公司的员工,他们的退休金与安然公司的股票息息相关,而公司以破产退市告终。与此同时,衍生品交易范围继续扩大,且几乎完全是自我监管的状态,交易和创新性工具的数目激增,这导致在金融危机来袭时,人们无法一下子准确弄清楚估值,以及到底是谁欠了谁的钱。

2007年全球金融危机

随着安然事件和其他会计丑闻被披露,2000年互联网泡沫破裂,2001年美国世贸中心遭到袭击,美联储主席格林斯潘为了避免经济衰退,开始把重心转向房地产,以提振经济,展示美国的经济实力。他和布什政府策划了一场房地产泡沫,通过实施低抵押贷款利率和宽松的贷款标准,使越来越多的人,甚至那些被认

---

[1] 为了做出虚假报表,安然公司创立了特殊目的实体,为许多大型企业提供了一种能够筹集到所需资金,还不用写在报表上的方法。安然公司通过创立数百个特殊目的实体,进行了重大且复杂的交易,将大量的负债转移到资产负债表外。——译者注

为毫无信用的人，都能够通过贷款购买住房。这种购房狂潮使房价过度膨胀，也使人们产生了变富的幻觉。房主可以利用房产净值，为其超前消费做抵押融资，这顺应了格林斯潘的心意，提振了整体经济。据联邦危机调查委员会称，美国的整体抵押贷款负债金额从2001年的5.3万亿美元增加到了2007年的150 000亿美元。住房再融资从2000年的4 600亿美元激增到2003年的28 000亿美元；2000年至2007年，美国的房主总共提取了2万亿美元的房屋净值，该数字是1996年提取金额的7倍多。

房价往往会因通货膨胀而快速上涨，在1996年至2006年的房地产泡沫高峰期间，房价上涨了70%以上，在一些地区的涨幅甚至更大。2007年，当房价开始大幅下跌时，数以千万计的房主被迫丧失抵押品赎回权❶，因为下跌后，他们的房屋价值比他们已支付的价格更低。许多人都背负着有毒的次级贷款，随着利率不断攀升，他们无法继续支付房贷。大约四分之一的美国抵押贷款者需偿付的贷款比房屋的本身价值更高；而在内华达州，这一比例更高，约为70%。

中产阶级的大部分财富都用在房地产投资上，在房屋价值下跌时他们深受其害。从2007年到2010年，美国的平均家庭净值从108 000美元降至57 000美元，几乎减半。黑人社区的损失尤其惨重。次级抵押贷款被吹捧为一种可为非裔美国人提供住房的方式，因为这些人往往因受到银行和保险政策限制而无法获得抵押贷款。

---

❶ 当房屋价值低于已支付价值后，房主仍须按照原合同支付后续房贷，这使很多房主被迫违约，从而失去房产所有权。——译者注

大多数次级贷款都是再融资贷款，一项研究发现，非裔美国人最有可能成为掠夺性次级贷款的目标。来自富国银行的一份被泄露的文件显示，在马里兰州，该银行一直在利用黑人教堂来吸引民众进行次级贷款。报告揭露道，一些银行员工将这些社区的成员称为"泥巴人"，将次级贷款称为"贫民窟贷款"。

利奥·潘尼奇（Leo Panitch）和萨姆·金登（Sam Ginden）将2007年住房危机的根源归结于尼克松政府时期联邦住房计划的终结，政府资金转向补贴私人房主。随着时间的推移，住房私有化通过制造工人和中产阶级的富裕表象，成功掩盖了收入和社会支出的下降。此外，从大局来看，住房私有化有助于加强华尔街对文化的控制，给华尔街创造了无数赢利机会。联邦政府将房屋所有权视为成功的标志，从而鼓励过度高额借贷，同时将私募融资视为公共利益的代理人。

住房危机除了是因为格林斯潘操纵利率，劝诱民众通过拥有房屋来实现美国梦，还是因为在金融创新快速发展的背景下，政府极其宽松的监管。在抵押贷款经纪人将贷款出售给华尔街银行后，银行便将其打包成更加复杂的金融工具，并为其戴上"规避风险"的假面。来自世界各地的资金都涌入华尔街，以寻求比美国国债利率更高的收益率，华尔街为此打包了更多高风险贷款。至于评级机构（他们的金主便是所评级产品的放款人），他们通过对各种有毒资产进行虚假的3A评级，助长了这一进程，而银行则利用安然公司的"特殊目的实体"工具，在不受准备金要求约束的情况下放贷，同时将负债掩盖起来。

金融工具越复杂，联邦政府就越会让华尔街进行自我监管。这种对风险视而不见的做法在抵押贷款经纪人的案例中尤为明显。2004年，联邦调查局警告称，抵押贷款经纪人是一个在很大程度上不受监管的行业，其中充斥着欺诈和不正当操作。抵押贷款经纪人向普通美国民众提供的次级抵押贷款，往往没有经过恰当的核实，他们在贷款过程中使用欺骗手段以大赚一笔——他们被鼓励这样做，因为贷款风险越大，他们收费越高。次级贷款的利润实在太丰厚了，这导致它经常被兜售给实际情况符合常规贷款条件的客户。

金融危机宛如卡特里娜飓风，其后果在某种程度上比风暴还要糟糕。菲尔·格拉姆称美国为"怨声载道之国"，并将危机描述为心理问题，而非社会问题。其他人则将其归咎于《社区再投资法案》，但该法案的目的在于扩大弱势群体的住房所有权，而非限制华尔街的掠夺性贷款。布什政府的财政部部长汉克·保尔森（Hank Paulson）（前高盛集团董事长兼首席执行官）向国会兜售大规模纳税人救助计划，得到了国会批准。该计划涉及对银行的限制以及对压力重重的房主的援助。但几天之后，美联储和财政部在未经国会批准的情况下，直接决定放弃对房主的救济，转而将全部救助资金投向银行。国会顿感受骗，共和党参议员戴维·维特（David Vitter）和詹姆斯·英霍夫（James Inhofe）通过立法进行反击，以撤回"问题资产救助计划"（以下简称"救助计划"）❶的剩余资金。对此，萨默斯写信要求立法者拒绝该提案，

---

❶ 美国政府在金融危机和经济衰退中为了拯救当时陷入困境的系统重要性机构所采取的一项重要计划。其主要内容是授予美国财政部7 000亿美元资金额度，用于购买和担保金融机构的问题资产，以救助当时处于危机中的金融机构，恢复金融市场的稳定。——译者注

第五章 华尔街

并承诺这些资金将被用于补救贷款和促进就业，而不会落入华尔街的口袋——然而，实际情况恰恰相反。

"救助计划"中的房主援助计划由于资金不足，管理不善而只救助了一小部分目标受助者。相比之下，银行能够立即获得资金，并且不受太多限制。这些银行甚至还获得了数十亿的递延税款抵减，以抵消损失。对银行援助的约束形同虚设，以至于奥巴马政府的财政部部长蒂姆·盖特纳——他还曾是亨利·基辛格、罗伯特·鲁宾和拉里·萨默斯的助手——成了《周六晚间直播》短剧的笑柄，这也反映出华尔街是如何公然无视规则的。尽管政府禁止使用"救助计划"的资金支付红利，但房利美和房地美在2008年至2010年还是发放了超过2亿美元的红利，此前这两家公司接受了约4 000亿美元的救助资金。2005年，美国国际集团因欺诈行为而被罚款，其高管被指控曾向美国国际集团金融产品公司的73名员工支付了超过100万美元的薪酬，这一举措被认为对该集团岌岌可危的状态负有责任。《滚石杂志》的记者马特·泰比（Matt Taibi）报道称，美国国际集团在得到救助金后，支付了"留任奖金"，但其中有11份是发给前员工的。

2009年，高盛集团近110亿美元的薪酬方案促使《名利场》（*Vanity Fair*）的记者迈克尔·什内尔森（Michael Shnayerson）评论道，"这个数额令人震惊的是，它与刚刚补助给该公司的'美国纳税人税款'的数额分毫不差。"高盛集团以其应对危机的方式而闻名：将房地产市场做空至40亿美元。《华尔街日报》称之为"证券业多年来最大的意外收获之一"，但这也让该报不禁质询，"为何高盛集团一边在今年早些时候继续向客户兜售担保债务凭证，一边押注担保债务凭证价值会下跌？"一些首席执行官，如杰米·迪蒙（Jamie Dimon）（摩根大通集团首席执行官）、斯蒂芬·弗里德曼（Stephen Friedman）（时任高盛集团首席执行官，时任纽约联储主席）和维克拉姆·潘迪特（Vikram Pandit）（时任花旗集团首席执行官）在收购自己公司股票的同时，接受了数十亿政府贷款，这促使对内幕交易的法律限制越发严格。

前美联储主席保罗·沃尔克（现年 82 岁）被奥巴马任命为总统经济复苏顾问小组主席，他认为由纳税人出资，帮助银行体系进行资本重组，是一种"必要之恶"，不过，他也认为奥巴马政府应采取更多措施，防止银行业的集团化和高风险投机。沃尔克甚至没有尝试恢复《格拉斯–斯蒂格尔法案》的内容❶，不过，他在国会发言中表示，虽然投资银行用自己的资金冒险是一种自由，但如果失败了，其就不应获得纳税人的资金救助。在他看来，"商业银行为个人和企业提供贷款的能力"在金融体系中至关重要，因此，它们理应得到联邦的支持，但也应受到联邦的限制。

直到奥巴马的支持率开始下降，同时华尔街在经济大萧条的背景下向首席执行官发放巨额奖金引发公愤，沃尔克的想法才得到关注。共和党人斯科特·布朗（Scott Brown）在弗吉尼亚州和新泽西州的州长竞选中失败后，替代已故的爱德华·肯尼迪当选马萨诸塞州参议员，对民主党来说，这敲响了警钟。2007 年年中至 2008 年年底，超过 14 万亿美元的家庭资产净值凭空蒸发，超

---

❶ 将投资银行业务和商业银行业务严格分开，以保护商业银行不受证券市场的风险影响，同时禁止银行包销和经营公司证券。——译者注

过 861 000 个家庭失去了房屋。标准普尔指数下跌 40%，失业率几近两位数，并在随后的 2009 年 10 月达到 10%。通用汽车公司和克莱斯勒公司的破产让更多的工作岗位流失。与仍能发出奖金的银行不同，该行业不得不在工资、养老金和工作条件方面做出妥协——这是另一场危机，也是一次规训劳动工人、缩减公共项目的机会。美国各地的州政府和市政府对公共服务的所有主要领域实行了严厉的预算削减。至少 31 个州实施了削减措施，减少了低收入人群的孩子获得医疗保健服务的机会；29 个州减少了对低收入老年人和残疾人的关照；其中至少 34 个州削减了对基础教育和公立大学的援助。

2010 年 1 月，奥巴马与沃尔克一起出现在白宫的外交接待室，并建议国会通过"沃尔克规则"。该规则已被嵌入《多德-弗兰克华尔街改革和消费者保护法案》（Dodd-Frank Wall Street Reform and Consumer Protection Act），总统宣称"这一系列改革将为消费者和投资者赋权，曝光导致这场危机的暗中交易，并一劳永逸地终结以纳税人资金纾困的现象"。但是在法案通过后，沃尔克、监管倡导者和金融分析师却又纷纷对其中的众多漏洞表示遗憾，并公开表示，这不太可能阻挡另一场金融危机。在签署该法案时，奥巴马总统夸大道："这项法律将让美国人民不再需要为华尔街的错误买单。这段时间内，税收也不会被用于纾困了。"然而，政府在之后的纾困中仍支出了数百万亿美元，其中不仅涉及问题资产救助计划，还涉及一系列额外的救助计划、税收延期和秘密贷款，其中一部分还是在参议员伯尼·桑德斯对美联储进行了罕见的一次性审计后才得以公开的。审计人员发现，银行的纾困资金中占比最大的一部分，来自美联储以低息紧急贷款形式提供的上万亿美元。银行将资金存入有息联邦账户,并把这笔资金用于补贴利润丰厚的合并重组项目,一些银行通过提取低息联邦贷款,来偿还问题资产救助计划中利息更高的贷款,可谓是拆东墙补西墙。

除此之外,2008年之后,大型银行向外借贷的利率比小银行低得多,因为放款人不再担心它们会倒闭了——毕竟有着每年价值数十亿美元的"隐性担保"。况且,这些大型银行不仅大口蚕食着极其紧张的公共资源,而且不忘逃税。2010年,美国银行在纾困过程中,从美联储获得了超过1.3万亿美元的资金,并在开曼群岛设立了200多家子公司,以获得19亿美元的退税。在获得4 000多亿美元的救助后,摩根大通集团2013年的利润超过170亿美元,其中13亿美元是通过在海外避税天堂注册子公司获得的退税。同年,花旗集团从美联储获得了2.5万亿美元的救助资金,实现了超过63亿美元的年利润,还获得了2.6亿美元的退税。高盛集团和其他公司也采取了此类操作。

到2017年,共有39家银行的资产超过500亿美元;到2021第一季度末,这一数量上升至52家。这波合并潮在一定程度上是由于美国国会撤销了《多德-弗兰克法案》。该法案规定,资产达500亿美元或以上的银行作为"拥有系统重要性的金融机构",须遵守更严格的法规。国会将资产门槛改为2 500亿美元后,仅有12家美国银行符合要求。资产门槛的提高,鼓励了中型银行收购竞争对手银行,它们不必再担心收购后会受到更多监管。由于合并项目的增加,2008年"大而不能倒"的银行的规模变得越来越大,其权力也变得越来越大;仅摩根大通这家大型银行而言——如果它是一个国家,它将会是世界上第八大经济体。

危机后的金融化

自 2007 年金融危机以来,金融的新趋势增加了投机者对全球经济和人们日常生活的影响,同时让财富在少数人手中持续地大规模积累。例如,在 2007 年金融危机引发的怨恨和不信任中,一种新型全球数字货币——加密货币应运而生。其拥护者称,它将取代传统金融机构,将金融"民主化",面向全民。然而,加密货币并不是对新自由主义国家和华尔街机构的抗议,而是一种对金融化的催化:将金融市场私有化,彻底脱离金融监管,并将一切事物都变成金融资产,其目的是为高风险投机创造新的场所,同时将风险外化到日常生活之中。

加密数字货币是使用密码来保护交易的数字货币,它不受任何政府或机构的监管与支持,而这些政府或机构本会对金融产品施加限制,以降低风险并保护用户和公众。虽然,加密数字货币号称是分散和开源的,也就是说,没有任何一个实体能够控制它,但实际上,大部分财富掌握在能够操纵价格的精英手中。尽管如此,加密货币的反国家、反监管导向孕育出一种不受法律监管的无政府资本主义文化,而其中一些特征是高度男性化的,因此社会中常用"加密货币兄弟"一词来描述其拥护者。

从 2009 年的比特币开始,到如今的数千种加密货币,这种金融产品的总价值约 2 万亿美元。除此之外,还有无数其他加密产品,如 NFT 产品,它们代表着数字图像等有时毫无价值的东西的所有权。例如,一个彩虹猫的动图作为 NFT 产品被拍卖了 58 万美元。2019 年 1 月,一枚比特币的交易价格为 3 441 美元;而截至 2022 年春季,其交易价格为 33 000 美元。2021 年 11 月,比特币价格更是达到峰值，超过 64 000 美元。加密货币价值暴涨的代价是巨大的公共成本，其中的部分原因是，仅比特币一项技术就消耗了大量能源——与瑞典整个国家的能源消耗相当。而其他原因则包括加密货币的不稳定性，以及其中防不胜防的欺诈和盗窃行为。

如同掠夺性次级贷款那样，由于缺乏政府监管，加密数字货币在美国已成为首选的支付、投资与贷款工具，因而也成了各种形式的欺诈活动和财富窃取的源头，为各种人群提供了钻空的机会，如投机者、网上银行抢劫犯、恐怖分子、白领罪犯、贩毒集团、其他违禁商品（例如儿童色情制品）的中间商，以及渴望在电子化的全球银行体系之外运营从而逃税的犯罪组织。据美国联邦贸易委员会称，2020 年 10 月至 2021 年 3 月，数字加密产品欺诈使用户损失超过 8 000 万美元，其中 200 万美元是因诈骗者冒充埃隆·马斯克而造成的损失。与此同时，截至 2022 年 4 月，加密货币已造就了 19 位亿万富豪，其中，赵长鹏（Changpeng Zhao）在世界富豪榜上位列第 19，其名下 650 亿美元的净资产主要来自他创立的币安——一个加密数字产品交易的领先平台。

危机后的金融业也见证了私募股权投资作为大联盟财富创造者的崛起，最大的私募股权公司的创始人，贝恩资本的高管米特·罗姆尼获得了象征性的胜利，他不仅荣升为亿万富豪，还成了 2012 年共和党总统候选人。2021 年，《福布斯》的亿万富豪排行榜中，有 25 位上榜者在私募股权投资领域发家，其中最著名的是 KKR 集团的创始人亨利·克拉维斯（Henry Kravis）（截至本书成稿时，其净资产为 50 亿美元），以及私募巨头黑石集团（Blackstone）的联合创始人史蒂夫·施瓦茨曼（Steve

Schwartzman)(净资产超过 300 亿美元),而黑石集团本身管理的资本金额巨大,约 1 万亿美元。施瓦茨曼因对贫民窟收取高额租金、从事肮脏的能源投资、利用影子银行❶进行投机以及参与社会保障私有化而出名,他热衷于举办酒会形式的生日派对——这曾在 2007 年成为新闻头条,而当时美国大部分地区的民众正面临失去家园、失去工作和生存危机的困扰。

  私募股权是里根时代对杠杆收购的新命名。奥利弗·斯通(Oliver Stone)在其奥斯卡获奖作品《华尔街》(*Wall Street*)中对此有所刻画——这个虚构的故事,以伊凡·博斯基(Ivan Boeksy)为原型,这位现实中的"套利之王"利用非法内幕信息,在 20 世纪 80 年代的公司收购中进行投机,并以"适者生存"的意识形态和"贪婪无罪"等口号为自己辩护。在"狗咬狗"式的风险套利世界里,内部信息既代表着财富,又象征着权力。其中不乏欺诈之举,包括买入"目标"公司的股票,将出价推高到远超其实际价值的位置,再迫使该公司回购。德崇证券公司的丹尼斯·莱文(Dennis Levine)是《华尔街》中查理·辛(Charlie Sheen)的人物原型,他是一位多产的内幕交易员,也是压倒博斯基的最后一根稻草。在因证券欺诈和一系列其他罪行被捕后,莱文指认了博斯基,如多米诺骨牌般,博斯基随后又指控了垃圾债券大王迈克尔·米尔肯(Michael Milken)——华尔街最富有的人之一。博斯基的犯罪同伙将钱埋在床垫中,藏在城外的土堆里,他们在短

---

❶ 游离于银行监管体系之外、可能引发系统性风险和监管套利等问题的信用中介体系(包括各类相关机构和业务活动)。——译者注

暂的监禁后获得赦免（其中一些人是被克林顿赦免的）。米尔肯也位列其中，他在 1990 年缴纳了 6 亿美元的罚款，但这并没有比他在一年内（1987 年）惊人的 5.5 亿美元的收入多很多，随后他又花了几年时间，摇身一变，成为一位备受尊敬、大名鼎鼎的慈善家，其净资产现已达 10 亿美元。

米尔肯创造并垄断了垃圾债券市场，他向非信贷公司发放垃圾债券贷款，使其成为企业掠夺者的首选工具。米尔肯还从事不道德的商业行为，兜售有毒贷款，并在不向客户披露的情况下从利润中拿回扣。1976 年，共上市了价值 30 亿美元的垃圾债券。而在米尔肯的操作下，仅 10 年后，这个数字就达到了 500 亿。在 20 世纪 80 年代，杠杆收购和并购属于华尔街最热门的赚钱方式。KKR 集团的亨利·克拉维斯和乔治·罗伯茨（George Roberts）等先驱者发起了一场名副其实的杠杆收购运动，如饥似渴的"沃顿青年❶"眼睁睁地看着他们在福布斯 400 强榜单上步步高升。

杠杆收购将上市公司从公开招股公司转回了私有企业，其以目标公司资产为抵押，获取银行和垃圾债券的融资，再拿这些资金向股东进行偿付（通常是以过高的股价）。杠杆收购往往伴随着令人难以置信的高负债水平，在工会无力阻止它们的时候，负债成了削减车间成本的合理理由。在出售目标公司的部分股份，并"精简"公司的劳动力后，"重组"公司将以新的、增值过的股价再次上市。杠杆收购参与者声称，他们正在购入被

---

❶ 代指年轻的商业从业者。——译者注

低估的资产，以释放公司的价值，并"拯救"它们；但这些收购不是为了创新和产品开发，而是为了快速致富。目标公司很少从杠杆收购中赢利，而银行家、精英律师和专业人士却成了大赢家——他们从大幅飙升的收购股价中收取费用。例如，1982年，美国财政部前部长威廉·E.西蒙创立的韦斯雷公司（Wesray Corporation）仅投入数百万美元，就通过杠杆收购从美国无线电公司手中以 8 000 万美元买下吉布森贺卡公司。一年后，吉布森贺卡公司进行了一次公开募股，通过售出 5 000 万美元的股票，西蒙自己获利颇丰。在 4 年的时间里，他和他的同事对大约 19 家公司进行了买卖，银行业务总额达 80 亿美元。20 世纪 80 年代和 90 年代的收购量与此类似。1977 年，美国企业在收购上花费了 220 亿美元，但仅仅 4 年后，这一数字就上升到 820 亿，4 年后又上升到 1 800 亿。

如今，10 亿美元级别的收购和兼并的交易总额达数万亿美元，私募股权投资已成为金融化的强大引擎，极大地加深了富裕的投资者在美国经济各个领域中的影响力。截至 2019 年，私募股权投资管理的资产总额超过 65 000 亿美元，2020 年私募股权占美国 GDP 的 6.5%，为 1 200 万人提供就业，其供应商也为 750 万人提供就业。截至 2018 年年中，私募股权公司旗下的公司数量已超过美国所有证券交易所中上市公司数量的总和。

广义上来讲，私募股权基金是一个不受监管的聚宝盆，在精英投资者主导的公开市场之外运作。从初始支出的规模看，这些投资者往往被归为"高净值群体"或机构投资者，如高校、保险公司或养老基金会。得益于低利率的优势，和政治上的友好合作关系，其集合资金被用来投资或购买目标公司——玩具店、报纸、医院，以及太阳底下的几乎一切东西，然后通过贷款（高达标价的90%）为收购筹集资金。从理论上讲，贷来的资金被用作营运资本，用于重组公司并"释放"其价值，在此过程中，投资者会获得巨额股息和投资利润。投资者的打算是在此之后将公司卖出套现。

私募股权投资之所以如此有利可图，部分是因为慷慨的"2+20"收费结构——2%的年费，外加超过一定额度后，20%的回扣。根据美国现行税法，这20%被视为"附带权益"，因此被归类为资本收益——这为私募股权公司每年节省了数千万的税收。2007年6月，美国国会提出一项法案，试图修复附带权益这一漏洞，这将帮助联邦政府收回（过去10年间）约250亿美元的税收。尽管两党都为此做出了努力，但该法案却没有通过，漏洞仍然存在。奥巴马在2012年与米特·罗姆尼的竞选中，曾承诺会将这一漏洞堵住，与此同时，斯蒂芬·施瓦茨曼把他这一举动比作"1939年希特勒入侵波兰"。

私募股权投资将自己包装成一股仁慈的力量，将其形容成一群怀有良好动机的企业家对表现不佳的公司进行投资，帮助这些公司重组，使它们更具生产力和效率，从而促进经济发展。有些情况下，的确如此。大多数被私募股权收购的公司仅在一开始发展得不错，在价值遭"突袭"后就陷入了困境。重组的目的不是让公司提高产能，而是最大限度地提高投资的利润，并通过降低运营成本，增加公司对买家的吸引力，同时将与投资相关的风险转移到空壳公司和工人身上。

在杠杆收购中被收购的公司更可能会降低工资，削减退休计划，并且破产的可能性更高，而对私立大学的收购会导致学费上涨，从而增加学生债务，降低毕业率。私募股权基金并未像一些想要创立企业的人那样，将利润进行再投资，其实际上是在剥削被收购企业的员工，掠夺企业的资产，使公司背上无法按期偿还的债务，以此控制管理人员。数十家大型零售商都遭遇了这样的情况，私募股权公司将其推入深渊，其中包括利润丰厚的公司"玩具反斗城"（Toys-R-Us），该公司缩减了数百万个工作岗位，并压低了员工的遣散费。一些私募股权投资公司为了获得短期收益，从被收购公司的不动产中获利——公司不动产资本被划分出来，回租给被收购的公司，并收取租金。如果公司被这些多出来的成本重压击垮，私募股权基金经理就可以通过破产和"重组"，进行循环投资。

  私募股权投资在劳动力市场制造波动，来向信用较差、债务负担极重的公司提供高风险贷款。私募股权公司的激励机制是这样的：目标公司负债越多，私募股权公司需要支付的现金就越少，如此一来，一旦目标公司被出售，回报就越高。私募股权公司还通过使目标公司破产或与同行业的其他公司合并，来促使企业的集中度和垄断性达到危险水平。例如，2007年金融危机后，黑石集团收购了大量"问题"房地产资产，并用这些资产成立了一家大型的独户房屋租赁公司：Invitation Homes 股份有限公司。在"精简"运营后，Invitation Homes 股份有限公司上市，然后与另一家由私募股权操纵的企业合并，成立了美国最大的单式家庭租赁公司，而该公司的房地产资源则来自因金融危机，而被迫放弃房屋所有权的数百万民众。截至2022年，大型私募股权投资公司仍在收购房地产公司，这引发了巨大的房地产泡沫和重大的支付能力危机（尤其是对租房者而言），还创建了风险越来越高，越来越隐蔽,且结构复杂的投资工具和空壳公司,从而利用估值过高或毫无价值的资产获利,并迅速致富。

医疗服务是美国最重要的产业之一,占 GDP 的 20%,而私募股权对美国医疗体系的袭击是灾难性的。对于希望通过合并和控制市场来赚取利润的投资者来说,医疗保健作为一个由小型运营商组成的权力松散、设施分散的行业,已经发展成熟。迄今为止,大型私募股权投资公司已在世界各地购入医疗相关业务,业务范围涉及乡村医院、疗养院、救护车公司、医疗账单和债务催收系统,投资超过 3 400 亿美元。截止本书撰写时,协作保健控股公司(TeamHealth,归黑石集团所有)和 Envision 医疗保健公司(归 KKR 集团所有)为美国约三分之一的急诊室提供了人力资源。得到亿万富豪莱昂·布莱克(Leon Black)投资的 3 000 亿美元的阿波罗全球管理公司旗下有一家名为 RCCH 的医疗保健公司,其在西弗吉尼亚州、田纳西州、肯塔基州和其他 26 个州运营着 88 家乡村医疗机构。博龙资产管理有限公司是一家市值 420 亿美元的投资公司,由亿万富豪斯蒂芬·范伯格(Steve Feinberg)管理,其旗下的 Steward 医疗保健公司在美国 11 个州经营着 35 家医院和紧急护理机构。私募股权公司也收购了医师执业机构,2018 年,美国医学协会报告称,当年的医生雇员(多于 47%)数量首次超过自营诊所的医生(46%)数量。相比之下,1988 年,72% 的医疗机构由个体医生经营。

这种集中造成了价格欺诈、医院倒闭、掠夺性收费、医院基础设施和员工数量的削减以及医疗质量下降。根据一项对私募股权机构旗下的疗养院的研究,在私募股权机构接管这些疗养院后,研究人员发现了"患者健康水平和护理标准合规性下降的有力证据"。此外，尽管从新冠疫情的救济金中获得了至少15亿美元的无息贷款，私募股权支持的医疗保健管理者还是削减了员工的工资和福利，以填补因无法实施某些手术而产生的损失。这些机构还出现了呼吸机、口罩和其他设备的短缺，其原因在于，管理人员不希望因这些设备在医院囤积，而失去潜在的利润。

私募股权基金提供的医疗服务收费过高。在公立医院的急诊室治疗手臂骨折的平均费用为665美元，但TeamHealth医疗保健公司的费用却接近3 000美元。在一个典型的急诊室，医生团队的收费是医疗保险费率的3~4倍；而黑石集团旗下的TeamHealth医疗保健公司则收取高达6倍的费用，这促使美国联合健康集团因费用过高，取消了500家由TeamHealth运营的医院的保险。此外，还有"意外计费"的问题——当患者去保险网络中的医院就医，却不是由网络名单中的医生为他们诊治时，需要付额外的费用。私募股权公司发现，其可以通过将医生移出网络，来让患者接受网络外医生治疗，并从对此一无所知的患者身上榨取更多利润，这点在急诊室尤其明显。想象一下，如果你因遭遇心脏病或其他危及生命的事件，被送进社区或社区附近的急诊室，那你就会发现，当你正为自己的生命而战时，一些超级富有的银行家正在对你进行诈骗，只为掏空你的钱包。

当国会试图阻止这种犯罪行为时，毫不意外，私募股权的说客团体花费了大量资金来保护自己的利益，其中包括一个名为"医患联盟"的慈善组织。该组织所拥有的2 800多万美元的广告费，都是由私募股权旗下的公司资助的。国会相关法案虽没有通过，但值得赞扬的是，拜登政府的卫生和公共服务管理局于2021

年 7 月通过了一项规则，禁止这种恶劣行径。

金融危机以来的几年里，只有少数资产管理公司崛起，成为世界经济的主导力量。资产管理公司是为各种零售商、机构、私人投资者运营基金的公司。虽然传统意义上，公司股份的所有权通常分散在许多不同的投资者和资产所有者手里，但庞大的公司股权池已越发被少数集中的中间金融机构控制和拥有。

如今，"三大"资产管理公司：贝莱德集团（Black Rock）、先锋集团（Vanguard）和道富环球顾问集团（State Street Global Advisors）已成为标准普尔 500 指数中，近 90% 公司的最大股东，其中包括苹果、微软、埃克森美孚和通用电气。它们也是美国 40% 上市公司的最大股东，拥有 2 350 万名员工，总资产超过 15 万亿美元，相当于美国 GDP 的四分之三以上。贝莱德集团作为资产管理公司中最大的一家，不仅控制着所有合作公司的股份，而且还为政府重要部门和中央银行提供咨询服务。在某些情况下，咨询的对象包括贝莱德集团控股的公司。

这种基础权力和集中的所有权，使贝莱德集团和其他"两大"集团能够对世界上几乎所有行业产生巨大的影响。而在很大程度上，这些并不为公众所知。例如，仅在化石燃料公司中，贝莱德集团就管理着价值 870 亿美元的股本，在"是否要应对气候危机或如何应对气候危机"的相关决策中起着重要作用。本杰明·布劳恩（Benjamin Braun）将这种所有权的集中称为"资产管理资本主义"，以揭示这种极端的整合及其造就的新型企业和金融架构的系统性后果。一小部分极其庞大的金融公司控制着金融架构，且它们的财富还在不断增长，这种情况下，它们终有一天能够控制几乎所有大型企业的股票，并对政府、公共政策和全球经济行使巨大的系统性权力。

金钱政治

在奥巴马就任总统后，2016年的总统选举成了华尔街的热门话题，同为热门话题的还有：花旗银行和高盛集团是否会继续掌管美国财政部、美联储和白宫。站在民主党一方的是希拉里·克林顿。在为国家大规模金融危机提供导火索方面，她的丈夫可能比任何其他总统做得都多，而希拉里当时站在他的身旁。初选期间，专家们对希拉里的"高盛问题"进行了深度探讨，因为多年来，她从大型银行收取了数千万美元的演讲费，并在2016年从证券和投资行业获得了4 000多万美元的政治献金。她还支持奥巴马具有历史意义、却以失败告终的贸易协议——TPP，直到政治风向发生转变，她才不得不对此表示否认。TPP若继续发展，将进一步解放华尔街。TPP可通过制定规则，来限制成员国整改国内金融监管制度，因为这些制度"可能"对金融行业未来的利润产生负面影响——即使它们是为了应对危机而制定的。

克林顿在2016年初选中的对手伯尼·桑德斯获得了出乎意料的支持。原因在于，他提出恢复《格拉斯-斯蒂格尔法案》、管控华尔街、征收金融交易税、将信贷机构转变为非营利组织，这些提议能够避免对有毒金融工具进行腐败的3A评级——正是这种评级助长了金融危机。桑德斯将腐败现象称为"旋转门"，监管机构对一些公司给予优惠待遇，以换取物超所值、一劳永逸的协议，其还从对冲基金中收取回扣，而这发生在波多黎各灾难性的经济崩溃期间。

2016年夏天，当波多黎各无法及时偿还债务时，对冲基金机构购买了波多黎各政府出售的高风险（也是高收益）免税市政债券，以维持医院和学校的开放，以及其他基本社会服务的正常运营——它们正遭受收入骤降的威胁。随着国家情况的进一步恶化，对冲基金机构深知这个自治邦正处于危急关头，于是蜂拥而至。当违约情况已无法避免时，对冲基金机构喧嚷着要求补偿，迫使波多黎各一分不少地还钱，这些机构甚至起诉公共关系部，以防止其投资出现估值折扣。美国最高法院对此的回应是，将这片领土的命运交给国会。因为国会的竞选活动主要由对冲基金经理和华尔街提供资金。最终，公共关系部对波多黎各采取了"救助行动"，这次并不像奥巴马采取的用以遏制全球金融危机的刺激措施那般微不足道，而是包含了惩罚性条款的结构性调整——虽然波多黎各有一半以上的儿童还生活在贫困之中。至于那些亿万对冲基金的持有者，则有一部分躲在特拉华州的空壳公司后面，获利数亿美元。

　　在民主党初选期间，克林顿和桑德斯都侧重于解决日益严重的学生债务问题——截至2022年5月，学生债务已超过1.7万亿美元，其中1.6万亿美元是联邦学生贷款，涉及4 340万借款人，人均债务超过3.7万美元。随着信用卡引发的"消费陷阱"，其他形式的消费者借贷也在上升，债务总额已接近2008年7月的峰值——1.02万亿美元（在2022年第一季度，美国国内债务总额为8 410亿美元，其中信用卡持有者的平均欠款为6 569美元，利率为17%）。桑德斯提议取消学生贷款、医疗贷款和其他债务，更重要的是，取消美国邮政服务的银行业务——这本是美国邮政工人联盟构想的一项计划，旨在为美国民众提供更多进入当地银

第五章 华尔街

行的机会，并使其在一定程度上取代大型银行掠夺者。

在政治党派日益增长的反华尔街情绪中，候选人唐纳德·特朗普自诩为工人阶级的英雄，并宣称"全球权力结构操纵着经济决策，这些决策掠夺了我们的工人阶级，剥夺了我们国家的财富，并将这些财富放进少数大型企业和政治实体的口袋。"尽管特朗普本人过着纸醉金迷的生活，他还是通过将希拉里描绘成"骗子"，并揭露她六位数的华尔街演讲费和无数的腐败丑闻，获得了成功。作为总统，特朗普一把火烧光了金融法规，通过了对富人的大规模减税政策，特朗普政府的证券交易委员会和司法部则对从未停止的银行欺诈、洗钱和逃税调查视而不见。

在特朗普的监督下，发薪日贷款❶和汽车贷款的规章，发生了糟糕的变化。如今的美国，数量惊人的工人、老年人和退伍军人陷入了债务堆积的恶性循环，他们原本只想支付医疗、救命药品和其他基本生活费用，却因为薪资收入或社会保障不足，且没有社会保障网的支持，而不得不求助于大型银行、支票出纳和金融公司发行的短期高息发薪日贷款或汽车贷款。

在汽车贷款中，借款人可以获得约1 000美元的贷款，以换取对其汽车所有权的留置权。许多人，尤其是市郊和村镇的居民都需要汽车来满足必要的生活需求，如上班和看医生。在获得汽车贷款后的30天内，他们必须偿还全部借款，外加服务费和高

---

❶ 一至两周的短期贷款，借款人承诺在自己发薪水后即偿还贷款。如果到期无法还清贷款本金和利息，可以提出延期。发薪日贷款不计手续费和滞纳金等，平均年息高达391%。申请者只需提供定期收入证明，甚至政府救济证明也行。——译者注

额利息。如果无力支付，他们就不得不延期偿还贷款，并承担更多费用，否则，他们就可能会失去他们的汽车。通常，当借款人将一项汽车所有权贷款延期 8 次后，最终就需用其月收入的一半偿还贷款。汽车贷款者中，只有约十分之一的人最终收回了车辆。桑坦德银行曾被指控非法收回驻扎在海外的士兵的车辆，这违反了《军人民事救济法》。

研究人员估计，全国有 20 000 多家汽车所有权贷款和发薪日贷款的店铺，主要集中在南方和"红色州"。像富国银行和美国银行这样可以以极低的利率从美联储借入资金的大型银行利用这种贷款方式，向消费者发放数百万美元的发薪日贷款，其利率高达 400%~500%。可怕的事件比比皆是，放款人在借款人的工作场所进行威胁和骚扰，这和高利贷无甚区别。美国民众在残疾支票或社保支票上支付的费用，在几年内就达到数万美元，而他们贷款的金额却仅有几千。

奥巴马政府对发薪日贷款有所限制，但特朗普政府的消费者金融保护局局长米克·穆尔瓦尼（Mick Mulvaney）却试图通过冻结新的调查项目、取消执法行动和嘲弄性地要求零预算，来打破这些限制。穆尔瓦尼离开后，继任者凯斯琳·克拉宁格（Kathleen Kraninger）延续了他的方针，只为迎合掠夺性贷款行业的贸易组织：美国社区金融服务协会——该协会成员曾向特朗普集团的金库注资约 100 万美元。2021 年 7 月，"进步派"的俄亥俄州参议员谢罗德·布朗（Sherod Brown）及其他民主党人提议，将发薪日贷款的联邦利率上限设置为 36%。而此前，已有 18 个州提出了这样的上限——这充分说明，民主党从他们在特朗普的崛起中，吸取了不少教训。人们不禁要问：进步派尚且如此，谁

第五章 华尔街

还需要保守派？

2020年，桑德斯和伊丽莎白·沃伦（Elizabeth Warren）等参议员再次试图通过总统选举获得支持，以对华尔街实施管控。对此，华尔街在政治捐款方面，创下29亿美元的纪录，游说方面的支出相比2016年增加了50%以上。显而易见，他们在选举方面，对民主党人拜登的支出是对共和党总统特朗普的2.5倍左右。在桑德斯和沃伦对私募股权这一"吸血鬼"（沃伦原话）进行谴责的同时，33岁的乔治亚州民主党参议员乔恩·奥索夫（Jon Ossoff）从华尔街得到的钱比任何其他现任国会议员都多，拜登和现任副总统卡马拉·哈里斯（Kamala Harris）[以及参议员科里·布克（Cory Booker）和曾经的南本德市市长皮特·布蒂吉格（Pete Buttigieg）]接受了黑石集团和卡莱尔集团的慷慨捐赠。

黑石集团的钱没有白花。截至本书撰写时，黑石集团的上一任全球可持续投资主管布莱恩·迪斯（Brian Deese）正担任拜登的白宫首席经济顾问。财政部部长珍妮特·耶伦（Janet Yellen）的副手也来自贝莱德集团，副总统卡哈里斯的首席经济学家迈克·派尔（Mike Pyle）也是如此。鉴于这些关系，当美联储决定聘请贝莱德管理其新冠疫情期间的债券购买计划时，记者将贝莱德称为"政府的第四部门"。

本章重点介绍了过去半个世纪以来，美国新自由主义金融化和财富向上转移的进程，及其直接与间接造成的破坏。从第二次世界大战战后时期，到2007年金融危机的冲击期间，金融服务业对美国GDP的贡献从1950年的2.8%增至2006年的8.3%，金融资产从占公司利润的约十分之一，增至三分之一。如今，随着大型银行规模的扩大，私募股权和资产管理公司已在不知不觉中，取得了对全球经济和美国政府相当大的控制，《福布斯》400富豪榜上的亿万富豪银行家、对冲基金经理和金融业首席执行官的人数继续增长。历史已表明，这种金融扩张和所有权集中的现象与社会和政治的极端不平等相关。正如我们当下所见证的那样，这种极端的社会不平等和巨大的权力垄断，导致公民权利缺失、受苦受难，以及反动势力的兴起，这一切是密切相关的。

第六章

亿万富豪

2021年10月，随着新冠病毒疫情的肆虐，一份由公民税收正义组织和政策研究所共同赞助的报告显示，美国亿万富豪的总数上升至745人，而在新冠疫情危机爆发的一年半之前，该数目尚为614人。据报道，这745人的资产净值总计5万亿美元，相当于日本的GDP。乐施会❶于2020年1月估计，在全球范围内，2 153名亿万富豪的财富超过46亿人的财富——这是世界人口的60%。在两年后的后续调研中，乐施会报告称，在疫情期间，"世界上最富有的10个人的财富不止翻了一番，从7 000亿美元增至1.5万亿美元，增速为每秒15 000美元，每天13亿美元"，而其他人的收入却在下降，超过1.6亿人被迫陷入贫困。

1916年，历史上第一位亿万富豪，老约翰·D.洛克菲勒（John D. Rockefeller Sr.）的旗舰公司美孚石油公司——一家提炼该国90%石油的垄断公司——根据《谢尔曼反托拉斯法》被拆分，拆分后的小公司股价飙升，净值达到10亿美元级别。20年后，当洛克菲勒去世时，他积累了等同于美国总经济产出1.5%的财富，相当于当下的3 400亿美元左右。当代亿万富豪没有再积累过这么多财富，但正如乐施会和其他组织所表明的那样，这些亿万富豪的财富以及他们的政治权力、文化权力和对世界经济

---

❶ 一个具有国际影响力的发展和救援组织联盟。——编者注

的掌控力正不断以惊人的速度增长。

在《权力精英》一书中，C. 赖特·米尔斯写道："如果我们想了解富豪，那么我们必须首先了解使他们成为富豪的国家的经济和政治结构。"本章旨在做到这点，通过评估技术变化、政策决策、机构重组，来探究富豪权力扩大背后的世界经济动态，同时梳理这些动态的意识形态基础：新自由主义者如何通过公共话语和叙事巩固他们的阶级，这些话语和叙事将富人视为历史的主角，并将他们的特殊利益视作所有人的利益。

此外，本章还着重描述富豪特有的问题，如公司垄断、逃税和利用慈善事业来支配公共政策。与洛克菲勒一样，当今的大多数亿万富豪都拥有庞大的企业集团，拥有复杂的资产组合，对全球经济有着深刻而广泛的影响。然而，他们的垄断权却并没有被打破，反而随着反垄断监管的萎缩和商业监管的放松而得到扶持和发展。这种放任的行为也让亿万富豪和千万富豪得以更加顺利地借助教育、卫生保健和诸多其他慈善事业机构，渗透和破坏公共部门，并披着利他主义的假面，分散公众对他们以卑鄙的方式攫取财富、摒弃社会责任的注意。

富豪与意识形态

自20世纪80年代以来，美国的富豪数量激增，催生了一个由新自由主义维护者组成的作坊式产业，其中大部分成员专注于精英阶层的炫耀性消费——从瑞士寄宿学校到常春藤联盟大学，从私人俱乐部到专属派对，从超级游艇到私人飞机，他们同时也致力于将身份标志变为文化资本，米尔斯称之为"优势的积累"。

这些人中包括亿万富豪金融家杰弗里·爱泼斯坦。《纽约时报》的记者米歇尔·戈德斯坦（Michele Goldstein）恰如其分地指出，在爱泼斯坦成为文化景观和"财阀腐败的终极象征"之前，他所犯下的滔天罪行曾登上头条新闻，却未得到任何制裁。其他人则因奇异和怪诞的幻想而出挑，如科技亿万富豪彼得·泰尔（Peter Theil），他同时痴迷于海上家园和抗衰老技术，这些技术甚至涉及用年轻人的血液输血。不过，大多数人只是用慈善事业和复杂的公共关系来掩盖他们的剥削与压榨，或用酷炫的创新产品和潮流来讨好公众。通过这种方式，他们得以维护自己作为企业界名流的地位，以及作为历史创造者的个人形象。苹果公司创始人乔布斯就是这样一个例子，新闻媒体经常把他比作毕加索、斯特拉文斯基（Stravinsky）和爱迪生等有远见卓识之人，尽管乔布斯的个性变化无常，且有贬低周围人的倾向，更不用说他公司的电子产品是利用血汗工厂的劳动力生产的。同样，像比尔·盖茨和杰夫·贝佐斯这样的亿万富豪也化身"万能神"，分别对公共教育和太空旅行系统进行改革，并因此在公众话语中备受推崇。大家忽视了一点：他们获得并维持自己巨额财富的方法包括违反垄断法、逃避税收和虐待员工。

《福布斯》杂志年度财富400强排行榜是当今被引用最多、最具威望的富豪榜单之一。《福布斯》还发布了"最有权力""科技界最富有""最佳创投人"等榜单。公布著名富豪名单的做法最早可以追溯到1892年，《纽约论坛报》（New York Tribune）公布了4 000名最富有的美国人名单。《福布斯》杂志于1918年开始发布"美国最富有的30人"名单，此后，1982年，根据创始人马尔科姆·福布斯（Malcolm Forbes）提出的"奢侈生活价格指数"，《福布斯》又创建了财富400强榜单。"奢侈生活价格指数"是对生活成本指数的病态模仿,该指数用于决定中产阶级和穷人应获得怎样的联邦福利。首届《福布斯》财富400强榜单共有13位亿万富豪,要入选该榜需要7 500万美元以上的净资产。第一年,《福布斯》财富400强中,23%的富豪来自石油业,15%来自制造业,9%来自金融业,3%来自科技行业。到2021年,要想登上《福布斯》的第40届年度排行榜,个人净资产必须至少达到29亿美元,而占主导地位的行业依次是金融和投资、科技以及食品和饮料行业。

在《福布斯》20世纪80年代出版的《金钱世界》(All the Money in the World)将美国的富豪描述为"非凡之人,他们在充满机遇的土地上茁壮成长……(同时)在科技进步、新金融工具的发明和美国工业的高效重组方面做出了非凡的贡献。"此书将过去10年描绘为"一个个人力量和企业家力量空前绝后的时期……美国社会注重企业权力之时。"《经济学人》则用截然不同的术语描述了1982年,在这个《福布斯》财富400强榜单的开创之年,美国经济正处于严重衰退之中,劳动力市场条件恶化,失业率高达近11%,为第二次世界大战以来的最高水平。

富人的纸醉金迷式叙事与政治经济现实(富人们生活其间,并对其进行剥削)之间存在鸿沟。这道鸿沟源于新自由主义倾向,即将自由和选择等受人尊敬的概念与个人责任画上等号,而非社会责任。诺贝尔经济学奖得主米尔顿·弗里德曼提出了这一观点,认为"文明的伟大进步……从来都不是由中央集权政府造就……而是天才造就的,是坚守自身观点的少数人造就的,也是对多样性和差异性包容的社会风气造就的。政府永远不能复制个人活动的多样性与差异性"。

在 20 世纪 90 年代的新经济中，这种围绕财富和政治权力的"大人物"故事经常出现在畅销书榜单和"101"[1]课程大纲中。其中值得关注的是马尔科姆·格拉德威尔的《异类》(Outliers)，该书用实证主义术语掩饰权力不平等，仅将其视为与标准规范的偏差。在他的书中，人们骇人的财富和权力积累方式包括逃税、违反反垄断法、内幕交易、恶意收购、剥削工人和贪污腐败，却并没有解开在这些行为背后，决策、政策和权力游戏的症结。这些没头没脑的"伟人"宣传产业将权力的精英化归因于运气，用与亿万富豪相同的话术来模糊他们未尽到的责任。

当记者问亿万富豪、前纽约市市长迈克尔·布隆伯格（Michael Bloomberg），他腐败的住房政策与《纽约时报》报道的德萨尼（Desani）事件有何关联时（德萨尼是一个住在纽约市破旧的庇护所系统中的年轻女孩），他回答说："这个孩子拿了一手烂牌。我不知道为什么，这就是上帝的运作方式。有时，我们中的一些人很幸运，另一些人则不然。"无论是将极端财富归因于天赋，还是运气，结果都一样：历史是从胜利者的角度讲述的，工人、母亲和父亲以及社区日积月累的贡献，连同他们自身的目标或民主意识，统统被贬损、抹去。

企业权力

2006 年，世界上最富有的人之一：亿万富豪投资人沃伦·巴

---

[1] 原是美国大学公开课的编号，后泛指基础课程。——编者注

菲特（Warren Buffet）这样评论："阶级战争正在进行，然而，这却是我所在的阶级——富豪阶级——发动的战争，而我们正在走向胜利。"在巴菲特发出此评论之前的10年中，民族国家变得逐渐松散。一个超国家统治阶级崛起，旗下的企业遍布各地，但总部却往往不在任何地方，精英财富的构成发生了重大变化。在这一新的全球精英阶层中，有亿万富豪、跨国公司负责人、头部银行和全球金融机构负责人，他们从事着跨国并购业务，掌管着合资企业和跨国治理系统的构建，拥有不受制约的垄断权力——通过达沃斯世界经济论坛等活动，他们与国家元首、非政府组织和顶级名流共同策划并实施阶级统治。然而，尽管统治阶级的政治向全球化发展，在税收政策、公共投资、企业补贴、监管制度，以及财富、收入、环境和人力资源分配等问题上，政府仍然是阶级战争的重要场所。在美国，大部分民众都向政府纳税，并依赖政府满足在公共卫生、教育和图书馆、邮政、救灾和交通等方面的基本需求。为了控制这些资源并将其转化为可赢利的产业，亿万富豪们发动阶级战争，将大笔资金投入游说活动、联邦及地方选举上，通常，他们会假借民族主义的意识形态，使其掠夺权力的行为合法化。

在2016年美国民主党初选期间，佛蒙特州参议员伯尼·桑德斯在质疑亿万富豪对美国政治生活的巨大影响时，普及了"寡头政治"一词。这个概念可追溯到亚里士多德，亚里士多德将寡头政治视为财富和政治权力之间的纽带，其中，极端的政治不平等与物质不平等并存。政治学家杰弗里·温特斯（Jeffrey Winters）在围绕着这一主题的大量著作中，将"寡头"定义为控制着大量财富的个人，这些财富可随时为政治目的服务——主要由寡头自身利益驱使,维护寡头的统治地位,使其不被政府监管和财政政策动摇。虽然政治动员式的权力依赖于群众,而胁迫式的权力则依赖于对暴力手段的控制,但寡头式的权力却牵涉一套独特的政治资源,因而富豪无须投入大量人力、物力与时间,甚至无须进行阶级间的协调。

由于美国素来以财产所有权为根基,寡头们便得以依靠国家行动者,来保卫他们的财富,因此,他们中很少有人寻求政治职位,大多数人更喜欢站在幕后,通过个人关系、政治献金、旋转门式的同伙雇佣,以及具有强大政治关系的精英律师、顾问和游说公司,对政治权力进行操纵——温特斯将其称为"财富保卫行业"。除了聘用专业的财富保卫人员外,寡头们还在草根组织、公共宣传和企业激进主义方面花费数百万美元,只为捍卫自己的霸权。这些企图可追溯到路易斯·鲍威尔1971年给美国商会的那份臭名昭著的备忘录。就环境、劳工和消费者保护组织的收益,他发表了一份收回企业权力的宣言,其中,他谴责了"大学校园、讲坛、媒体、知识和文学期刊、艺术和科学以及政治家对美国自由企业体系的攻击"。

回顾第二章,鲍威尔的备忘录标志着一个庞大的网络体系的开始,一个包含个人、企业、智囊团、学术机构和基金会的网络,这些网络在美国政策中发挥着重要影响,不过仍处于大多数美国民众的视野之内。而现在,该网络又包括了:联邦制组织、卡托研究所和遗产基金会等智库;全国制造商协会、全国独立企业联合会和美国商会等行业协会;以及像美国立法交流委员会这样的财团——这是一个由政治家和财富500强首席执行官组成的全国性组织,致力于在地方和州政府层面起草并通过有利于商业的立法。它还包括特

第六章 亿万富豪

定行业的头部团体,如美国疼痛基金会和美国疼痛协会——由家财万贯的萨克勒家族资助。他们对立法者进行游说,并发起了"疼痛运动",以此推行他们高利润和易成瘾的处方药。

曾在党内选定候选人身上投入巨资的亿万富豪现已转向运营"独立"的超级政治行动委员会,有些人甚至走得更远,他们筛选并运营自己的候选人。这种竞选资金功能的演变在很大程度上要归功于亿万富豪查尔斯和大卫·科赫,他们的政治组织和捐助网络通过汇集寡头的财富,同时创造基层动员的假象,成了美国政治中的强大力量。科赫兄弟从他们的父亲弗雷德那里继承了巨大的财富和以他们的姓命名的企业集团。弗雷德是一位化学工程师,他发明了一种将石油转化为天然气的高效工艺。20世纪30年代,弗雷德的公司帮助斯大林政权建立了现代炼油厂,并培训工程师。后来,他又回到了美国,加入了约翰·伯奇协会(John Birch Society)——这是一个以反政府恐怖行动闻名的恶毒的反共组织。查尔斯和大卫通过提炼、加工各种商品和化石燃料——包括肮脏的油砂油——以及在能源市场上进行投机,将他们父亲的公司扩展为一个价值万亿美元的帝国。

在意识形态和自身利益的驱动下,科赫家族几十年来一直致力于废除保护工人、穷人和环境的税收制度和法律构架。1980年,大卫·科赫以自由党候选人的身份竞选副总统,宣扬一系列看似要推翻美国政府的极端主义纲领。他的建议包括废除医疗保险、医疗补助、社会保障,取消公立学校和最低工资限制,解散环境保护局、食品和药物管理局、美国国税局、能源部、运输部、职业安全与健康管理局和美国邮政局等联邦机构,终止所有形式的税收和竞选融资法律,将铁路和国家公路系统私有化,甚至包括取消安全带的相关法规和对穷人的援助。在自由党选举失败后，他们通过向智库和基金会投入精力和资金，继续推行这一议程。他们还是卡托研究所等机构的早期支持者，多年来向学院和大学的学者和项目发放了数百笔款项，其中包括致力于发展"市场导向理念"的乔治·梅森大学莫卡特斯中心。

科赫兄弟不仅"承保"了意识形态战争，还组织了一个庞大的捐助方据点，直接或通过超级政治行动委员会支持候选人，同时还资助从事研究、游说、外联和抗议的倡导团体。虽然大多数大型捐助方都将资金用于操控备受瞩目的总统竞选，但科赫家族还支持着州和地方的竞选，并在 2010 年为许多竞选活动提供资金，这些活动帮助共和党在众议院赢得了多数票。他们没有像许多亿万富豪那样资助候选人并筹集资金，而是成立了一个规模庞大的非正式政党，负责审查、选择和资助候选人，把他们作为议程的喉舌，并为基层组织在实地进行意识形态斗争创造了立足之地。值得注意的是，据可靠消息，科赫网络调动的人力和财力资源超过了民主党和共和党的总和。

技术积累：劳动力、科技、垄断

鲍威尔备忘录力图使国家从属于企业利益和极端财富积累过程，这导致数十年来企业权力的巩固，并涉及美国和其他主要经济大国在全球经济结构方面的斗争，很多时候，甚至牵涉国家、企业、银行业精英的跨境协调，以及对国内经济的掠夺。在企业主导的全球化进程中，制造业开始向发展中国家扩散和流动，这使生产变为一条大规模的流水线，其遍布全球的系统由庞大而复杂的供应商、分销商和子公司组成,该系统的驱动力一方面是政府补贴,另一方面是在一个深不可测的庞大机器中,数百万人组成的齿轮。

随着不太稳定的经济体从原材料生产地,变为出口主导的制造业所在地,这些国家的国内经济被迫接受来自外国的投资和竞争。贸易协议和国际货币基金组织的结构性调整改变了各国的劳动力市场、生产过程、阶级结构和法律制度,以遏制那些加剧社会不平等的冲突。耐克、麦当劳和星巴克等连锁店在海外迅速扩张,取代了国内公司和家族企业,压低了薪资。有时,他们还会糟蹋环境、虐待工人——金拱门(麦当劳)和耐克的标志也随之成为美国帝国主义和资本主义剥削的普遍象征。这些缺乏人道保障的新布局,实际上已写在沃尔玛和苹果供应商的工厂墙壁上:"今天工作不努力,明天努力找工作。"美国的生产流程、劳动力市场、阶级和法律结构也经历了彻底的重构。制造业从工业城市分散到农村和半城镇化地区以及海外,随之传播的还有精益生产方法,即通过外包、分包和离岸业务对生产进行垂直分解,而对工会劳动力的依赖则日益减少。与此同时,在新千年里,自动化也在不断发展。1980年至1999年,500强的美国公司裁减了近500万个工作岗位,同时将其资产和利润扩增了3倍,并(通过股价)使其市值增加了8倍。他们能达到如此目的,离不开企业税率的降低、监管的削弱以及生产效率的提升——得益于技术投资与工人权力的削减。

信息和通信技术使企业得以避开监管;金融化和国外的低成本劳动力,使富豪能够将投资从工人和生产活动转向投资机构和股票回购。其中有些人将利润再投资于机器人技术,以提升工作效率。随着企业精英们将注意力转向自由贸易、宽松的监管制度和"竞次"❶的劳动力市场，美国工人的收入降低，职场保护减弱，对公共机构的投资和支持也显著减少。

多年来，沃尔玛一直是这些趋势的中心，作为世界上最大的零售商和雇主，其收入高达数万亿美元，几乎单枪匹马地扭转了战后生活工资、养老金和终身就业等社会保障事业的发展方向，并以急转直下的低工资和低福利工作取而代之。1962年，沃尔玛由哈特兰研究所的保守派山姆·沃尔顿（Sam Walton）在奥扎克山创立，它之所以能逐渐成为零售业的主导者，是因为其拥有扎根于高生产率劳动力和严格成本控制的商业模式——这意味着残酷的竞争、环境破坏和劳工滥用、对工会的公然打击，以及利用兼职和临时工作，来削减健康福利、工人薪酬和加班补贴等间接成本。

沃尔顿打入了其他折扣店不会涉足的市场（这些折扣店大多位于贫穷的农村社区），并削弱了位于那些地区的企业的竞争力。一旦社区的失业率居高不下，沃尔玛便可利用人们对工作的绝望情绪，吸引那些只买得起廉价产品的中低收入消费者。与此同时，沃尔玛作为创造就业机会的一方，在道德高地居高临下。肯尼迪政府时期，当国会以最低工资限度保护零售业工人时，沃尔顿利用小企业豁免的优势，将其商店拆分为单独的实体，从而得以避开最低工资法，并在竞争对手面前取得优势。沃尔玛没有

---

❶ 以剥夺本国劳动阶层的各种劳动保障，人为压低他们的工资，放任自然环境的损害为代价，获得竞争中的价格优势。——译者注

让工人集体讨价还价,而是制订了利润共享计划❶,使员工的利益与管理层的利益一致,以此说服员工。沃尔玛还聘请专业人士就工会的负面影响对工人进行演讲,甚至制订了"工会回避计划"。

多年来,沃尔玛遭遇多项起诉:性别歧视,迫使员工每周工作七天还不给加班费,让工人在客流少的时间打卡下班,从而在工资单上增加扣减项,雇用青少年从事危险工作,以及将正式员工归类为合同工,只为避免缴纳社会保险、失业税和工人补偿。许多城市都在努力阻止沃尔玛在自己的城镇进行"殖民",因为它对当地经济和夫妻店造成了破坏,沃尔玛产生的税收并不能弥补它对公共资源和环境的拖累。

2021年,在线零售商亚马逊超越沃尔玛,跃升为世界上最大的零售商,占据了劳动力市场的主导地位,并采用诸多"科学的"数据驱动方法——正是这些方法使沃尔顿家族跃升为世界上最富有的家族之一。亚马逊通过加快工作节奏、限制休息和如厕时间、削减采暖与空调成本(使员工不得不忍受极寒和酷热),来榨取劳动力价值。亚马逊还通过新技术,来提高工人生产率,其中包括机器人技术、用追踪器和计时器监测工人——尽管这导致员工因工作节奏过快而受伤。此外,亚马逊还用安全摄像头和计时器记录工作速度,这令员工倍感焦虑。当亚马逊着手建立一个送货的卡车车队,并将其外包给UPS和联邦快递时,该车队使用的是货车,以避免繁重的卡车运输法规,同时还与未经培训的

---

❶ 员工根据其工作绩效而获得一部分公司利润的组织整体激励计划。——译者注

司机签约。运输公司设定了不可能达到的目标速度，这造成了事故，甚至有人死亡，而亚马逊则因其作为第三方承包商，则免于担责。

与沃尔顿致力于雇用生活绝望的农村人类似，亚马逊的低薪仓库员工也是从 2007 年金融危机期间的失业人员中找到的，当时人们极度渴望一份工作。这场金融危机还催生了一种科技驱动的"零工经济"❶与"共享经济"❷，使几位千禧一代的天才少年一举登上了亿万富豪榜，其中包括优步的特拉维斯·卡兰尼克（Travis Kalanick）和爱彼迎的联合创始人乔·格比亚（Joe Gebbia）与布莱恩·切斯基（Brian Chesky）。在零工经济中，低工资、无保障的劳动力提供着按需分配的灵活服务，而这背后，是智能手机、各种移动科技和互联网科技、可用的风险资本的出现以及美国工业化后的城市快速中产阶级化。作为成本节约技术的一个转折点，小型企业开始从工人自己的资本投资中获取利润，这样一来，企业就无须承担初始资本支出，也无须承担存储、维修或投保设备的成本。在某些情况下，工人的初始资本投资包括迅速贬值的机械，如汽车。一些工人认为，利用他们使用和拥有的东西

---

❶ 始现于 2009 年初。当时正值金融危机高峰，世界主要经济体都受到了严重影响，失业率居高不下，政府预算紧缩，公共项目和社会福利支出紧张。许多人主动或被动放弃了"朝九晚五"的工作，转而从事短期或兼职工作以维持生计，因此促生并推动了网约车、外卖、保姆服务和其他数字平台的发展。——译者注

❷ 拥有闲置资源的机构或个人有偿让渡资源使用权给他人，让渡者获取回报，分享者利用他人的闲置资源创造价值。此种共享在发展中会更多地使用移动互联网作为媒介。——译者注

赚钱——比如他们的汽车或房子，这样的理念很有吸引力。

在这样的背景下，在线房地产转租巨头爱彼迎成为自己动手改装房屋和基层解决方案的典范，它能够解决租金无法得到保障、租金过低和失业问题。然而，在纽约和旧金山等房价和租金高昂的城市，爱彼迎平台对税收收入造成了破坏，并且，因其以商业运营为主，所以本已严重的房地产危机也加剧了——它使租房市场价格膨胀的情况恶化了，这类城市被转变为旅游目的地，而非真正适合居住的地方。

在爱彼迎等资本平台激增的同时，优步和"跑腿兔"等劳动力平台也在快速增长。优步及其竞争对手来福车允许司机"定制自己的工作时间表"，"想赚多少就赚多少"，而跑腿兔的业务范围包括从清理车库到代笔和遛狗，将在线客户与愿意做零工的员工配对，通过竞标，让员工相互压低彼此的工资。零工经济狂热者试图用新自由主义中常用的选择、个人自由和灵活性等说辞来粉饰这个骗局，却掩盖不了这种不受监管的按需工作模式中存在的危险性和波动性。此外，平台过度赋权消费者，鼓励他们就工作表现给平台打分，从而间接给员工打分。在许多情况下，兼职工作人员被迫拼凑两份或两份以上的工作来谋生，但没有一份工作能给予员工补助或健康福利，也不会为员工支付社会保障。

随着智能手机和社交媒体变得无处不在，科技亿万富豪们也得以利用普通公民的个人数据致富（这往往公然侵犯了公民的隐私权），并积累大量的经济、政治和文化权力。肖莎娜·祖博夫（Shoshana Zuboff）创造了"监视资本主义"一词，以描述这些线上巨头商业模式所包含的社会采样和操纵的逻辑和技术。这些巨头绕开反垄断规则，向数十亿人提供免费服务，同时在未经他们同意的情况下，对他们的行为进行监测，然后通过有针对性的广告——既有产品广告，也有涉及思想、政治活动、社会运动，甚至暴动的广告，来将这些数据变现。此外，在将数据采集与人工智能相结合的过程中，科技公司试图指导和操纵用户的行为，将其称为"智能技术"。

这一模式的先驱是脸书（Facebook，2021年10月更名为Meta），这家在线社交网站公司使马克·扎克伯格跃升为世界上最年轻的亿万富豪及世界上最富有的人之一。脸书的功能就像一种交流工具，有数十亿个人、企业和组织接入其中，这些用户具备持续互动的能力。用户发布关于自己、家人、朋友、工作地点、母校、宠物和假期的详细个人信息，以及他们的想法、所在地和正在做的事情，脸书将以上一切转化为有价值的消费者数据，供广告商使用。

脸书基于广告的商业模式依赖于用户的参与，如此一来，它便可以精确地跟踪用户的偏好，然后像一切毒品那样，操纵人们对连接、肯定和刺激的需求。脸书的新闻推送是根据人们的偏好进行算法管理的，因此它构建出的信息茧房，助长了政治极端化和部落主义。而且，由于其算法旨在实现利润最大化，所以它们倾向于推送耸人听闻的内容，使用户更易情绪高涨，其中不乏暴力视频、仇恨言论和阴谋论。2017年，缅甸军方人员顺着脸书"快速行动，打破常规"的口号，将社交网站变成了种族清洗、煽动谋杀、强奸和使数百万人被迫移民的工具。在"国会山事件"的筹备工作中，它也发挥了重要作用：对参与讨论和发表耸人听闻的言论的用户进行奖励，并为渴望通过愤怒树立公众形象的人提供平台，从而将本与此事无关的美国民众吸引到边缘阴谋和密探团体中。在新冠疫情大流行期间,脸书发布信息的速度比主流公共卫生机构更快,传播了不少虚假信息和阴谋论。

与脸书相同,亚马逊也通过监控消费者来创造利益——跟踪他们的在线行为,并利用这些数据,推送有针对性的广告,培养用户的购物瘾。亚马逊推出的 Alexa 是一个家用设备品牌,它就像个人助理,可在用户的家中聆听和了解用户需求,从而为亚马逊提供其他公司无法访问的个人数据。亚马逊的云服务器还能监控其他公司,其规模非常之大,大多数财富 500 强企业都使用这一平台来管理他们的数据,就像中央情报局一样。亚马逊还启用无人机,在交付客户订单时,收集定位和其他信息,亚马逊同时销售户外动作捕捉摄像机和面部识别工具。亚马逊不仅利用这些数据操纵消费者,还将其出售给警察部门以及移民和海关执法部门。

除了控制海量信息外,科技亿万富豪企业的规模和影响力还使他们能够通过垄断整个市场和行业来积累财富。他们可以规定价格和就业条件,打破公平竞争,并造就涉及供应商、生产者、客户、金融家和市场参与者的新生态系统。例如,扎克伯格利用自己的财富和影响力收购了照片墙(Instagram)和 WhatsApp 等竞争对手,以巩固自己在社交媒体领域的统治地位。本书第八章将会提到,他通过控制重要的广告收入,凭借脸书的新闻订阅取代了大部分报刊业。谷歌作为全球最富有的公司之一,市值达 1 万亿美元,其通过反竞争交易,在某种程度上控制了 90% 的在线搜索和搜索广告市场,这也使谷歌成为全球数十亿计算机和移动设备上的默认搜索引擎,并禁止用户下载其他搜索引擎。

随着亚马逊垄断零售空间,其广告出价超过了其他竞争对手。亚马逊还利用自身市场优势直接与制造商达成协议,使他们不得不降低价格和工资。此外,亚马逊不断向新行业扩张并进行创新(如大多数零售商无法提供的订阅服务),以占据更大的市场份额。作为在线零售市场虚拟基础设施构架的一部分,亚马逊向第三方企业收取在自家网站上租用"空间"、销售产品的费用。虽然其中一些业务因亚马逊的关联而增长,但也有不少业务遭遇吞并。通过控制网站上的搜索结果,亚马逊得以在促销自家产品的同时,淘汰其他卖家的产品。亚马逊的产品和服务基础非常广泛,甚至可以管理美国大多数消费品的销售渠道。这不仅仅是一个名副其实的大鱼吃小鱼的案例,亚马逊称得上是容纳了所有鱼的河流,就像它的名字所代表的那条河流一样。

在美国,曾经有一段时间,垄断和企业巨头主义被认为是反民主和无竞争力的。在世纪之交,当银行业、铁路业和钢铁业造就百万富豪时,最高法院法官路易斯·布兰迪斯(Louis Brandeis)警告,企业合并存在危险,巨头可谓祸根:"我们可以施行民主制,也可以让财富集中在少数人手中,但我们不能两者兼得。"他说。20世纪初,国会通过了一系列反垄断法来限制企业权力,但到了20世纪50年代末,米尔斯和其他人仍在对企业合并的危险进行警告,并就垄断者和独裁者之间的历史协同作用敲响警钟。

就美国政府在限制资本主义和限制垄断权力方面的作用,里根学派和芝加哥学派的理论家赢得了政治话语权,他们在华尔街和跨国公司的推动下主张:不受限制的"自由"市场将产生最佳的社会效应。1981年,里根制定了一项新的反垄断标准,在这项标准中,若所谓的企业垄断提高了消费品价格,那么政府做的仅仅是代表较弱的竞争对手进行宣传。如此一来,定价就赋予了市场权力,决定了政府的行为,而不是反过来。

第六章 亿万富豪

从那时起，美国几乎所有的主要行业都变得更加集中，巨型公司和企业集团主宰着美国生活的各个方面，从我们的吃穿住行，到电话和互联网、医院和药品、能源、零售店、新闻和娱乐媒体，等等。当今的航空业由四家大型航空公司主导，少数几家媒体集团把握着全部的新闻来源，农业综合企业吞噬了地方农业，沃尔玛、亚马逊、家得宝和劳氏百货取代了当地的五金店。现在，美国主要的国防承包商不到5家，而几十年前这一数字却超过65。连锁药店已经取代了周边的个体药房，如今，近80%的美国人（1.8亿人）的处方药依赖西维斯健康公司（CVS Health）、美国快捷药方公司（Express Scripts）和奥图姆瑞克斯公司（OptumRx）等药品零售公司。如上一章所述，银行业比以往任何时候都更加独霸一方，资产管理三巨头贝莱德集团、先锋公司和美国道富环球顾问集团所管理的全球资产占美国GDP的四分之三以上。按照这种速度，世界上的每家大型公司到最后，都只会被少数大型机构投资者实际拥有并控制。

在垄断资本主义制度下，工人和消费者的选择更少了，他们谋生赚钱的机会也更少了，对"科学管理"或强制仲裁提出质疑的权力也更少了。"大而不能倒"连同其孪生兄弟"大而不能有罪"所承载的道德风险使整体经济变得不稳定，并造成社会不公平。没了竞争，大型公司便可以进行以下操作：选择在某些特定地区投资，并获得相应补贴；通过哄骗消费者、敲诈供应商来获取财富；通过打击初创企业和小企业来控制市场；降低工人的工资（尤其是在就业困难地区）。

避税

1989年，亿万富豪酒店大亨莱昂娜·赫尔姆斯利（Leona Helmsley）雇用的一名家政人员在赫尔姆斯利逃税案的证词中称，她无意中听到老板说，"纳税的只是少数人"。尽管如此，赫尔姆斯利仅被定了一年半的罪。在美国有史以来的大部分时候，本国税收制度都倾向于维护富人的利益，如今，许多大型盈利企业根本不纳税。通过豁免、扣减、法律漏洞等一系列复杂的税收策略，精英们逐渐将美国税法的进步性打破，并找到法子，支付低得多的有效税率。例如从1980年至2020年，亿万富豪的纳税额减少了79%。而在共和党执政期间，尤其是乔治·布什和唐纳德·特朗普政府期间，减税政策针对的主要为收入水平较高的那一部分人。在第二章也提到，奥巴马使布什的减税政策永久化。20世纪90年代初，比尔·克林顿当选总统时，美国前400位收入最高的纳税人缴纳了近27%的联邦税；到2012年，当奥巴马二度当选时，这个占比还剩不到17%。

富人的税收优惠有一部分是通过反对所谓的"罪恶的大政府"的宣传运动达成的，此外，还有一系列下了重金的游说活动——旨在抵制累进税并破坏美国国税局。"自由工作"组织、增长俱乐部、由美国立法交流委员会资助的美国税制改革协会等组织，以及科赫家族等亿万富豪组织，甚至呼吁废除美国国税局。这些组织弹劾美国国税局领导，推举反对增税的共和党人为初选候选人，支持有反税议程的政客。2020年，美国国会预算办公室的一份报告显示，每年有近4 000亿美元的未缴税款；富人的审计率下降，而穷人的审计率上升。在共和党和民主党政府的领导下，美国国税局被迫裁减了数千个高级执法职位，特别是那些负责审计慈善机构和非营利组织的职位。在奥巴马的监督下，美国国税局的预算削减了18%，在2010年至2017年，美国国税局总共减少了约14%的员工（约13 000名员工）。

除了操纵税法，富豪还擅长逃税和扭曲现行法律。一家大型盈利企业（或拥有该企业的亿万富豪）通常会拿出500万至1 000万美元，用于从常春藤联盟的经济学家那里获得"意见书"，或雇用大批头部律师事务所、精英投资银行家、房地产规划师和税务师，从而避税3 000万至5 000万美元。这一"财富保卫行业"持续开发复杂的避税工具，包括慈善事业、复杂的合伙企业、不透明的家族信托、国外的空壳公司，以及新的更大的法律漏洞、更高的税收减免，这些都是普通人无法企及的，并且全都远远超出日益衰弱的美国国税局的监管能力范围。

美国税制的这种腐败特质在特朗普政府时期显露得更加淋漓尽致，克林顿时代的"企业区"被更名为"机会区"。特朗普以美国城市、农村和边境地区的衰落为借口，为房地产开发提供数十亿美元的税收优惠，其中大部分是为高收入人士量身定制的。据估计，"机会区"税收激励明面上是为了刺激贫困社区新兴小型企业的创业精神，但真正的受益者却是特朗普家族的成员和顾问，他们向高端公寓楼和酒店投入了数十亿美元，只为将纳税人挤走。

那些利用"机会区"减免税款的人，包括身价数十亿美元的埃隆·马斯克和杰夫·贝佐斯。这两位亿万富豪均已获得当地的税收减免，并承诺在当地创造就业机会。此外，特朗普的税收减免还为他们额外免除了资本利得税。贝佐斯实行太空计划的地点并无经济危机的迹象，并被数百家大公司"殖民"，其中包括洛克希德·马丁公司、特利丹科技公司（Teledyne Technologies）和博思艾伦咨询公司（Booz Allen Hamilton）。但是，由于此地区附近有一个住着 26 000 名工人的社区，且该地区的人均收入低于中位数，因此符合"机会区"的条件。

企业和富人避税的主要方式之一，是将收入伪装成资本收益，而资本收益的税率较低。目前，政府对未实现的资本收益免税，而对出售股票、债券或房地产的长期已实现资本利得的税率仅为 15%。联系上一章，便可知晓，私募股权和对冲基金经理利用"附带利益漏洞"，将几乎所有收入都登记为资本收益，从而每年避税数千万美元。尽管民主党试图填补这个漏洞，迫使企业和富人"支付公平的份额"，但华尔街和企业说客成功将这一利润丰厚的减税政策维持下来。

有关税法的一些最激烈的政治辩论往往涉及遗产税——1916 年为应对镀金时代荒谬的财富不平等而设立。遗产税是美国唯一一种针对财富积累而征收的税项——于当事人去世后，将遗产传给继承人时征收（2010 年除外，当时暂时取消了遗产税）。前足球明星、后来成为国会议员和美国住房和城市发展部部长的杰克·坎普，是废除遗产税的支持者，他在 1996 年成为鲍勃·多尔（Bob Dole）的竞选伙伴。受安·兰德（Ayn Rand）、小威廉·F. 巴克利（William F. Buckley Jr.）和阿瑟·拉弗等新自由主义者的影响，坎普借用副总统竞选的机会，直白地支持第 13 号提案所倡导的供给侧经济和减税政策。这是加利福尼亚州对 20 世纪 70 年代末高财产税的一次真正的反抗，该提案降低了财产税，并对未来全州范围内的增税提案，提出三分之二多数通过制的要求。在联邦政府方面，由于两位数的通货膨胀逐渐将普通家庭推向更高的所得税等级，新当选的总统罗纳德·里根直接从坎普的提案中，选择并通过了一项为期3年的幅度为23%的减税条款，其被称为《坎普-罗斯减税法案》(Kemp-Roth Tax Cut Act)。然而，仅一年后，由于税收的巨大损失，里根不得不再把税率升高。

在多尔竞选期间，坎普告诉农民们，多尔-坎普政府"希望你能将农场留给孩子，而不是被华盛顿政府没收"。这种传播虚假信息和散布恐慌的行为与保守派多年来围绕遗产税进行的意识形态操纵如出一辙。他们正着手进行一项政策合法化行动，但只有非常富有的人才能从中受益。遗产税对美国最富有的0.2%的人产生影响（每年留下约5 000份遗产），但是到2020年，只有80个农场和小企业缴纳了遗产税。农业局对此表示，没有一位农场主因为遗产税而失去他们的农场。

20世纪90年代中期，共和党民意调查专家弗兰克·伦茨（Frank Luntz）等人推行了一项合法化策略，使遗产税遭遇了前所未有的冲击。他们将遗产税描述为"死亡税"以制造一种混乱，即遗产税针对的是死亡本身，而非它的实质——财富。1993年，美国众议员克里斯托弗·考克斯（Christopher Cox）提出了首项关于废除遗产税的提案，当时仅获得了29个共同赞助者，但同年，取消"死亡税"却已成为共和党"与美国签约"❶计划的核心内容。到1998年，超过206名众议院人士支持废除遗产税，其

---

❶ 1994年中期选举时，金里奇的竞选文件，主要内容包括缩小政府规模、减少政府干预、减税、减少开支、平衡预算等内容。——译者注

中包括全部共和党领导人。废除法案的其他关键参与者包括加利福尼亚州家族理财办公室执行官帕特里夏·索尔达诺（Patricia Soldano），他代表玛氏（Mars）、加洛斯（Gallos）和科赫等富豪家族，为废除遗产税，建立了一个强有力的保守派联盟，其中包括遗产基金会、增长俱乐部、卡托研究所、格罗弗·诺奎斯特作为主席的美国税制改革协会和全美独立企业联合会——一个有影响力的商业贸易协会。

保守派团体还借用公民权，来支持废除遗产税，他们展开广告宣传活动，将遗产税视为对残疾人、妇女和有色人种的危害。在废除遗产税的行动中，小布什与亿万富豪、黑人娱乐电视频道的创始人罗伯特·约翰逊（Robert Johnson）联手活动，若遗产税得以取消，约翰逊就将获利数百万美元。约翰逊组织了一群黑人商业领袖共同表示，遗产税耗尽了黑人社区的财富，废除遗产税将有助于缩小美国的种族财富差距——这种言论完全是不实的。约翰逊随后再次与小布什合作，将美国的种族政治作为一种社会保障私有化的手段——美国老年人和黑人在很大程度上都依赖社会保障。

避税天堂

2016—2017年,《巴拿马文件》（Panama Papers）和《天堂文件》（Paradise Papers）等文件的泄露，揭露了财富管理律师及其所在公司是如何帮助日益根深蒂固的全球贵族隐藏和保护其资金的，这些手段相当阴险，但往往又是合法的。这些大规模的避税计划牵涉各行各业的人物：华尔街对冲基金从业者、棒球运动员、非洲钻石交易商、沙特酋长、墨西哥毒枭等。在其中一个案例中,一名财富经理通过8家空壳公司和1家基金会在6个国家的7家银行为1位客户的1亿多美元提供庇护。被泄露文件还揭露了耐克、苹果、优步和脸书等家喻户晓的品牌负责人猖獗的逃税行为,此外还有来自47个国家的约120名政客,包括英国女王和自诩"为穷人而战"的"十字军战士"——U2乐队的波诺·沃克斯(Bono Vox)。

2021年,《潘多拉文件》(Pandora Papers)泄露了全球的14个金融服务实体中的庞大数据,涵盖29 000多个离岸账户,涉及福布斯400富豪榜上的130位亿万富豪和90多个国家的330名公职人员,以及英国首相布莱尔、流行歌星夏奇拉(Shakira)、俄罗斯寡头政要、中国精英,以及沙特阿拉伯王室成员。重要的是,潘多拉文件揭示了世界上的富豪是如何将他们的巨额财富从传统的避税天堂转移到美国信托公司的。这项由国际调查记者联合会进行的调查列举了200多家与41个国家有关联的美国信托公司,其中近30家公司所管理的资产对应的个人或公司实体,被指控在世界上最贫穷的国家犯下欺诈、贿赂或侵犯人权等罪行。这些文件还包括一些备忘录和信息,涉及如何应对资产透明法案,如何防止未来泄密——这十分讽刺。

经济学家加布里埃尔·祖克曼(Gabriel Zucman)在2015年估计,世界上大约有8%的财富都存放在避税天堂。根据2020年税务司法网的报告,跨国公司将利润转移到避税天堂,致使世界各国政府每年损失2 470亿美元的直接税收收入。另外,富豪们每年将价值1 820亿美元的未申报资产转移到海外,导致每年因偷税漏税造成的损失达到4 270亿美元。在美国,公司55%的海外利润都存放在避税天堂，在那里，所有海外利润的平均税率为3%至6.6%，这每年给美国政府造成约1 260亿美元的税收损失。大多数财富500强公司都有海外子公司，仅科技、制药和医疗保健行业所产生的利润，就占了未征税的海外利润的一半。

20世纪20年代，第一个避税天堂在瑞士开始运转。当时，第一次世界大战时期债务规模巨大的国家开始针对大额财富征税，以增加收入。在欧元全盛时期，避税天堂的数量在英国领土上呈指数级增长。如今，英国和瑞士仍是避税天堂的主要提供者，世界上大部分（72%）的避税地都处于这些"避税轴心国"：英国、瑞士、卢森堡和荷兰。这些地区就亿万富豪业务和跨国公司业务展开竞争，这也造就了企业税率的竞争。同时，国际财富管理的专业化和分工也在增加。虽然避税天堂的地点一直在变化，但瑞士银行一向是证券管理领域的首选避税地，开曼群岛以对冲基金业务闻名，而卢森堡则在共同基金避税上有所长。在某些情况下，空壳公司可能在瑞士成立，却在另一个国家运营。随着像特拉华州、内华达州、怀俄明州和南达科他州等法律约束宽松、监管松懈的州增加，美国很可能在未来几年超过瑞士。

美国的政策制定者在打击逃税方面并没做出太大努力，其中许多人甚至以两党合作的模式鼓励逃税。2004年，小布什为企业提供了一个"税收优惠期"，在此期间，他们以略高于5%的税率——而非正常的35%的企业所得税税率，将大约3 000亿美元的利润汇回国内。与此同时，他们对社会服务进行削减，破坏社会保障网。2017年，特朗普大幅降低了遣返率，并在其"领土"税制下，将超过某一门槛的新海外利润的税率削减至美国实

第六章 亿万富豪

际税率的一半，某些情况下甚至免税。尽管特朗普打着"美国优先"的旗号，但其内阁成员还是实施了类似避税的行为，其中包括教育部部长贝西·德沃斯，她价值4 000万美元的、长约50米的游艇悬挂着开曼群岛的旗帜，这让她的家族（总共拥有10艘游艇）不仅可以避税，还可以规避劳动法。而仅针对其游艇征税，就可以为德沃斯的家乡密歇根州带来240万美元的税收收入。

当时，亿万富豪投资者和企业高管辩称（现在也如此），税收特赦让企业能够在国内将这些收入进行再投资。然而，保守派国家经济研究局的一项研究发现，绝大多数（92%）被遣返的资金被用于股东股息发放、股票回购和高管奖金，而非国内投资、就业和研发。对于大多数大型盈利公司而言，回购、首席执行官和股东的工资占了其支出的大部分，但这些公司却仍然指责企业所得税税率使其"全球竞争力"下降。

2007年全球金融危机爆发后，公众的愤怒与日俱增，一位告密者揭露了瑞士联合银行为其富豪客户提供数十亿美元的税务庇护的行为。迫于压力，奥巴马总统和美国国会通过了《海外账户税务合规法案》（Foreign Account Tax Compliance Act，以下简称FACTA），迫使海外金融机构披露其管理的美国资产。美国司法部还对瑞士联合银行和瑞士信贷（Credit Suisse）等银行进行了罚款，分别罚了7.8亿美元和26亿美元，使这些银行失去了85%的美国客户群份额。此外，一项名为《共同申报标准》（Common Reporting Standard）的全球协议要求各国就各自公民的银行资产进行信息交换，但美国却拒绝签署。

尽管FACTA要求从外国收集信息，但其却不要求美国政府与外国政府共享该信息，因此企业和富豪仍然可以将其资金秘密存放于美国的银行。这一漏洞使得像南达科他州这样在收入、遗产或资本收益上不征税的州，成为超级富豪的世界级避税天堂，该州的有利法律保护信托公司免遭索赔。2010年，南达科他州信托公司持有570亿美元的资产；10年后，这个数字增至3 550亿美元。正是在南达科他州，莱昂娜·赫尔姆斯利的受托人为她名叫"麻烦"的宠物狗转移了1 200万美元的信托基金，对"麻烦"的"照顾"包括中午和晚上的海陆大餐（神户牛肉和蟹饼）、8 000美元的年度美容预算，以及10万美元的保安费——为了防止宠物狗被绑架。在此之前，20世纪70年代初，沃尔特·瑞斯顿将花旗集团的万事达卡业务转移到了南达科他州，以规避高利贷法，这不仅挽救了花旗银行，也推动了全国高利润信用卡行业的崛起。

　　这一收入损失构成的影响怎么强调都不过分。这不仅关乎企业权力精英剥夺政府的重要资源，而且遭遇他们剥削的中产阶级和工人阶级被迫为政府活动买单。这些活动通过基础设施、国家安全和治安、企业救助和激励、教育和就业培训等方式，给予富人补贴。小企业和地方产业根本无法与之抗衡，而富豪家族却能够为后代巩固财富。在美国，富人通过将他们的资产重新安置在有优惠税法的州来逃避缴税，而这一行径正在耗尽其他州的收入基础——富人们在赚钱时耗费了这些州的不少资源。在这个过程中，富人们还向其他州施压，要求它们降低税率。北加利福尼亚州的个人所得税税率位居全美第一，于是，硅谷的"千禧一代百万富豪"通过搬到税率较低的州——如得克萨斯州和佛罗里达州来避税。尽管加利福尼亚州的大型科技企业每年都享受着数十亿美元的州政府和联邦政府补贴，但这些企业还是这样做了，这让人不禁想知道，富人还有多少种方法来剥削工人而不引发大规模暴动。

从1985年到2018年，全球平均企业税率下降了一半以上，从49%降至24%。为了扭转这一急剧倾斜的局面，拜登总统和其他世界领导人在2021年10月举行的二十国集团峰会上通过了一项全球最低税率，将其规定为15%。140个国家参加了该峰会，总GDP占全球经济总产出的90%以上。截至本书撰写时，这项提案仍在制定中。根据协定，将利润转移到低税国家的企业逃税者将被要求支付避税天堂的税率与最低税率之间的差额。这一新税率适用于年收入超过8.5亿美元的公司，预计每年将增加约1500亿美元的全球税收。该提案还包括收紧对合伙企业、直通公司和股票回购的征税的规定。

拜登政府最初提出将海外利润税提高至21%，但在与国会民主党人谈判后，这一数字被削减至15%——这足以说明民主党人到底为谁效忠。民主党参议员曼钦和西内马也阻挠了总统提高公司税率和富人税率的计划，而这本可为拜登的基础设施和社会支出法案提供资金。而且拜登的议程只提高了收入40万美元或以上的人的资本利得税，并将最高个人所得税税率从特朗普于2017年设定的37%提高到39.6%，通过这些方法，他很难将税收恢复到特朗普政府之前的水平。西内马尤其反对拜登提议的，对亿万富豪的资产征收财富税，以支付全民学前教育、带薪家庭假、医疗保险扩展、儿童保育和与气候变化相关的项目所需。相反，参议员伯尼·桑德斯和伊丽莎白·沃伦长期推行这一理念。按照提案，拜登的财富税将只适用于700名纳税人——即那些连续3年收入至少 1 亿美元或资产达 10 亿美元的纳税人，该议程将筹集数千亿美元。民意调查显示，向富人征税受到普遍支持，尤其是在新冠疫情期间，富人的财富急剧增加，而当时大多数美国人都只能勉强度日。

慈善事业

1967 年，《生活杂志》（*Life Magazine*）报道了莎伦·珀西（Sharon Percy）和杰伊·洛克菲勒（Jay Rockefeller）的"年度婚礼"。这场婚礼将当时 32 岁的彼得·彼得森带进了洛克菲勒家族的核心圈子。婚礼后不久，家族元老约翰·D. 洛克菲勒三世（John D. Rockefeller III）将彼得森召集到波坎蒂科山的庄园，探讨一个具有"重大意义"的问题。像其他大慈善家一样，洛克菲勒耗费数十年时间，耗资数百万美元，通过大型社会工程项目干预公共生活，不仅彰显了家族影响力，还分散了公众对其大规模避税、操纵价格、贿赂和一般渎职行为的注意——这些都是他巨额财富的来源。

随着 1912 年洛克菲勒基金会的预算超过全国预算，进步派的政治力量阻止了这家大型慈善机构获得联邦特许（洛克菲勒最终还是从纽约获得了特许）。参议员罗伯特·拉·福莱特（Robert La Follette）称洛克菲勒是"我们这个时代存在的问题的罪魁祸首"，西奥多·罗斯福尽管与大企业也有联系，却仍表示，"无论用多少善举来消费这些财富，都无法以任何方式弥补获得这些财富时的不当行为。"其他大型慈善团体也受到类似的指责，如塞奇基金会和卡内基基金会，它们打着"改善人类状况"的幌子，推动政府实施大规模减税政策并干预公共生活。

到了20世纪60年代,当洛克菲勒把彼得森叫到他的庄园时,工人阶级与极端财富和企业权力的斗争再次抬头。美国国会正在考虑一系列立法对策,包括加强监管、增税和(或)限制慈善基金会的规模和持续年限。约翰·D.洛克菲勒三世,前世界银行行长、大通曼哈顿银行董事长约翰·J.麦克洛伊(John J.McCloy),以及该银行其他高管,连同前美国财政部部长、布鲁金斯学会主席道格拉斯·狄龙(Douglas Dillon)恳请彼得森领导一个"独立"委员会,来"研究"这个问题,并从根本上阻挠立法者,使其不再增加税收和加强监管。

彼得森走访了国会山,并咨询了白宫高层工作人员——他在米尔顿·弗里德曼任职的芝加哥大学上学时建立起的社交网络。随后,他委托开展了一项全国性调查,并利用调查结果,即大多数基金会实际上并未参与慈善捐赠,游说国会制定(在慈善方面的)最低支出要求,并以此为条件,使慷慨的税收减免政策得以维持——虽然最低要求仅为基金会每年捐赠总额的5%。这项立法表面上是为了刺激慈善捐赠,但却为洛克菲勒等人创造了一种新方式:让他们能够保留对金钱的控制权,而不是让政府和人民去设定社会优先事项,并以税收收入为他们提供资金。当然,立法者留下了一个大漏洞。他们规定的慈善方面的支出款项包括了所有"合理"的行政费用:从基金会工资到受托人费用,包括差旅费、接待费、办公用品支出、设备支出、租金和新总部的建设费用。

如今,富豪和权贵们每年在慈善企业和自以为是的项目上花费数百亿美元,这些项目以纳税人的钱为补贴——某些情况下,这些项目的驱动因素是对太空旅行和不老泉这类壮丽的文明探索的空想，或是对根除他们自己造就的疾病的承诺，比如气候变化反对者大卫·科赫对癌症研究的慷慨资助。通过将资产转移给基金会，捐赠者可以减轻他们的税务负担，因为基金会的捐赠（通常被用来投资股票市场）大部分是免税的。当比尔·盖茨等亿万富豪利用他们的基金会在公共教育领域进行实验，或者查尔斯·科赫向自由主义"倡议"组织捐赠数亿美元时，他们所花费的钱来自税收补贴（纳税人的真金白银），而税收补贴让美国财政部损失了数千亿美元。

在乔伊斯·普尼克（Joyce Purnick）撰写的迈克尔·布隆伯格的传记中，他引用了这位亿万富豪的话："把我们的名字刻在牌匾上、奖学金上、研究补助金上……不仅会让我们终身受益，还会让我们的整个社区、我们的国家乃至整个世界的人都欠我们的债。还有什么比见证自己为人类做出伟大贡献更让我们满足的呢？"慈善除了造就了这种自恋的冲动和救世主情结，助长了逃税之风，像布隆伯格这样的亿万富豪还利用慈善捐赠的公共关系手段，来掩盖他们攫取和捍卫财富时采取的邪恶手段。通过"为人类做出伟大贡献"这样的宣传语，"垃圾债券之王"迈克尔·米尔肯的犯罪过往被淡忘了；公众对马克·扎克伯格的关注也从脸书的掠夺性广告上挪开；萨克勒家族将他们赚取的数十亿美元从他们发起并从中获利的阿片危机中剥离。罗宾汉基金会（Robin Hood Foundation）关联的银行家和企业负责人将自己美化为民间英雄——尽管他们多年来一直在普通人的背后，操纵着世界经济。

尽管罗宾汉将财富从富人手中夺走，再重新分配给穷人，但

第六章 亿万富豪

罗宾汉基金会却打着帮助穷人的旗号，来美化对冲基金和私人股本银行家的形象，同时通过减税和掠夺性贷款进一步充盈他们的财富。有十几位亿万富豪加入了罗宾汉基金会的领导委员会，其中包括对冲基金巨头史蒂文·科恩（Steven Cohen），他以拥有价值7亿美元的艺术收藏，以及在汉普顿豪宅举办盛大派对而闻名，但在他的 SAC 资本顾问公司因证券诈骗而获罪后，他需要借慈善修复形象。其中还包括家得宝创始人肯·兰根（Ken Langone），这位反对社会保障的"十字军战士"威胁称，如果教皇弗朗西斯（Pope Francis）继续批判资本主义，他将取消对天主教会的捐款。高盛集团的劳埃德·布兰克费恩（Lloyd Blankfein）也同样受到"罗宾汉斗篷"的庇护。回顾前文，在停尸房因新冠疫情而被占满，医院工作人员不得不将尸体堆放在停在纽约市街道上的冷藏卡车上时，他建议特朗普总统为了发展经济重新开放国家。罗宾汉基金会董事会成员还包括亿万富豪斯坦利·德鲁肯米勒（Stanley Druckenmiller），他是权利改革的"代际盗窃"学派的倡导者（与彼得·彼得森一起），该学派试图通过虚假地宣称"社会保障正在掠夺年轻人的未来"，来将年轻人与老年人对立起来。

亿万富豪萨克勒家族生产了极易令人上瘾的止痛药奥施康定并从中获利，即便是慈善捐赠也没能让他们免受公众审查，逃脱名声扫地的命运。作为美国 20 个最富有的家族之一，萨克勒这个名字曾经频繁出现在卢浮宫、纽约大都会艺术博物馆、古根海姆博物馆以及其他愿意接受他们慷慨捐赠的标志性机构中。直到他们的普渡制药公司因故意让数百万人药物上瘾而被曝光，博物馆才开始与萨克勒这个名字保持距离。但是阿片类药物仍然在美国的各个社区产生影响，每年夺去数万人的生命。阿片危机持续掏空本来已经岌岌可危的国家医疗系统，并让新生儿来到一个人们因成瘾而苦苦挣扎的世界。

此外，亿万富豪大卫·科赫因其企业严重违反环境法，及其家族持反政府极端主义政见而引发了类似的民愤。为了转移民愤，他向纽约市资金匮乏的表演艺术机构和博物馆提供了巨额捐款。大卫·科赫曾住在杰奎琳·肯尼迪·奥纳西斯（Jacqueline Kennedy Onassis）曾经住过的第五大道公寓里，后来他以 3 200 万美元的价格卖掉了这套公寓，显然是因为它太窄小了。美国自然历史博物馆的恐龙翅膀上刻着科赫的名字，他的名字还被刻在他向斯隆-凯特林癌症研究所捐赠的椅子上和研究中心里——科赫在该研究所担任董事会成员，还捐赠了 4 000 多万美元。但是这笔慷慨的捐款也不能抹去科赫家族只手遮天，把美国的选举财政系统变成亿万富翁积累巨额财富，并控制美国选举机器的事实。这笔捐款也不能抹去科赫在 20 世纪 80 年代表自由党竞选时发表的宣言，该宣言可以说是史蒂夫·班农和特朗普政府"摧毁行政国家"的一个预示。

亿万富豪慈善家都有一个共同信念：最适于解决重大社会问题的是基于市场的解决方案和私营企业，而不是政府和公共部门。尽管在新冠疫情这种重大公共危机面前，他们承认国家政府的重要性，但他们仍然认为富豪是创新和创造的高级资源。亿万富豪慈善家未就慈善资金纳税，也未将其再投入社会，而是将公立学校等机构作为构建自身形象的道具，或通过私有化获得潜在的投资机会。同时，富人相信自己最了解如何将慈善事业作为风险资本来对公共机构进行投机，并将其转变为有利可图的行业。

第六章 亿万富豪

这些趋势在美国教育体系的管理和结构中尤其普遍。在高等教育中，亿万富翁慈善家通过承包工程、捐赠桌椅、增加捐赠基金、为基础设施项目提供资金（并确保自己的孩子被录取）来影响知识生产。公立高校及其教职工在大额捐赠者面前尤其脆弱，因为其始终在和财政压力，以及削减预算和取消联邦研究基金的趋势作斗争。在一些学科，教授的薪水甚至完全依靠外部资助，比如许多科学家和医学院的教职工。很多时候，这些投资还催生了反映捐赠者意识形态倾向的"学术"研究。

基础（K12）教育同样吸引了美国富豪的兴趣——从想要拯救或"修复"美国教育系统的人到试图通过私有化找到商机的企业家。迈克尔·布隆伯格长期以来一直致力于通过倡导私人经营、公共资助的特许学校，来将公立学校系统改造为一个企业。作为市长，他关闭了低收入社区的一百多所学校，并对教师工会进行抨击，声称他将"解雇本市一半的教师，并为剩下的教师涨薪50%，让他们管理规模扩为原先两倍的大班级"。他还建议美国最弱势的群体为医疗补助支付更多费用，"这样一来，他们在使用服务之前会三思而后行，他们所享受的服务将是他们真正需要的，而非什么好就用什么"。

布隆伯格并不是唯一一位试图将公共教育私有化的亿万富豪。多年来，大型慈善机构一直致力于以私营企业的形象重塑公共教育。这些机构声称，如果学校像企业一样运作，那么贫困和少数族裔学生与中产阶级和富裕学生之间的成绩差距将消失。这场耗资数十亿美元的"教育改革运动"的背后是比尔及梅琳达·盖茨基金会、伊莱及埃德斯·布罗德基金会以及沃尔顿家庭基金会等。沃尔顿夫妇将学校私有化作为慈善活动的中心，并一度对美国四分之一的特许学校进行资助,以此为其企业洗钱。

近几年来,教育领域到处都有盖茨的身影,他以自己亿万富豪的身份,将教育体系中的问题归咎于教师及其工会。盖茨认为自己是理性和科学的,但研究人员一致认为,就公立学校而言,贫困才是教育不平等的主要根源,而不是教师或工会。在贫困率低的学校,学生往往在几乎所有科目上都表现出色,而在贫困率高的地区,学生全靠自己奋斗。在美国,超过五分之一的公立学校的贫困率超过 75%,但盖茨并没有直面贫困现象,而是干预公共教育,试图论证其关于班级规模和教师表现的理论,而他这么做的真实目的似乎是破坏教师工会。当他的社会实验被证明毫无效果,甚至极其糟糕时,他顺势指责起民选的学校董事会和教师。

毫不奇怪,许多慈善创新项目同样因依赖性太强和发展不平衡,而以失败告终。这是"快速行动,打破常规"心态的后果。所谓的实验学校因表现不佳而不得不被关闭;国外援助使第三世界和第二世界的城市贵族化,并且随着城市向私人投资者开放,当地社会团体遭遇驱逐;由于税收减少,公共服务机构遭受侵蚀;民主决策被富人"拍脑袋做的决定"所取代。这些莽撞的开拓活动背后,是亿万富豪。他们如同菲茨杰拉德的《了不起的盖茨比》中所描写的富豪的当代化身:"他们是汤姆和黛西,粗心大意的人,他们弄坏了东西,毁掉了人,然后躲了起来,退到他们的钱里,退到漠不关心里,或是退到别的什么让他们沉湎一气的东西里,然后让其他人来收拾他们弄出的烂摊子。"

第七章

名流

名流的权力在霸权领域起着重要作用——在这些领域，名流通过文化生活、消费和制造认同来实现阶级利益，通过赋予思想和意义、图像和话语来实现统治操纵，同时诉诸情感、享乐和超越感。借助文化，尤其是大众文化，名流使阶层等级制度变得常态化，还传递政治话语。作为美好生活的典范，名流权力强化了资本主义将地位和自我价值与商品捆绑的倾向，并在大多数人无法享受美好生活的情况下，将现有制度尽可能地描绘成最好的制度。

考虑到名流作为制度捍卫者的角色，C.赖特·米尔斯将精英权力层级中的名流定义为军事、政治和企业机构统率者的幕僚。然而，在那之后，一批名流已经跃升到了最高的圈层，他们是演员、音乐家、运动员和具有不同程度霸权的人物。正如本章所展现的，亿万富豪或准亿万富豪的地位、州长官邸和白宫的崛起，与关键性历史发展，以及生活中各个领域精英权力的日益巩固有关。

与米尔斯所在的时代一样，名流持续促进资本主义的正当化，而他们往往会采取新自由主义的形式。在新自由主义下，在一个将成功和失败视为个人意愿问题的社会中，名流通过其存在本身，及其扮演的角色，成为个人自我实现的身份标识与典型。他们代表并概括了新自由主义的叙事：历史是由胜利者创造的，个人可以通过自助和自我实现，来获得美好生活。新自由主义的叙事否认历史是普通人造就的，也拒绝将美好生活与社会责任和社会团结相关联。

此外，随着科技的进步，传媒和娱乐媒体深入人们的日常生活，使广告商和媒体公司能够渗透我们的注意力经济，以米尔斯时代所不可能的方式塑造我们的主体性。作为文化产业的组成部分，名流通过制造产品和图像，并使之流通，来创造利润。与此同时，他们力图摆脱日常生活中的无聊和官僚主义，广泛而深入地捕捉并利用人们的主体性和注意力。借助伪亲密关系和情感共鸣，名流创造了收入颇丰的品牌和广告价值。这就是为什么虽然有些名流积累了丰厚的财富，但是除了所谓的商业意识和销售产品的能力外，他们没有任何可见的才能。

这种触及人们情感的方式不仅为企业权力的行使提供了有利条件，而且已被证明是政治剥削的有力来源。在美国政治生活呈现出普遍冷漠和普遍不信任的背景下，富有魅力的领导人正力压官僚主义——即富有理性的统治和权威，娱乐和逃避成了我们的政治发声口——它在根本上是空白的。本章探讨了在这些方面的发展和权力动态，以及新自由主义时代名流的本质。

形象与意识形态

名流是盛放概念和意识形态的容器。最重要的是，就他们对我们的意义而言，他们传递了一种流行的观念：资本主义是一切制度中最好的。他们以各种方式，将这种理念合理化，其中最显著的方式是粗暴地展示其社会优势、炫耀性消费，同时进行统治阶级的意识形态传播和政治宣传。小说家斯蒂芬·马尔奇

（Stephen Marche）在一篇受到唐纳德·特朗普崛起的启发而写就的文章中，将流行文化定义为"身份认同的实现空间，同时将每个人简化为商品"。这种"商品化"不仅定义了美国的流行文化，也定义了整个资本主义社会。正如马克思所说：在这个社会中，人与人之间的关系变成了物与物之间的关系。

作为特权阶级和消费的代表，名流无论是在日常生活中，还是在他们扮演的角色中，都是这种商品拜物教的中心。尽管美国贫富差距悬殊，但电视娱乐节目和八卦小报仍有大量受众，这些电视节目和纸质媒体展示着富豪和名流的生活方式，并在肥皂剧和真人秀中对他们进行戏剧化。例如，当演员乔治·克鲁尼（George Clooney）在威尼斯举行一场价值460万美元的婚礼时，或者说唱歌手坎耶·韦斯特（Kanye West）为金·卡戴珊（Kim Kardashian）买下一枚价值400万美元、重15克拉的订婚戒指时，看客们虽对这种过分的豪奢感到惊奇，却还是乐在其中。这种自相矛盾的集体性麻木是新自由主义的特征，它将自由市场视为一个巨大的均衡器：在当今的资本主义体系中，如果每个人都模仿名流的行为，消费他们的品牌，那么人们都有机会成为金·卡戴珊或坎耶。

名流还借其受到的尊敬、各种豪奢消费和社会优势，来彰显他们的身份地位，及其在资本主义社会中的优越性——从乘坐私人飞机旅行，在红毯上受人瞩目，到直接接触政治领袖，获得教育和医疗体系中的精英特权，再到数不胜数的"免罪"卡。例如，当亿万富豪、流行歌手碧昂斯生下双胞胎时，为保障她的安全，医院封锁了大部分区域，尽管这意味着其他孕妇无法见到家人，其中一些孕妇甚至连自己的新生儿都见不到。在高等教育中,名流的孩子上了顶尖大学,并不一定因为他们是顶尖学生,而是因为他们父母的金钱和名望——正如 2019 年曝光的大学录取丑闻一样。在新冠疫情期间,一些名流不恰当地在社交媒体上抱怨自己无所事事,或者发表视频,煽情地表达对疫情受难者的同情,这些视频的背景画面却是他们华丽的家宅,甚至是私人游泳池——与此同时,世界各地数百万人正因无处隔离,或无法与患者保持社交距离,而遭受着痛苦。

在美国的法律体系中,名流常常凌驾于法律之上。"名流正义"一词广为人知,这是一种非正式的"有罪而不罚"的类别,只适用于那些有金钱和名望的人,与美国监狱系统对穷人和工人阶级的侮辱和虐待形成鲜明对比。2005 年,女继承人、真人秀明星帕丽斯·希尔顿(Paris Hilton)和朋友们开车撞上一辆卡车,并在之后逃离现场,甚至差点撞到一名路人,当时警方在没有进行清醒度测试的情况下便放他们离开了。当希尔顿回到她的宾利车上时,给了警察一个飞吻,说:"我们爱警察!"两年后,希尔顿真人秀中的联合主演妮可·里奇(Nicole Richie)在大麻和维柯丁的影响下,在加利福尼亚州一条繁忙的高速公路上逆向行驶,并因此被勒令停车,她交了 1.5 万美元的保释金,几小时后便被释放了。与这些年轻的名流及其违法的鲁莽行径所受到的待遇形成鲜明对比的,是工人阶级和穷人,尤其是黑人和拉丁裔人——他们因最轻微的罪行遭遇监禁,在被证明无罪之前被认定有罪,并因无法保释而被剥夺基本权利。著名白人女演员林赛·罗韩(Lindsay Lohan)即便盗窃了一条价值 10 万美元的项链,并且多次违反缓刑规定,最终却仍被判缓刑、社区服务和最短刑期的监禁。而乔治·弗洛伊德——这名失业的黑人工人阶级,因无意中在便利店使用20美元的假钞,而遭遇警方暴力,窒息而死。这些都不是偶然;而是"名流正义"的运作模式。

就法律中的暴力犯罪,名流也同样享有特殊待遇。大多数强奸和侵犯他人的人都会被逮捕,并尽快被剥夺社会权利。但富裕而有权势的名流往往会受到法律和政治体系的掌权者保护,除非他们的罪行被公众所知,并遭到广泛抗议。雷·赖斯(Ray Rice)是一名犯有家庭暴力罪的美国职业橄榄球大联盟球员,在一段视频中,他被拍到用拳头击打未婚妻的脸,随后在她还未清醒时,将她虚弱的身体拽出电梯。而美国职业橄榄球大联盟为此只是暂停了赖斯的两场比赛。电影制片人哈维·韦恩斯坦(Harvey Weinstein)和说唱歌手R. 凯利(R. Kelly)几十年来对几十名女性施以强奸和性虐待,却没有受到惩罚,直到他们的恶行在"Me Too"运动[1]中被曝光。在凯利的案件中,受害者大多为十几岁的女孩,有些甚至只有13岁。2000年,《芝加哥太阳报》(Chicago Sun-Times)第一次发表了对凯利的指控,报道称,凯利利用自己的名望,虐待高中女生。两年后,他被指控犯有儿童色情罪,并于2008年被判无罪。直到2019年,当公众舆论抵达高潮时,凯利才最终被起诉,但随后又被保释。

与上一章中的亿万富豪如出一辙,名流的社会优势往往借由新自由主义叙事来表现。一方面,这些叙事将最重要的文明成就归功于个人才能;另一方面,声称只要相信自己,并对自己进行

---

[1] 美国反性侵、反性骚扰运动。——译者注

第七章 名流

投资，任何人都可以克服结构性不平等，提高自身"价值"。此种叙事将名流视为以辛勤工作、雄心壮志和自我实现的有力证明，因此，他们完全配得上其财富和特权。在那些人里，有的人衔着金汤匙出生，除了在镜头下露露脸什么都不做，但他们也因其"辛勤工作"和"商业意识"而备受称赞。富有魅力的个体被描绘为进步和繁荣的引擎，伟大和美丽的标准被夸大和渲染，与此同时，新自由主义民俗学扭曲了人们对脆弱性、老龄化、贫困的看法，漠视了普通人和社区的集体成就。在此过程中，新自由主义为政府政策提供了文化燃料，那些拥有经济优势、在政治体系中拥有过度发言权的富豪和名流在这些政策下受益颇多。

在新自由主义世界观，及其对自助和个人责任的强调方面，最著名的传道者是奥普拉·温弗瑞，她运用自己的人生故事力证，在美国，通过纯粹的意志力和顽强的决心，人们便可脱离贫困的深渊——这里有一个错误的暗示：成功是一种选择，人们不能选择失败，而且只要努力工作，人们就能获得阶层流动。她说："我不认为自己是一个贫苦穷困的贫民区女孩。""我坚信自己会出人头地，从小就如此，我知道人应当对自己负责，还必须把事做好。"

这段叙述是温弗瑞长期主持的电视脱口秀节目的主线。该脱口秀首播时，美国正处于里根打压本国福利制度的阵痛中——其间，穷人，尤其是贫穷的黑人妇女被描述为懒惰和无价值的。奥普拉披上了意识形态的外衣，利用她赢得收视率冠军的节目，为里根野蛮削减公共开支的残酷决策做辩护，力证这是个人失败和个人无能的后果，并推行顺从、自助和消费理念，而非批判、制度变更和公共政策。一个直言不讳、值得信赖的倡导者的形象，是她自身魅力不可或缺的一部分。在这个疏离感无处不在的时代，在政治和经济权利被剥夺的背景下，她的形象使她获得了权力。

例如，在1986年的节目《福利的利与弊》（*Pros and Cons of Welfare*）中，奥普拉用她的开场独白，引导观众加入里根和撒切尔式的对穷人的攻击："你知道吗，对于这个国家中的数百万人而言，福利已然成为一种生活方式。我们想知道，当你辛苦工作，用每周从你工资中扣除的税款，去支持那些健全的福利受益者时，你有什么感受？那些人坐在家里，手脚空闲。这会让你生气吗？很多人会生气。"在随后的节目中，她谴责身处经济困境中的人们未能"积极地思考"，并表示，如果无家可归的人愿意努力，他们是可以找到工作的。她羞辱贫穷的母亲，只因她们不去堕胎，还教导家庭暴力的女性受害者，别压得男性施虐者"喘不过气"，而要接受他们本来的面貌。她扮演着本国的道德和精神导师，与"专业"嘉宾进行疗愈式"干预"，并将自爱作为治愈一切社会疾病的良药。她建议观众用积极的观念取代消极的观念；她提倡："打破传统"地思考，因为有创造力的人更健康；装饰工作空间，因为这会让人们"减少情绪疲惫，减少倦怠"；写下工作中发生的3件积极的事情，以"减轻工作压力和身体疼痛"。

2006年，奥普拉将自己脱口秀的两集用在讨论朗达·拜恩（Rhonda Byrne）的著作《秘密》（*The Secret*）上。这本书探讨的是，一个人的想法能通过在宇宙中"振动"和共鸣而产生引力，从而塑造现实。书中有一些荒唐的陈述，比如："任何人之所以没有足够的金钱，很可能是因为他们的思想阻碍了金钱的到来。"在一次采访中，奥普拉向拉里·金（Larry King）解释说，拜恩所

第七章 名流

传达的,也是她自己在整个职业生涯中,一直努力传达的理念。

如果《秘密》没有获得数亿美元的销售收入,并被翻译成几十种语言,那么这种对"新自由主义垃圾科学"公开和明确的认可,将显得十分可笑——这主要还得归功于奥普拉点石成金的能力。鉴于她的雄厚财富,她的影响力,以及在主观层面上,她影响人的能力,奥普拉是一位称得上重量级的权力精英,和米尔斯笔下的总统、将军和企业富豪处于同一水准。作为一位媒体大亨和名人,她拥有世界性的知名度和大众吸引力,她可以传播危险的观念,并使其成为常识的一部分。此外,作为一名亿万富豪的权力代理人,奥普拉可以直接接触到企业巨头和国家元首,她有在掌权者耳边发言的资格,最重要的是,在他们残酷地贯彻阶级权力时,她会以友好而善解人意的一面示人。

除了直接传播新自由主义意识形态的信条,以及作为权力精英利益的代表,名流还通过其制作的文化产品及扮演的角色来洗白并归化统治阶级的权力。对于演员来说尤其如此,虽然他们所扮演的是他们自身社会生活经历外的角色,但这些角色却可能会因明星的光环而被美化。尽管自称秉持中立的态度,但是电影、电视和其他娱乐媒体还是会以戏剧化和满足观众幻想的方式展现这些角色的社会生活,从而使这些角色更加贴近生活,并将其与许多人信任、向往、想要效仿的名流联系起来。例如,1988年的电影《上班女郎》(*Working Girl*)就用梅兰妮·格里菲斯(Melanie Griffith)的角色铸造了一个性别符号。她饰演一位精明的工人阶级秘书,只有在与男性高管产生恋情的情况下,才有机会进入董事会。当她"达成目的",并拥有自己的秘书和私人办公室时,她以前工作场所的秘书们(没有一位彰显性别符号)将她的个人成功视为他们所有人的胜利。这种新自由主义的职场天花板意识形态主张女性应在权力桌上有一席之地，却未质疑权力结构本身。这种意识形态主导着女权运动的大方向，并在以所谓"强势女性"为主题的各种电影和电视节目中引起反响，比如《曼哈顿女佣》(*Maid in Manhattan*)（2002年）、《欲望都市》(*Sex and the City*)（1998年至2004年）、《猎杀本·拉登》(*Zero Dark Thirty*)（2012年）、《BJ单身日记》(*Bridget Jones's Diary*)系列（2001年至2016年）等。

然而，就新自由主义霸权而言，更为堕落的是电视真人秀所呈现的内容——穷人和工人阶级的生活被戏剧化。这些真人秀卖力地展现着穷人如何与贫困、毒瘾、饮食失调和早孕做斗争，这些演员群体被刻画为越轨者和失败者。例如，真人秀《回购游戏》(*Repo Games*)（2012年）着重描绘那些无法按时支付汽车贷款的人所表现出的懒惰和愚蠢，暗示他们配不上基本的尊重和政府的支持。《90天未婚夫妻》(*90-Day Fiancé*)（2022年）侧重于刻画低收入群体或工薪阶层美国人，与渴望通过结婚获得美国公民身份的移民之间的恋爱经历。MTV的《16岁怀孕》(*16 and Pregnant*)及其衍生剧《青少年妈妈》(*Teen Mom*)和《青少年妈妈的官方指南》(*Teen Mom OG*)则记录了贫穷的工人阶级少女在青春期怀孕后的艰难生活。《甜心波波来啦》(*Here Comes Honey Boo Boo*)（2014年）以乔治亚州麦金太尔市为背景，聚焦于6岁的选美选手阿兰娜·汤普森（Alana Thompson）及其家人的日常生活，节目中存在明显地取笑贫穷、未受教育的南方白人的内容。该节目将其家庭成员刻画为文化上的"白痴"，而在阿兰娜的出场部分，则嘲笑她试图追逐理想的白人女性气质。该真人秀的制作人为了达到以上目的，刻意提高家庭成员放屁和打嗝的声音，使用字幕来解读他们南方人慢吞吞的说话方式，并夸大他们后院里的火车疾驶声——这些都是贫困的标志。

政治与宣传

名流享有优先接触媒体的特权，并拥有在意识形态和情感层面影响大众的能力，这使他们在美国政治和选举中拥有巨大的影响力，甚至比政策方面的专家影响更大，更不用说普通公民了。一些名流利用他们的名望讲坛，对根深蒂固的权力发起挑战。比如导演迈克尔·摩尔（Michael Moore）在奥斯卡最佳纪录片演讲中批评小布什发起了"虚构的"伊拉克战争，女演员苏珊·萨兰登（Susan Sarandon）在获得奥斯卡最佳女主角的演讲中，敦促美国政府关闭一个拘留营，那里关押着 250 名患艾滋病的海地人。然而，更常见的情况是，名人们以政治为由，攫取大众注意力，助长其自恋冲动，并顺应近年来的激进主义浪潮，为自己戴上伪善的面具。回顾一下，在黑豹党[1]50 周年纪念日上，碧昂斯在超级碗的中场秀中，所展现的"黑人的命也是命"[2]（Black

---

[1] 美国黑人社团，1966 年 10 月由休伊·牛顿（Huey Newton）和鲍比·西尔（Bobby Seale）在加利福尼亚州的奥克兰创建。黑豹党反对美国政府，认为改变世界必须通过对民众的长期组织和动员来实现，他们试图通过大众组织和社区节目规划来造就革命。——译者注

[2] 黑人权利运动口号。——译者注

Lives Matter）主题。当时这位衣着暴露的歌手和她的舞蹈团身着非洲风格服装，戴着黑色贝雷帽，披着皮夹克，在足球场上穿梭跳跃。在此，一位亿万富豪艺人，世界上最富有的人之一，在世界上最受欢迎、最赚钱的体育赛事的中心舞台上，将黑豹党激进的反种族主义庸俗化，理所当然地将他们的反资本主义原则置若罔闻。可能有人会说，碧昂斯只是利用自己的名气这么做，其本意是好的，但这一本意与黑豹党截然不同，黑豹党曾明确地揭露资本主义下的景观，而 50 年后的碧昂斯正是这些景观中的核心人物。

而在选举方面，尤其是总统级别的选举，政治竞选活动会安排一整个部门来负责组织和安排名流为候选人发声，这有助于提高候选人在媒体中的知名度，提升他们在流行文化上的潜在影响力。那些富豪社交网络中的人往往是有效的筹款者，演员乔治·克鲁尼在 2016 年为奥巴马和希拉里·克林顿举办了派对，以每位宾客 4 万美元的开支，打破了 1500 万美元的派对耗资记录，但这并没有为他们带来太多的选票。奥普拉·温弗瑞是一个例外，据估计，在一场关乎政治权力的脱口秀中，她为奥巴马赢得了 100 多万张选票。自由派人士认为，这场脱口秀可以与唐纳德·特朗普的表演相媲美。名人代言人在竞选活动中走上街头，制造景观，并经常引经据典或大喊口号，来宣扬候选人的观点，这反映出一种普遍的误解：詹妮弗·洛佩兹或凯蒂·佩里[1]实际上对公共政策有所了解。他们在政治中扮演越来越重要的角色，

---

[1] 二人皆为美国人气明星。——编者注

其性质等同于美国政治运动中的马戏表演,也顺应了美国政治话语的普遍减少趋势,其已经退化到心智刚刚成熟的阶段,其审美水平接近于电视广告,侧重于图像、卖弄和刺激,内容反倒不重要了。

电影明星在政治宣传中也发挥着重要作用。在里根时代的电影《天狐入侵》(*Red Dawn*)中,在亚历山大·黑格(Alexander Haig)将军和新自由主义的哈德逊研究所的帮助下,由帕特里克·斯威兹(Patrick Swayze)、查理·辛和C.托马斯·豪威尔(C.Thomas Howell)等青少年偶像扮演的美国高中生通过游击战,来保卫他们的家乡科罗拉多州的卡卢梅特,使其免受苏联、古巴和尼加拉瓜共产党的入侵。随着大多数主角在战斗中丧生,电影结尾以美国国旗作为背景,上面的牌匾写着:"在第三次世界大战初期,游击队——大多是孩子——将他们中牺牲者的名字放在这块石头上。他们独自在这里战斗,献出了自己的生命,因此,这个国家永远不会从世界上灭亡。"2001年的战争电影《黑鹰坠落》(*Black Hawk Down*)也用同样的招数,为克林顿对石油资源丰富的索马里的"人道主义干预"作辩护,在电影中,一群好莱坞"大众情人"扮演了袭击摩加迪沙的美国士兵,而他们袭击的索马里人则被描绘成面目模糊的野蛮人。

在2014年奥斯卡获奖电影《美国狙击手》(*American Sniper*)中,入榜《人物杂志》(*People Magazine*)2011年度"百大最性感男性"的布莱德利·库珀(Bradley Cooper)饰演克里斯·凯尔(Chris Kyle)——伊拉克战争中最致命的狙击手之一。这部电影是在伊位克战争——美国历史上历时最长、代价最高且毫无意义的战争——发动后的第10年上映的;迈克尔·摩尔和演员塞斯·罗根（Seth Rogan）对这部电影进行了批判，却遭到了包括前副总统候选人萨拉·佩林在内的人士的强烈反对。尽管导演克林特·伊斯特伍德（Clint Eastwood）与共和党有着密切的关系，但他在2012年共和党全国大会的演说上，却与库珀一同为这部作品极力辩护，坚称这是一部中立的、非政治性的人物个案研究。其实，他们深知，让好莱坞的魅力男神扮演狙击手，会让他们的作品题材变得更受欢迎且更具性张力。库珀甚至惊叹于凯尔在现实生活中"令人难以置信的魅力"，以及该电影作为西部片的巧妙框架，尽管"牛仔和印第安人"本身意味着种族主义和仇外心理。

事实证明，库珀和伊斯特伍德所称赞有加的"富有魅力的人物"，容易产生自大的幻想、宗教偏见和反复无常的侵略妄想，尤其在针对与他在伊拉克作战的"野蛮人"（凯尔原话）时。凯尔在自传中回忆，他曾告诉一名陆军上校："我不会对那些手里拿着《可兰经》（Koran）的人开枪。虽然我想，但我不会这么做。"并吹嘘自己枪杀了两名试图偷窃他卡车的男子。他还声称，在"卡特里娜"飓风引发的骚乱中，他曾站在超级圆顶上，狙击"抢劫者"。这部电影的一个可取之处是，它对现实生活中美国政府没有为退伍军人提供医疗服务的现象进行了批判。而凯尔本人不仅患有创伤后应激障碍，而且在试图帮助一位同样遭受创伤的退伍军人时不幸去世。尽管如此，这部电影的卖座表明，观众愿意（甚至是渴望）暂时忽略美国的帝国主义，以享受更令人愉悦的故事。这些故事展现了一些文化舒适区：军人以充满男子气概的英雄的形象被呈现；美国例外主义；与此同时，也展现出好莱坞通过煽动民族主义恐惧和种族中心主义，从而赚取利润的意愿

第七章 名流

和准备。

文化产业

在历史中，名流现象是随着资本主义秩序中大众媒体的兴起而出现的。这并不意味着，这些对出众的美貌和才华的赞扬，不可能有追求利润以外的动机；也不意味着，通过与偶像的伪亲密关系或粉丝的社会纽带，来获得深刻体验是痴人说梦。这同样不意味着，名流不能被用来对精英权力发起挑战——像是披头士乐队成员、节奏布鲁斯巨星马文·盖伊（Marvin Gaye）和山姆·库克（Sam Cooke）、演员丹尼·格洛弗（Danny Glover）和哈里·贝拉方特（Harry Belafonte）等，以及许多其他人都做到了这一点。但在当今这个媒体集团和跨媒体营销肆虐的时代，名流所创造的流行趋势服务的却是个人品牌和内容。在以市场和赢利为主导的思维模式中，名流的价值是根据他们的广告价值来衡量的——他们吸引和抓住大众注意力，并将其商业化的能力。对于那些除了营销炒作能力，没有任何可见才能的人来说，这一点尤其明显。

如今，最富有的名流，那些拥有亿万富豪或准亿万富豪身份的人，通过将自己的名气转化为产品代言、投资、特权和品牌来变现，并从这个过程中积累了比肩拥有亿万身家的企业精英的经济实力。比如，奥普拉起先是新闻主播，后来成为脱口秀主持人，她利用节目的成功，将其转变为大型公司和初创公司的广告机器，以此建立了一个媒体帝国和多产品品牌。泰勒·佩里（Tyler Perry）也走了类似的路线，他利用自己早期在表演和电影制作上的成功，在亚特兰大建造了一个占地330英亩的工作室，并在制片和出品等多方面掌握大权。凭借《星球大战》(*Star Wars*)和《大白鲨》(*Jaws*)等影片的成功，导演乔治·卢卡斯（George Lucas）和史蒂文·斯皮尔伯格（Steven Spielberg）创建了自己的大型制作公司和品牌，并以数十亿美元的价格将其售出。说唱歌手Jay-Z通过流媒体服务、高端洋酒和品牌香槟的销售而致富。坎耶·韦斯特通过与阿迪达斯合作开发运动鞋品牌Yeezy[1]，并通过持有前妻金·卡戴珊的造型服装（内衣）公司的股份，以及价值约9 000万美元的音乐版权，而成为亿万富豪。所有这些名流的资产净值都超过了10亿美元。

韦斯特与Yeezy的成功合作，源于几十年来说唱歌手和体育明星为运动鞋打造品牌的实践。多年来，体育用品和服装公司通过将运动鞋与受欢迎的篮球运动员及其运动才能联系起来，并将不同的风格与特定的运动员挂钩，从根本上扩大了销量。20世纪80年代中期，经典说唱组合Run D.M.C.凭借单曲《我的阿迪达斯》(*My Adidas*)打造了运动鞋文化，为坎耶铺平了道路。组合成员们穿着阿迪达斯的球鞋，而鞋舌被拔了出来——在监狱生活中，为了防止囚犯上吊，鞋带往往被拆除。在一次巡演中，Run D.M.C.的一名经纪人带着阿迪达斯的高管们观看这个说唱组合的表演时，观众举起了他们的运动鞋。随后，Run D.M.C.与阿迪达斯公司签署了一项史无前例的、高达100万美元的代言协议。

彪马和耐克紧随其后，后者与篮球超级明星迈克尔·乔丹（Michael Jordan）签订了当时价值最高的名人代言协议，价值约

---

[1] 国内消费者普遍称其为椰子鞋。——编者注

700万美元。耐克对 Air Jordan 的营销包括一系列广告和一个代表性商标，从而将鞋子与乔丹在扣篮时克服重力的非凡能力联系起来。早些时候，耐克曾为树立品牌形象，采用了违规的方式，导致乔丹违反了联盟的制服政策。为此，耐克替乔丹向 NBA 支付罚款。同样被罚款的还有耐克品牌总监斯派克·李（Spike Lee），他是白人主导的好莱坞黑人文化力量的新兴大使。在斯派克·李的第一部长片《稳操胜券》（She's Gotta Have It）中，他通过角色马尔斯·布莱克蒙（Mars Blackmon）将乔丹神化。马尔斯·布莱克蒙对自己的 Air Jordan 鞋子非常着迷，甚至做爱时都穿着。这一系列的商业广告通过重复利用布莱克蒙的形象，将耐克牢牢地定位在斯派克·李的街头嘻哈文化与黑人的权力政治之间，也定位在乔丹作为历史上最伟大球员的无与伦比的地位之上。耐克用"像迈克一样"的口号凸显了这一品牌形象，乔丹卓越的运动表现呈现在那些穿着印有乔丹身影的鞋子的人面前。

随着乔丹越来越受欢迎，耐克的市场营销规模也越来越大，其中最引人注目的是电影《空中大灌篮》（Space Jam），这是一则长达88分钟的 Air Jordan 广告。这部电影由一位以拍摄商业广告而闻名的导演执导，正如《福布斯》杂志所说，"电影的真正意义在于销售"。不仅是运动鞋，还有玩具、书籍、运动装备，甚至还有与"空中大灌篮"同名的宠物狗玩具品牌。2021年，在由耐克篮球明星勒布朗·詹姆斯（Lebron James）主演的《空中大灌篮2》上映期间，该公司网站援引该片制片人的话："（这部电影）在这场史诗般的对决中达到高潮，给每个人都带来了真实可见的后果……如此一来，当一个孩子看到角色穿着耐克时，他的想象力会让他联想到：耐克的产品，让人们展示出自己最好一面。"Wheaties 麦片也是如此，它的盒子上印有一系列名人运动员：卢·格里克（Lou Gehrig）、杰西·欧文斯（Jesse Owens）、布鲁斯·詹纳（Bruce Jenner）、玛丽·卢·雷顿（Mary Lou Retton）、老虎伍兹（Tiger Woods）等，人们会不自主地将他们的运动才能与麦片联系在一起。退休后，乔丹通过精明地收购夏洛特黄蜂队的特许经营权，使其净资产跨过了10亿美元的门槛。

乔丹通往财富和名流圈的商业道路让高尔夫冠军老虎伍兹发现了一条赚钱之路。伍兹最初与耐克签订了价值4 000万美元、为期5年的合同，一跃成为世界上收入最高的运动员之一。和乔丹一样，老虎伍兹也被精心地打上了烙印，而他的父亲厄尔·伍兹（Earl Woods）中校早在1996年——耐克与他儿子签约之前很久，就开启了这一进程。1996年，当老虎伍兹即将接受哈斯金斯学院颁发的最佳高尔夫球运动员的荣誉时，他的父亲厄尔在台上发言：

当我意识到，这个年轻人将帮助这么多人时，我的内心充满了喜悦。他将超越现有机制，为世界带来一种前所未有的人道主义。由于他的存在，这个世界将变得更美好。我知道，我被上帝亲自挑选出来，来培养这个年轻人，让他能够为人类做出贡献。

这种图腾崇拜看上去或许遥不可及，但对于厄尔·伍兹来说，却是理所当然的，他自儿子出生以来，就一直致力于将其打造为一个高尔夫传奇。在家庭照片中，在老虎伍兹还不满1岁时，厄尔就给了他一把高尔夫球杆。当老虎伍兹仅2岁时，他的父亲就让他上了迈克·道格拉斯（Mike Douglas）的节目，其中主

第七章 名流

要嘉宾包括超级明星鲍勃·霍普（Bob Hope）和吉米·斯图尔特（Jimmy Stewart）。老虎伍兹5岁时，他让儿子上了热门真人秀《不可置信》（That's Incredible）。而在1996年那天晚上的颁奖宴会上，厄尔更进一步，将儿子塑造成胜利和希望的普遍象征，并且，如其所言，老虎伍兹是上帝给世界的礼物。随着伍兹的人气飙升，厄尔告诉他："让传奇继续发展吧。"

耐克延续了厄尔的努力，推出了极具煽动性的"你好世界"广告，在广告中呈现出关于老虎伍兹的蒙太奇画面——作为一个挥舞着迷你高尔夫球杆的蹒跚学步的孩子，一个以专注和强力击球的青年，一个在众多崇拜他的球迷中，击出制胜球，然后挥着拳头的成年人，他的旁白以字幕形式出现在画面上：

你好，世界。我8岁时高尔夫打到70多杆。我12岁时打到60多杆。我16岁时参加了日产公开赛。你好，世界。我18岁时赢得了美国业余锦标赛。我19岁时参加了大师赛。我是唯一一个连续3次获得美国业余冠军的人。你好，世界。在美国，仍有一些比赛，我因为肤色而无法参加。你好，世界。听说我还没准备好迎接你。你准备好迎接我了吗？

耐克除了给老虎伍兹打上高尔夫球界的杰基·罗宾逊[1]（Jackie Robinson）的烙印外，还将他打造成一位品行良好、家庭

---

[1] 知名美国非裔棒球运动员，被视为黑人的民权斗士。——译者注

美满的男人，这一形象受到了"老虎伍兹团队"的保护，使他避免受到媒体的影响。然而，在这一屏障背后，这位高尔夫球手在拉斯维加斯的欢场上放浪形骸，那里的"主理人"为他提供了要价不菲的妓女组成的"后宫"——有时，一个周末的服务就收费高达3万至4万美元。当形象破灭不可避免地发生时，一长串遭受蔑视的女性站了出来，讲述她们与伍兹相处期间的"劲爆细节"，这打破了老虎伍兹精心树立起来的形象，与他有关联的数千万企业代言也付之东流。而耐克坚持与老虎伍兹团队合作，伍兹仍然保持着高尔夫球方面的纪录，并在2019年的大师赛上戏剧性地复出——仿佛在书写一个好莱坞式的结局。

当乔丹和老虎伍兹步步高升时，耐克以及众多想要争取到他们的公司都心知肚明，销售产品的最佳方式是赋予顾客一种氛围，将相应的感觉售卖给他们，这胜过美好的产品本身。1971年，可口可乐在"山顶"广告中开创了这一潮流，广告中有一群热爱和平的年轻人，他们不断吟唱着要给世界买一个家，用爱、苹果树和雪白的斑鸠来装饰，然后把这些田园诗般的画面与"为世界买瓶可口可乐"联系起来。近30年后，广告业前沿的苹果公司基于同样的原则，开展了"非同凡响"运动，以马丁·路德·金、毕加索、鲍勃·迪伦、约翰·列侬和其他历史名人的形象作为卖点，将苹果公司及其创始人史蒂夫·乔布斯当作与同这些人一样叛逆而富有创造力的天才。如果这些名人还在世，大概很少有人会支持苹果血汗工厂生产的系列产品，也不会承认自己与乔布斯这种自恋狂有关联。

耐克是一家童工工厂，也是由一位有着施虐倾向的自恋者（亿万富豪菲尔·奈特）经营的。它利用运动员的种族身份，以及形式广泛的种族正义运动,将品牌形象与提升黑人地位、街头文化联系起来。多年来,耐克公司因其在海外血汗工厂生产产品,针对黑人青年进行饥饿营销,以及促使人们追逐"篮球梦",而非高质量的工作和教育而广遭诟病。批判者还告诫,耐克使用"新发布"的抽奖系统来制造人为稀缺性,并夸大市场对产品的需求,从而使这些产品得以轻松达到量产规模,并以小小的成本换取大大的利润。在 Air Jordan 热潮中,媒体曾报道年轻人因运动鞋而发生暴力冲突——这正是耐克想要的。企业会不遗余力地追求一个可靠的目标,而名人本身作为崇拜对象,完全可以将普通产品转变为神圣的产品,尤其是那些具有明显象征意义和情感价值的名人。

除了依靠品牌代言成名外,在当今千万富豪和亿万富豪阶层的名流精英中,还包括了一个著名的"因为想成名而成名"的群体——他们完全没有才能天赋,而直接走向了品牌。这些名流能否获得财富和名望完全取决于他们是否有能力在饱和却无下限的关注经济中,在众多胸怀抱负的明星中,保持知名度、拿捏公众利益。由于这些名流大多通过社交媒体成名,他们也尤其容易受到"取消文化"❶的影响,在这种文化中,观众利用在线论坛组织抵制活动,不让名流保留他们的公共身份。作为"Me Too"运动的一部分,观众们"取消"(葬送)了电影导演哈维·韦恩斯坦、伍迪·艾伦(Woody Allen)和美国全国广播公司(NBC)新闻主播马特·劳尔等一系列性侵犯者的职业生涯,尽管他们广受好评,且拥有强大的企业和文化影响力。

---

❶ 取消文化指的是通过在网上发动抵制行为,以向名人或知名企业施压,其评价标准基本与"政治正确"吻合。——编者注

这些巨头被驱逐出文化产业，表明社交媒体具有推进虚拟抗议和用户大规模表达的能力。但它也使新自由主义对历史进程的篡改和扭转越发顽固，包括将（社会发展）归因为个体努力，而不是社会和政治制度和结构的产物。在取消文化的背景下，激进主义者对媒体巨头马特·劳尔进行检举，也就可以理解了。但在解雇劳尔的过程中，NBC一边举起进步主义的大旗，一边却继续践行反进步主义，比如允许其新闻主播在2020年总统竞选期间，对进步人士进行迫害。在"Me Too"运动的大背景下，NBC环球首席执行官杰夫·谢尔（Jeff Shell）本可能会因NBC娱乐公司首席执行官保罗·特雷格迪（Paul Telegdy）的极端性别歧视和种族主义行为而罢免他，但保罗在提议NBC在黄金时段播出右翼脱口秀节目，从而让NBC获得市场份额之后，毫发无损。在取消文化的结构下，迪士尼为了占据道德高地而取消了强尼·德普（Johnny Depp）的戏份，因为他被他的前妻指控有家庭暴力行为，但是事关其旗下的大量员工时，迪士尼仍然只给他们支付很低的工资并且让他们在恶劣的环境中工作。

取消文化在"标签运动"❶中培养了一种误导性的信念，即借助冲突和表演发家致富的推特是社会变革的正义渠道，在线动员（召集集会）与组织（努力将新人带入运动）亦是如此。它还引导人们认为，利用"推特抱团"公开羞辱个人（其中一些人甚至不是公众人物），可以构成一种草根阶层的民主力量。与此同时，

---

❶ 基于社交平台的可供性，在互联网上通过统一标签聚合线上话题，在积蓄足够的话语力量后，再转向线下，成为具有物质形态的社会运动，标签的形式呈现为"#相关事件"。——译者注

"让美国再次伟大"（Make America Great Again）和其他右翼运动也采用了同样的策略来恐吓民众，并通过骚扰使他们保持沉默。

这种对个人的禁言同时也对更宽泛的公共话语产生了冷却作用，在某些情况下，甚至将重大的法律和社会保护踩在脚下，更不用说美国一向倡导的"公正性"和"正当程序"了。取消文化所针对的对象受到不成文规则的摆布，并在舆论法庭遭受起诉，其中一些人被剥夺了自证清白的机会，另一些人则失去了对他们所处的中间地带进行解释的机会。结果，无辜的人受到骚扰和排斥，某些人甚至由于匿名推特用户自以为是的无稽之谈，而失去了工作。在因种族歧视而谋杀特雷冯·马丁（Trayvon Martin）的佛罗里达州男子乔治·齐默曼（George Zimmerman）被判无罪后，就发生了一个取消文化事件。导演斯派克·李在抗议法律中存在的严重种族不公正时，向25万粉丝发布了一条推特帖子，内容中包含了李自认为的齐默曼的住址。但这里实则住着一对夫妇，他们的儿子名叫威廉·乔治·齐默曼（William George Zimmerman），他们因此遭到误解。由于李的帖子，他们被迫躲藏起来，因为大量恶意的邮件涌入他们家。

甚至在个人电脑、智能手机和社交媒体出现之前，集体反对和羞辱攻击就已成为右翼理论家和流氓的武器，他们常常利用电视和广播，对与之相左的政治观点和某些民族、种族和性少数群体进行恐吓，并将其边缘化。约翰·列侬曾开玩笑地说，披头士比耶稣更受欢迎，这在保守派，尤其是南方保守派中引发了轩然大波。亚拉巴马州伯明翰的一家"语不惊人死不休"的电台发起了一场"抵制披头士"运动,这场运动在整个"圣经地带"❶和全国范围内造成影响。一开始,DJ们在直播中打破披头士乐队的唱片,后来该事件升级为无差别焚烧他们的唱片,而乐队成员也遭遇了严重的死亡威胁。这一切不仅结束了披头士的巡演生涯,而且在那位于1980年将列侬杀死的基督徒的心中埋下种子。

在披头士遭受抵制的大约13年后,一场由摇滚电台名人和唱片制作人发起的右翼运动瞄准并试图"取消"比吉斯乐队❷(Bee Gees)。当时,在迪斯科的影响下,种族和性别壁垒正在被打破。而这场"取消"活动就是对该趋势实施的暴力攻击之一。比吉斯乐队标志性的紧身裤、金挂坠、假声演唱以及商业上的成功,让乐队成员们几乎置身于反动势力、恐怖分子和种族主义势力的火线之中(他们曾遭受炸弹威胁)。在芝加哥白袜队的主场科米斯基体育场,发生了臭名昭著的迪斯科毁灭之夜。当时,数万名暴徒焚烧了迪斯科和节奏布鲁斯专辑,这让人想起纳粹的焚书行为,迪斯科也至此从广播和更广泛的文化中被"取消"了。

取消文化还有一个影响,社交媒体为那些过去与名声遥不可及的人提供了各种成名途径。与主流媒体的单边主义不同,社交媒体塑造了伪亲密感,有抱负的名流可以利用这种亲密感建立粉丝群,树立个人品牌。因为观众的注意力对广告商来说是有价值

---

❶ 美国保守的基督教福音派在社会文化中占主导地位的地区。在美国,"圣经地带"特指以浸信会为主流的美国南部及周边地区。——译者注

❷ 1958年成立于澳大利亚的流行音乐组合,由来自英国的三兄弟巴里·吉布、罗宾·吉布、莫里斯·吉布组成。——译者注

的,名流和"有影响力的人"可以通过引人注目、易于接近和博人眼球(而非才华)的行为,来建立获利颇丰的职业生涯。在这样一种拥挤的、支离破碎的注意力经济中,要想被关注,就需要媒体渗透和过度曝光,包括小报和八卦媒体的报道,这些媒体利用挑逗性的素材吸引粉丝深入名人的私生活。"易于接近"意味着公开露面,并在社交媒体上时刻更新,以满足粉丝对更全面、更真实的交流的渴望。

作为最具开创性和影响力,以及最富有的名流,帕丽斯·希尔顿和金·卡戴珊都建立了价值数十亿美元的品牌,并凭借她们吸引大众注意力,并将注意力变现的能力,进行了精英文化积累,和企业实力增进的过程。希尔顿累积了约3亿美元,而卡戴珊则获利超过10亿美元。在大萧条期间,八卦专栏作家沃尔特·温切尔(Walter Winchell)创造了"名流新宠"一词,以描述一种新的名流,这种名流除了能在镜头前作秀外,并不具有可见的天赋。而这一类人中,就包括希尔顿。她的品牌建立在"坐喷气式飞机的女继承人"和"时尚女孩"的形象之上,她的父母都是富有的社交名流,他们也给女儿帕里斯取了"明星"(Star)这样的昵称。当希尔顿一家搬到他们名下的纽约市华尔道夫大厦时,帕里斯和她的姐姐妮基开启了她们的成名之路,她们与父母一起参加慈善活动,在自家酒店参加派对,在迈阿密的红毯上和纽约时装周的前排出现,在洛杉矶夜总会的桌面上跳舞。

当《名利场》(Vanity Fair)为以"嘻哈脱口秀"(Hip Hop Debs!)为主题的封面故事采访希尔顿家的女孩们时,她们还只是十几岁的少女,而这对姐妹也由此成名。那期的封面照片由著名摄影师大卫·拉查佩尔(David LaChapelle)拍摄,照片上,两个富家女孩穿着暴露的衣服，浓妆艳抹，在一辆银色劳斯莱斯前搔首弄姿，帕丽斯戴着金色的项圈，上面写着"R-I-C-H"。随后，希尔顿开发了一档热门真人秀节目，还出了一本书，这本书曾登上《纽约时报》的畅销榜。而被泄露的私密录像带《巴黎一夜》，为帕丽斯·希尔顿带来了国际知名度，她成功将其商业化，打造出了一个品牌帝国。从珠宝到假发，再到创收数十亿美元的香水系列，她将自己继承的财富增加到数亿美元，且仅一次公开露面就能赚100万美元。

金·卡戴珊的超级名流身份也建立在出洋相之上，但她比任何其他名流都更充分地开发了真人秀和社交媒体的广告潜力，从而造就了惊人的财富。卡戴珊是O.J.辛普森[1]（O. J. Simpson）的律师的女儿，她起初是帕丽斯·希尔顿的造型师，并与她一同出现在夜店。和希尔顿一样，卡戴珊也有性爱录像流出。《卡戴珊与超级巨星》的录像为她带来了国际知名度，也使她成为真人秀节目的爆点，这部真人秀后来成了一档长期热门节目。《与卡戴珊同行》（Keeping Up with the Kardashians）衍生出的各种节目，开创了金的家人和朋友的职业生涯，更重要的是，它将"金·卡戴珊"这一个人品牌发扬光大，使她的社交媒体关注者数量成倍增长。

真人秀节目《与卡戴珊同行》在iPhone发布的几个月后首次亮相，摄像机跟随卡戴珊一家——主要是3个女孩——领略富豪

---

[1] 前橄榄球运动员，因涉嫌谋杀白人前妻及其男友而臭名昭著。——编者注

第七章 名流

和名流的日常生活：一个接一个的奢华假期；个人助理、造型师和培训师；在洛杉矶周围兜风；懒洋洋地躺在自家沙发上，衣着暴露地刷推特。节目内容看似给了观众窥探名人私生活的机会与表面亲密感，但实际上充满了刻意编排的与真实社会关联紧密的戏剧性事件和故事情节。在金的继父布鲁斯·詹纳变性后，她与黛安·索耶（Diane Sawyer）的《60分钟》(*60 Minutes*) 面对面访谈节目以超过 1 700 万的观看量，打破了纪录，詹纳也荣升为跨性别解放的象征，尽管詹纳与大多数跨性别人士所面临的经济问题和政治斗争没什么联系，更何况詹纳还是一名共和党成员。

  截至 2022 年 6 月，卡戴珊在照片墙上拥有超过 7 300 万粉丝，在推特上拥有超过 3.19 亿粉丝，这让她可以向企业广告商收取 50 万美元或更高昂的费用，只需在她的"照片墙"账号上进行一次代言——这是他们数十亿美元的成功的一部分。卡戴珊同父异母的妹妹凯莉·詹纳（Kylie Jenner）也用同样的模式打造出她近十亿美元的净资产。作为色拉布❶用户中粉丝最多的人之一，詹纳通过用色拉布直接营销她的化妆品品牌致富。当她在推特上宣布不再使用色拉布时，该公司股价暴跌 6%，相当于市值 13 亿美元。

---

❶ 由两位斯坦福大学学生开发的一款"阅后即焚"照片分享应用。利用该应用程序，用户可以拍照、录制视频、添加文字和图画，并将它们发送到自己在该应用上的好友列表。这些照片及视频被称为"快照"，而该软件的用户自称为"快照族"。——译者注

电视真人秀

比吉斯乐队的罗宾·吉布在去世的两年前，曾在2010年的《卫报》采访中表示，他发现自己一生大部分时间所从事的行业越来越把音乐视作"一台大型卡拉OK机"。当然，吉布对音乐的商业化并不陌生，他的经理人和制片人在将他的乐队打造成明星乐队的过程中，也让歌迷为他们的创作能力买单——这是不足为奇的。不过，令他有感触的是最近出现的所谓的"名声民主化"现象，在这一现象中，任何人，无论有无天赋，都可以拿起麦克风，登上舞台，然后成名——一切都是庸俗化的重复过程。

当比吉斯乐队制霸音乐排行榜时，音乐行业的主战场还是DJ和地方电台，音乐视频仍是新鲜事物。自那时起，在放松管制、企业合并、重大技术突破、媒体和娱乐行业规模的扩大等因素的综合作用下，作品的访问量和数量越来越多，也使任何人都可随时播放任何音乐家的任何歌曲。随着有线电视和24小时节目普及，以及数字有线电视和流媒体服务走进大众视野，视觉媒体也呈现出同样的趋势。曾经，观众们仅依靠少数几个主要网络享受娱乐，获取新闻，观看首次登月等重大事件，而现在，他们可以在大量的广播、电视和在线频道上获取各种类型的视频和电影资源（甚至可以自己拍摄视频并上传）。数字媒体无处不在，图像能够被即时传递，这使广告商能够趁人们醒着的任何时候，用商业内容浸润公众意识。对于观众来说，像《早安美国》（*Good Morning America*）和《今夜秀》（*The Tonight Show*）这样的节目可能是获取新闻和进行娱乐的主要来源，但对于广告商来说，它们是一种手段，把我们清醒的时间延长到深夜和凌晨，让他们可以不浪费每一秒地从我们身上不断获利。大众媒体、广告和消费者需求的飞速发展，使文化产业对新内容和新面孔的需求倍增，反过来，这也加剧了对观众注意力的争夺，虽然成名的机会多了，声名狼藉的风险也大了。

在这些发展和新自由主义政治经济学的兴起过程中，真人秀节目在20世纪80年代中期出现了。当时，由于生产成本和债务的上升以及广告收入竞争的加剧，电视行业面临赢利危机。1988年，制片人趁美国编剧协会罢工，绕过工会以及与经纪人、专业演员和剧本作者相关的劳动力成本，通过制作低成本的节目来避免未来他们罢工的风险，同时满足新的多频道环境的要求。真人秀拥有更大的灵活性和更低的风险，因为制片人可以试播新节目，而不需要投资，因而也不会产生损失。2019年，这种新制作技术创造了约60亿美元的利润，除此之外，还有与品牌、第三产业和（以小报为主的）媒体相关的收入。由于省下了经纪人、演员、编剧的劳动力成本，真人秀的利润率高达40%。

真人秀节目是剧情片、喜剧片和纪录片的集合体，它耸人听闻地再现了日常生活中的戏剧性场面。真人秀粗劣的制作质量反而助于营造一种真实的氛围，一种普通人在"真实生活"的感觉，中间还穿插着自白式的采访。通过聚焦于"普通人"，制作方可以将自己的产品包装成一种"民主化名人"和"发掘"人群中明星的模式。凭借对"现实"的关注，制作方可从看似无穷无尽的主题中产出大量内容：约会、化妆、求职、商业创新和投资、耐力和天赋的竞争、房地产和家庭装修、成瘾问题等。哥伦比亚广播公司制作了一个以一线歌手厄瑟（Usher）为主角的真人秀节目（在播出前被取消了）。该节目中，致力于各种社会事业的"活动家"被安排在G20峰会上,就"向全世界领导人发声的机会"互相竞争。这清楚地展现了真人秀这种节目形式的荒谬之处。

制作人是这类节目的重要因素,他们的任务是构筑具有商业价值的演员阵容和故事情节。这意味着要找到有能力带来收视率并愿意引发争议的"演员"。和脱口秀一样,真人秀的目标是在30分钟内(其中还包括植入广告的间隙),探索人性体验中不稳定和情绪化的情形,以此吸引观众的注意力,并利用这些注意力来创造广告收入。为了记录下戏剧性的场景和参演者展现真实自我的时刻,剧组成员和参演者经常被置于压力环境和社交高压下,他们的情绪也被刻意推向崩溃边缘。他们越是精神错乱、不加掩饰,效果就越好。

真人秀演员们争相吸引观众的眼球,以维持商业价值,并得到更多雇用机会。在这种不得不引人注目的情形中,演员可能需要揭露自己生活中的隐私部分,同时忍受公众的嘲笑。出演机会的稀缺、经纪人和工会代表的缺位,使制片公司能够借由合同,对演员进行全方位的控制,其中包括对他们形象的支配和刻画、他们未来的工作和收入、他们能否在其他媒体上露面,以及他们讲述自己人生故事的权利。社交网络通过才艺比赛挖掘名人,随后利用合同,篡夺新兴明星个人管理和销售作品的合法权利,比如他们在音乐、出版、录音和巡演方面的合法权利,从而束缚住他们挖掘到的名人。

由于真人秀节目本质上控制着真人秀演员的形象,节目组可以自由地以不讨喜和扭曲的方式呈现演员。在美国,这不仅针对成年人,也针对儿童。《孩子国度》(*Kid Nation*)(2008年)堪

第七章　名流

称真人秀版《蝇王》❶（*The Lord of the Flies*），以 8 岁至 15 岁的儿童为主角。儿童选美真人秀《选美小天后》（*The Toddlers and Tiaras*）的参演者中包括年仅 3 岁的儿童，其中一些孩子还穿着成人服装，化着浓妆。《选美小天后》的衍生系列《甜心波波来啦》毫不留情地刻画了一个生活在贫困中的 6 岁女孩的愚昧无知和缺乏教养。

父母和剧组人员默认了这种"剥削"，因为他们认为这是成名和阶层跃升的代价，尽管文化产业的巨大收入差距及其中的高人员流失率使成名变得遥不可及。少数真人秀明星确实积累了足够的名气，他们也利用衍生剧、热门歌曲、建立品牌创造了可观的收入，甚至改变了人生。例如，《纽约娇妻》（*The Real Housewares of New York City's*）中的贝瑟妮·弗兰克尔（Bethenny Frankel）利用她的真人秀明星的身份，创立了个人品牌"瘦身女孩"，主营玛格丽特酒和其他酒精饮料，销售额高达数亿美元。这种头奖式的成功如同胡萝卜，让真人秀演员们像轮子上的仓鼠一样不懈地追逐名气，同时使该行业工资低、没有工会保障的情况越发严重，使从业者的权利遭到打压。而对于唐纳德·特朗普而言，真人秀是挽救他日渐衰败的企业和名人形象的完美媒介，他还借此建立了十分庞大的追随者团体，以至于他能在之后将其转化为最高级别的政治权力。

---

❶ 《蝇王》是英国作家、诺贝尔文学奖获得者威廉·戈尔丁创作的长篇小说，讲述了一群 6 岁至 12 岁的儿童因飞机失事而被困在一座荒岛上，起先他们尚能和睦相处，后来由于恶的本性膨胀，互相残杀，酿成悲剧。——译者注

学徒：白宫版

当美国新当选的名流总统召集内阁召开首次正式会议时，他坐在椭圆形桃花心木长桌中央的一张皮椅上，打趣道："欢迎回到演播室，很高兴你在。"这明显是对这位总统在真人秀节目中董事会场景的效仿，在真人秀中，参赛者坐在一张相似的董事会桌前接受审判，而特朗普坐在一把超大的皮革椅子上——旨在强调他的权威。

据《纽约时报》报道，在上任前，特朗普告诉他的助手们，要把他们政府的每一天，都看作一集展现他"战胜对手"的过程的电视节目。这种卑鄙、低俗的态度昭示着他漫长而传奇的职业生涯：从大西洋城赌场到环球小姐和摔跤狂热，从高尔夫度假村、纽约市摩天大楼到营利性的特朗普大学，这些都呈现着P.T.巴纳姆（P. T. Barnum）口中"每分钟都有一个'傻瓜'出现"式的表演。但正是他在黄金时段的真人秀节目《学徒》的成功，促使特朗普得以大肆扩张自己的个人品牌，并将自己重塑成一个美式成功故事：每一集都以粗犷的个人主义台词为开场白，伴随着蒙太奇手法，他面容坚毅，登上一架"特朗普"牌私人飞机，身旁是一位睡在长椅上的无家可归者，和一座闪闪发光的自由女神雕塑。"我予以反击，并赢得大满贯，"他如是吹嘘，"凭借我聪明的头脑和高超的谈判技巧。"《学徒》把特朗普的"行政"模式带到普通观众家中，这让他看起来既似曾相识又与众不同，也对他当选起了助力作用。特朗普通过渲染自己在华盛顿的局外人身份，利用语不惊人死不休的话术和侮辱性的幽默来吸引观众，同时吸引渴望收视率的媒体。这位主宰黄金时段的名流以这样的方

第七章 名流

式,一跃成为政治权力精英。

特朗普的总统任期从许多方面看,都像是一部讽刺漫画。到了20世纪70年代,人们已经广泛接受,重要的政治人物会成为演艺界的一部分,而大众媒体和演艺界则会成为政治的一部分。罗斯福开启了围炉夜话。艾森豪威尔与巴德·阿博特(Bud Abbott)和卢·科斯特洛(Lou Costello)❶一起参加了《埃德·沙利文秀》(Ed Sullivan Show)。肯尼迪是第一位在深夜电视台接受采访的重要政治候选人。尼克松邀请猫王到白宫会面,并在电视节目《罗伊与马丁喜剧秀》上幽默地说:"向我出招吧!"福特和基辛格在电视剧《豪门恩怨》(Dynasty)里露面。里根曾是一位著名的演员,也曾是美国演员工会主席。卡特曾引用威利·尼尔森(Willie Nelson)和鲍勃·迪伦的话,还接受了娱乐杂志《花花公子》(Playboy)的采访。而比尔·克林顿本身就是一位花花公子,他的性丑闻时常登上小报,他也曾戴着墨镜在阿森尼奥·霍尔秀上吹萨克斯。然后是奥巴马,他曾低声唱着艾尔·格林(Al Green)的歌曲,在吉米·法伦秀中的"慢节奏即兴说唱"环节,用鼓舞人心但含糊不清的"高中毕业演讲"吸引观众,就像一个表演家一样,仿佛世界上只有他存在。当奥巴马作为总统候选人在柏林的一百多万人面前现身时,他的对手参议员约翰·麦凯恩发布了一则名为"名流"的攻击广告,将他比作布兰妮·斯皮尔斯(Britney Spears)和帕丽斯·希尔顿:"他是世界上最具知名度的名人,但他做好领导美国的准备了吗?"

---

❶ 巴德·阿博特与卢·科斯特洛均为美国著名喜剧演员。——编者注

特朗普的总统任期具有标志性，它与之前的总统任期有所不同。尽管之前的历任总统都会利用流行文化达到政治目的，但他们的政府手段仍具有法律理性，也会服从法律和官僚机构的规则。相比之下，特朗普是一位有且仅有个人魅力的领导人，他以名人效应作为工具来执政，又将政府作为工具，来扩大自己的知名度。他的权威是一种显而易见的反体制形式，其正当性源于情感而非规范和法律。根据德国社会学家马克斯·韦伯的说法，当理性形式的政府和机构失败时，当人们对建制失去信心，渴望摆脱缺乏人性和充斥着异化效应的官僚生活时，这些富有魅力的领导人往往会获得优势。不同于从世袭制和传统中汲取权力的国王或国家元首——这些人的权威是他们在法律理性秩序中所扮演的角色授予的，有魅力的领导人的权力根植于其追随者的信仰，以及对"超越"的渴望。当一个魅力型领导人的吸引力消退，或者他们的反叛变得套路化时，其权威基础就会瓦解。

特朗普不放过每个机会，来挑起支持者的情绪，激发他们被关注的渴望，以及对建制派的不信任。由于特朗普缺乏专业知识，公然不尊重总统准则，将胜利美化，将失败淡化，许多他的批评者都试图羞辱他，但他们都没能剥夺他的权力，也没能削弱他的吸引力。这或许是因为特朗普的支持者对他有一套不同的评判标准，而这套标准与他们对他的了解一致。尽管在真人秀中，观众知道他们正在观看的人物只是在表演他们真实的自我，但不管怎样，他们都会收看并乐在其中。

从这方面看，特朗普的总统任期暴露了美国的资本主义及其中运作的文化产业中令人不快的真相。其中一个事实是，大量美国选民更喜欢他们既腐败，又不民主的政府以夸夸其谈的表演者

第七章 名流

的形式呈现，而非笼罩在技术官僚和法律主义的阴影之中。它还表明，相较于实际的政治权力，大多数人更愿意接受情感刺激和情感表达。这是就新自由主义、名流和专制之间兼容性的严峻提醒，而这点早在皮诺切特时期的智利政府就有所体现，那里曾进行第一次新自由主义实验。

战后的批判理论家在研究名流、娱乐和情感在法西斯宣传中的作用时，也遭遇了类似的问题。纳粹宣传人员利用广播和电影塑造了纳粹的权力之路，将音乐娱乐与政治辞令结合起来，并主办了由国际名人希特勒"主演"的群众集会。按照德国哲学家西奥多·阿多诺的说法，法西斯宣传者利用机械的节奏和重复来取代批判性思维，并凭借电影和壮观的公众示威吸引民众，造就人们对独裁者和国家的臣服（两者是一体的）。在法西斯的宣传模式中，这种臣服属于人的原始欲望，包括释放自我的刺激，以及一种归属感。追随者将独裁者视为一个父亲式的人物，他对家庭（国家）拥有绝对权力，但作为群众中的一员，这位独裁者同样有脆弱的时候，也是一位受害者。即便如此，独裁者依旧被尊为国家权力的象征。在他——也仅在他一人身上，饱含着人们的决心：渴望摆脱现代生活中的压抑日常和文明化进程。

特朗普的"名人"总统模式和法西斯宣传模式间，有着显而易见的相似之处：持续地重复和散播信息，将"他人"作为替罪羊，强人身份和受害者人设，以及将他的行政领导与国家的伟大画上等号。除此之外，他还操纵和滥用法律，对规则和官僚主义不屑一顾，以大众娱乐代替政治权力。尽管特朗普并没有像政府中的法西斯主义者那样，忠于连贯的意识形态，但他对骚乱的夸夸其谈和偏爱，以及利用小报激发人们对真相的渴望，让人想起了历史上的独裁者们。他们中的许多人都是以利益、形象和权力为卖点的富有魅力的演员,而对于特朗普现象的描述,可援引巴纳姆的名言:"牛吹得越大,人们越喜欢。"

第八章

公众和群众

2017年1月，特朗普政府的高级顾问兼竞选经理凯莉安妮·康威（Kellyanne Conway）在NBC的《与媒体见面》(Meet the Press)节目中露面，接受新闻主播查克·托德（Chuck Todd）的采访。在关于白宫虚报特朗普的就职典礼吸引了"有史以来最多的观礼人——线上线下皆创新高"一事上，康威斥责了托德，并告诉他："别搞得太戏剧化"，随后她不假思索地辩称，特朗普政府只是表明了"另类事实"，康威以此来反驳现有的基于证据的指控。在采访的几天后，奥威尔的《1984》和赫胥黎的《美丽新世界》一举登上畅销书榜首。威权主义和法西斯独裁主义相关图书的热销，受到了特朗普当选的影响，其中包括特朗普政府不断制造的虚假信息的影响。

奥威尔以虚构的1984年为背景，通过双重思想❶和其他令人毛骨悚然的宣传手法，预示了正在到来的威权主义，也给尼尔·波兹曼（Neil Postman）带来灵感，于1985年出版经典作品《娱乐至死》(Amusing Ourselves to Death)。在这本书中，波兹曼认为电视新闻是一种控制社会和使社会腐朽的工具，与奥威尔式的监视、语言和智力支配相比，它更像赫胥黎式的娱乐消遣。波兹曼认为，电视成为美国民众的主要信息来源后，降低了公众话

---

❶ 指一个人同时接受两种互相矛盾的信念。——编者注

语的质量，使新闻平庸化，削弱了我们的辨别能力。在创造"资讯娱乐"（infotainment）一词时，他指出新闻、消费主义和娱乐之间的界限已越发模糊，因为电视先天偏向肤浅和情感满足，而这是以牺牲批判思想和公共领域民主为代价的。1996年，皮埃尔·布迪厄（Pierre Bourdieu）在题为《电视上》（On Television）的系列讲座中提出了类似的论点，他认为电视作为一种完全商品化的信息传播媒介，使我们的思想同质化，并以一种"隐形审查"的形式发挥作用，具有动员或遣散公众的力量。

如今，波兹曼和布迪厄所哀叹的"赫胥黎式的自我麻痹"，随着愤慨、震怒和恐惧等情绪的蔓延，在令人上瘾的肾上腺素狂飙中，走进了大众视野。在24小时有线电视和放松管制的媒体时代，曾经为吸引尽可能广泛的受众而迎合大多数人的新闻媒体，现在通过瞄准特定的消费者群体，并根据相应观众的喜好定制"新闻"来获得市场份额。这种"定制"部分是通过加剧社会和政治分裂的奇观和偏激观点来吸引观众的。由于只有少数几家企业集团主导着广播电视，当新闻事件与观众和赞助者所希望看到的内容冲突时，记者及其编辑鲜有动力去对这些新闻进行如实报道。

特朗普当选是这些趋势作用下的结果。作为"福克斯新闻的总统"，他从福克斯新闻广播中收集"另类事实"，并定期与福克斯主播肖恩·汉尼提和福克斯创始人罗杰·艾尔斯（Roger Ailes）等名流协商。作为前电视脱口秀制作人和"政治操盘手"，艾尔斯了解电视媒体的政治力量，以及如何有效地转移大众注意力，使他们忽略掉前后矛盾和滥用权力的现象。他曾写过一本工具书，讲述如何构建引人入胜而显而易见的"现实"，以激发观众的情绪，并动员他们采取行动。在2016年总统竞选期间，福克斯为特朗普安排了固定的节目时段和专题报道，助他当选，更重要的是，福克斯还为特朗普提供了阶级战争的框架。特朗普的集会和新闻发布会鼓舞了因失业、收入停滞和生活水平下降而饱受摧残的广大美国民众。他利用这些噱头来挑拨追随者对自由媒体机构的愤怒和怨恨，以此制造混乱和猜疑，他称自由媒体机构为"人民的敌人"——纳粹宣传家约瑟夫·戈培尔（Joseph Goebells）在提到犹太人时也使用了这一措辞。

而自由派媒体则起到了完美的陪衬作用。他们讽刺特朗普的支持者是倒退的、武断的种族主义者，每天都会发表无端的怨言——这与特朗普的失败者叙事完全吻合。在无耻地追求普利策奖和利润的过程中，自由派新闻媒体投入了数千万美元，为特朗普的竞选活动进行全天候的疯狂报道。正如哥伦比亚广播公司首席执行官莱斯·穆恩维斯（Les Moonves）阐释的那样，特朗普"可能对美国不好，但对哥伦比亚广播公司来说太好了"。他补充道，"那我还能说什么呢？财源滚滚，趣味多多"。

使福克斯新闻和特朗普总统任期生机勃勃的保守主义运动源于新自由主义狂热分子戈德沃特、华莱士、尼克松和里根的派系，他们的"南方战略"❶围绕种族仇恨、政府权力以及公共领域（尤其是公共教育）而展开。南希·麦克莱恩（Nancy McLean）在其开创性著作《锁链中的民主》（Democracy In Chains）中，详细揭露了像诺贝尔经济学奖得主詹姆斯·M. 布坎南这样的学者在大学、企业媒体和智库内部发动的持续数十年的"立场之战"中，

---

❶ 共和党用于赢得美国南方选民屡试不爽的战略手段。该战略通过利用白人的保守心理和怨恨情绪来打败民主党。——编者注

起到的核心作用。这些早期新自由主义理论家的宣传效应和企业权力的聚集，促成了米尔斯《权力精英》一书的背景，也使世界各地的知识分子得以对媒体和文化在欧洲法西斯主义崛起中的作用有所理解。

在《巨兽：1933—1944年国家社会主义的结构与实践》中，弗兰兹·诺伊曼写道："就现代分析社会心理学而言，人们可以说，国家社会主义是为了创造一种统一的虐待狂性格，一种被孤立感和渺小感束缚的人，在某些事实的驱使下，他投身于一个集体，在那里，他享有那个他已融入其中的集体的权力和荣耀。"这种大众冷漠和异化的框架是米尔斯对精英权力进行分析的基础，在此，他使用了"公众"和"群众"的理论范畴，来阐述美国公民和政治生活的堕落状况及其背后的意识形态力量。其中"公众"代表着积极参与民主审议和异议的、知识渊博的、有自主权的代理人，而"群众"则代表着反智的、私人化的、不知情的、易受操纵的人。由于法西斯主义在早先几乎没有显现，或者正如他所担心的那样，即将显现，米尔斯认为，一个包容真正的辩论的公共领域，受过教育的独立公民以及透明、双向交流的媒体是实现真正民主政治生活和普遍人类自由的基础。本章描述了媒体和公共教育——美国民主参与和挑战精英权力的主要制度支柱——的政治化和私有化，以及腐败和衰落在威权资本主义生产过程中的作用。

企业媒体

在过去的美国，政治极端主义和企业对大众媒体的控制并不总是常态。战后时期，为数不多的几家电视网和报社主宰了新闻业，但他们的目标是尽可能广泛地影响受众，并为整个国家发声。这还要归功于1934年的《联邦通信法》(Federal Communications Act) 中的公平原则，该法案创建了联邦通信委员会，将广播公司定位为公共受托人，负责构建公民知情权并维护公共利益。作为使用公共波段的一个条件，联邦政府要求广播公司以公平和无党派的方式，报道有争议的问题，根据1959年的修订，该法还规定对公职参选人的广播时间应均等。

保守派反对公平原则，认为虽然它作为调解新闻报道中不同观点的最佳手段，利于自由媒体与自由市场，但是其对政府不利。他们辩称，公平原则的平等播放时间要求侵犯了广播公司的《第一修正案》权利，但当在他们1969年试图将控诉提交给美国最高法院时，法院却对公平原则予以支持，声称言论自由是"观众和听众的权利，而不是广播公司的权利"《第一修正案》的目的是维护自由的思想市场，在这个市场中，真理最终会占上风，而不是支持这一市场的垄断力量——无论是由政府本身还是个人垄断。"

在过去，美国的决策者至少在一定程度上重视公众知情的价值。但到了1987年，里根政府的联邦通信委员会通过援引《第一修正案》中的权利和技术变革的影响，将公平原则撤销了。公平原则的基础是新闻来源的稀缺性，只有少数几家主要新闻网络可以提供报道，但有线电视使人们能够接触到各种各样的新声音和新观点，而保守派认为，这些声音和观点应通过市场竞争和自我管理来协调。

里根取消这项原则后，在拉什·林堡（Rush Limbaugh）、纽约脱口秀明星鲍勃·格兰特（Bob Grant）等脱口秀主持人的推动下，不加掩饰的保守派、右翼法西斯派的媒体节目数量激增。在林堡怒斥"女性主义者"和"环保主义怪人"后，他的听众扩大到数千万人，格兰特展现出了本土主义的愤怒，将移民称为"次等人"，并将1991年洛杉矶骚乱中的非裔美国人称为"尖叫的野蛮人"，这为诸如新闻极限（Newsmax）和福克斯新闻等保守派有线电视媒体的涌现奠定了基础。

里根不接受民主党人为维护公平原则所做出的努力，但在克林顿和新民主党人上台后，企业驱动媒体放松管制的行为便成了两党共识。在废除美国福利体系的同一年，克林顿以众议院（414票赞成，16票反对）和参议院（91票赞成，5票反对）的决定性多数——其中包括极端保守的共和党众议院议长纽特·金里奇的支持——签署了《1996年电信法》（Telecommunications Act of 1966），使其生效。为了进一步粉碎民主党人将媒体视为公共产品的理念，克林顿放松了政府管制，以促进媒体间的竞争，他保证，这将以更低的价格为消费者带来更多的选择。在为该法案进行宣传时，他滔滔不绝地讲述了"信息高速公路"的奇迹，虽然这条高速公路和大多数伟大的高速公路一样，是由联邦政府建造的，而不是新自由主义者鼓吹的私营部门。时任国会议员伯尼·桑德斯和社会活动团体"报告的公正性和准确性"组织作为反对者，指出了媒体业游说者是如何"买通"这项立法的，并警告称，这将提高价格并促进垄断——事实也确实是这样。

《1996年电信法》为了遏制利益冲突，同时促进对媒体所有权的垄断，大幅减少了新政时期的联邦通信委员会规则。它允许大型企业和富豪收购并主导媒体市场,从而导致较小的媒体倒闭或被"合并"到较大的公司中。美国电信公司可以收购海外公司,反之亦然,跨行业所有权法规也放宽了——这项法规本是为了禁止某个行业的公司在另一个行业经营和控制公司的。值得注意的是,该法案授权联邦通信委员会每4年审查和修改一次媒体所有权规则,以确保它符合公众利益。这赋予了联邦通信委员会令人难以置信的放松监管的权力,新闻集团等媒体巨头利用这一权力,打破了所剩无几的限制政策。此外,以新兴网络产业"不受约束"之名,这项立法免除了互联网公司对用户发布的内容的责任,这为阴谋论和假信息的传播开启了大门。这些阴谋论和假信息今天仍在困扰着网络媒体。

在克林顿的激进立法通过并生效之前,约50家公司控制了90%的媒体和娱乐行业;而截至2022年,5到6家企业集团就控制了相同的市场份额。由于公司董事会成员重叠,在他们的相互协调和共同投机下,从图书和杂志、有线电视和网络电视、广播电台,到电影制片厂、音乐公司、主题公园和运动队,这些行业都只被寥寥几家大型企业主导着。掌管这些巨头行业的是一小群亿万富豪和千万富豪,他们几乎完全控制着当今的媒体格局,手握数不胜数剥削公众利益的机会。在《新媒体垄断》(*The New Media Monopoly*)一书中,鲍勃·巴格迪基安(Bob Bagdikian)用最严厉的措辞描述了这些状况,认为当今的大型媒体公司及其领导人拥有"比历史上任何专制或独裁政权都更大的传播权力"。

这种专制的例子比比皆是。如由杰夫·贝佐斯掌控的《华盛顿邮报》(*Washington Post*),其记者因公开谈论亚马逊臭名昭著的低工资而受到惩罚。在加利福尼亚，记者们不愿意批评迪士尼，因为担心被列入黑名单，即便迪士尼向工人发放的薪资根本无法解决温饱问题。当媒体报道（微软全国广播公司联合创始人）比尔·盖茨、埃利·布罗德（Eli Broad）、金融罪犯迈克尔·米尔肯以及沃尔顿家族等慈善家时，他们永远是纯粹的利他主义者和有远见的人，而非逃税者、垄断者和企业掠夺者。在华尔街银行家和对冲基金首席执行官持有大量股份的新闻媒体上，关于金融渎职、私募股权收购和企业放松监管的新闻被降级为普通商业新闻。当化石燃料公司在福克斯新闻上做广告时，他们企图否认气候变化。当大型制药公司在美国有线电视新闻网上做广告时，他们不希望关于药品进口、价格控制和CEO薪酬过高的新闻被报道。

大型科技企业

在新千年的最初几年，像亚马逊和谷歌这样的大型科技企业闯入了新闻和娱乐行业，凭借其可观的规模，以及对数字世界的控制，它们在短时间内占据了主导地位。到2020年，世界上排名前三的新闻和信息公司谷歌（旗下包括Alphabet和YouTube）、脸书和苹果的内容量超过了传统好莱坞娱乐业在其整个历史上所产生的内容量，用户每日观看总时长超过10亿小时，相当于所有电视媒体的观看时间。

大型科技企业进入新闻行业并没有改变大多数美国民众从电视上获得新闻的事实，尤其是随着电视新闻变得更加有趣和令人上瘾，但这确实从根本上使报刊媒体丧失了影响力——尤其是那些地方性报刊。起初报刊所有者和记者欢迎这些庞大的网络平台进入，因为科技公司向大量的网络用户推送新闻报道，到2017年，脸书和谷歌的用户总数占主要新闻媒体网站用户的70%以上。然而，大型科技企业的野心并不是推进现有的新闻媒体发展；而是利用其独特的优势和广泛的消费者数据，与公共事业公司并驾齐驱，将其赢利能力和垄断能力扩展到新市场。

大多数美国民众认为脸书和谷歌是社交媒体和在线搜索平台，但从根本上来讲，它们是广告公司——通过定向广告业务获取巨额利润。传统的广告商在产品销售公司和媒体中间运作，相比之下，科技公司则既是广告经纪公司又是媒体平台，它们与电视、广播和报纸直接竞争。大型科技企业相对传统新闻媒体的优势在于，它能够通过社交网络和互联网搜索记录，收集关于消费者的朋友、喜好和习惯的可靠而详细的数据。这打开了深入消费者灵魂的窗口，让在谷歌或脸书上做广告的公司能够精准地定位潜在消费者，甚至操纵他们的消费习惯。2021年，美国广告商在数字广告上的支出超过了在电视、广播和报纸等传统媒体上的支出。

除了订阅费、微薄的公共拨款和一些私人资助者（通常是亏损的），新闻业历来都是通过企业广告来获得资助的。20世纪90年代末，在线分类广告平台Craigslist的出现削减了报纸的广告收入并蒸发了其分类广告收入。随着脸书的用户数量增长到近10亿（截至2022年，这一数字已接近30亿），报刊将脸书和其他社交媒体平台作为后Craigslist时代增长战略的一部分。记者们在社交媒体上分享他们的文章，并试图扩大他们的线上影响力。与此同时，脸书研发了新闻推送算法，把新闻机构的内容放在首位。然而，2017 年，脸书和 YouTube 视频网站却成了总统大选中，宣传丑闻的中心，并受到广泛批评，因其算法只以拓展用户规模为导向，而不考虑夸大事实的"标题党"和阴谋论的扩散。根据 2018 年《华尔街日报》的一项调查，当 YouTube 网站的算法检测到用户的政治偏好时，会向用户推送与他们的偏好一致，且"往往更加极端的观点"。

脸书通过改进他们的算法，来应对外界的批评，新的算法更支持个人用户发的帖子，而非来自机构的观点，这有效地降低了推送头条中的新闻机构的曝光度。这一举措让脸书得以向新闻机构收取新闻投放的费用，并从新闻内容中牟取暴利，但脸书并不参与创作，甚至没有对新闻进行事实核查。在各大媒体的愤怒中，脸书开始为新闻机构的内容付费，而各大媒体在选择合作对象时，还是偏向脸书，这使它最终控制了数十亿用户浏览的新闻内容。

脸书还对"假新闻危机"做出了回应，他们成立了一个号称独立的审理委员会，以决定哪些帖子应被删除，哪些用户应被禁止访问脸书网站——进一步使该公司可以不为用户内容负责。随着克林顿激进的《1996 年电信法》生效，互联网公司对用户创作内容不再负有责任，而传统新闻机构却可能会因诽谤或引起麻烦而遭遇起诉。社交媒体平台仍然是虚假信息、阴谋论和诽谤的温床，这些言论使人恐惧，在某些情况下，还会煽动边缘团体发动私刑。

随着科技巨头篡夺报刊媒体的广告收入，《纽约时报》等主要新闻媒体将其商业目标转向吸引和留住订阅用户，以及根据人口统计学和政治身份来估计特定读者群体带来的利润。在由新冠病毒大流行引发的经济低迷时期，数千家地方性报刊关停，它们或改为完全线上的模式，或被华尔街企业和媒体集团收购，这使所有社群都依赖社交媒体获取新闻，或转向电视——而如今电视媒体也趋于保守。2005年至2021年，约有2 100家地方报刊停刊（占总数的四分之一），其中几家是在新冠病毒大流行期间停刊的。目前，对冲基金和私募股权公司控制了美国一半的报刊公司，包括论坛出版集团、麦克拉奇报业集团和媒体新闻集团等大型报业集团。回顾第四章，对冲基金和私人股本公司是通过裁员、出售房地产和降低工人养老金来笼络资金的。一家名为奥尔登资本的公司被发现可能违反了联邦法律，将2.94亿美元的报业员工养老金存入自己的基金账户中。

2000年，美国报纸的每日发行量为6 000万份，但到了2020年，这一数量减少了一半以上，仅为2 430万份，包括印刷版和数字版在内。在此期间，随着特朗普撤销针对垄断的保护措施，辛克莱广播集团收购了全国数百家地方电视新闻台，并利用它们宣传其所有者史密斯家族的保守观点。2016年，当辛克莱的执行主席兼创始人戴维·史密斯（David Smith）的儿子与唐纳德·特朗普会面时，他承诺："我们会在这里传播关于你的新闻。"2018年，某家体育博客的视频总监在网上发布了一段包括数百名辛克莱新闻主播的蒙太奇视频，辛克莱集团因此荣登头条新闻，这些主播情绪激动地指出了自由主义媒体中存在的偏见，但所有人其实都在按照同一个政治剧本进行表演。这段视频中，数十位新闻主播的视频片段同时出现在屏幕上，他们的声音以反乌托邦的、狂热的风格，和谐地融合在一起，他们表达的观点中不乏与特朗普一致的。

对于新闻主播和记者而言，这一趋势给他们造成了很大的压力。那些国家电视网和有线电视新闻系统内的人，若能为这种奇观提供素材，并与掌权者"合作共赢"，就能致富成名。福克斯新闻的肖恩·汉尼提就是其中之一，截至2020年，他的年收入高达4 000万美元；雷切尔·玛多（Rachel Maddow）于2021年与NBC环球签订了一项3 000万美元的协议，不再主持和制作播客和纪录片。此外，为了增加网络媒体收入，媒体名流可以在企业会议和智库研讨会上"讨价还价"，使他们几小时内的收入比学校老师一年的收入还多。例如，亿万富豪彼得森家族每年都会在华盛顿特区发起两党"财政峰会"，军事、企业和政治精英都会参会，由《纽约时报》国家安全记者戴维·桑格（David Sanger）等知名新闻媒体人，和查克·托德、安德烈亚·米切尔等有线电视新闻主播主持。这些新闻人物因出席彼得森峰会而获得巨额费用，他们的出席将峰会合法化了——显然，他们并未因彼得森峰会素来反对社会保障、医疗保险和医疗补助，而对其避之不及。

第四权力❶对私人利益和利润动机的倾斜也体现在电视新闻的审美和节目编排上。在这些方面，是否成功是以收视率和广告收入来衡量的，而非记者面对权力时是否说了真话。有线电视制作人经过培训，能够以肯定观众信念的方式呈现新闻，同时用很长的戏剧性弧线增强故事情节的曲折性。例如，屏幕上闪现的

---

❶ 在"行政权、立法权、司法权"之外的第四种政治权力。指的是新闻媒体对社会的影响力。——译者注

"突发新闻",实际上表明网络制作人选定了一个新闻事件,它不仅能吸引观众,还能让媒体连续几天靠该新闻事件冲收视率。一篇富有启发性的博客文章讲述了微软全国广播公司如何做出剪辑决策。博客中,一位前制作人描述了电视网如何根据当天推特上的流行趋势和前一天的收视率选择新闻话题,以及她的上级如何指示她保持新闻报道的简短和视觉冲击性。当制片人建议电视台播放更严肃的新闻时,一位"非常有才能的资深制片人"告诉她,"我们的观众并不真正地相信我们是新闻媒体,他们来看我们是为了找安慰"。

除了为观众和老板制造具有倾向性的内容,媒体还通过不报道某些事件和话题来控制新闻导向,或者反过来,将自己放在权威的位置上,以达到期望的结果。在总统政治、军事和安全国家领域的报道中,这种鼓吹、煽动和有失客观的倾向性尤其猖獗,而恰恰在这些领域,公众的知情权至关重要。例如,在2017年7月至2018年7月,微软全国广播公司选择不报道也门战争,反而制作了45个关于斯托米·丹尼尔斯的片段——这位色情明星在2016年总统竞选期间被特朗普的律师支付"封口费"。媒体没有报道重要的新闻,反而报道平庸和耸人听闻的消息。这样做不仅破坏了选举进程,而且导致美国人不知道政府以他们的名义做出了什么生死攸关的决定。媒体对伊拉克战争以及2016年、2020年的民主党初选的三次报道就是鲜明的例子:既说明了领军新闻机构是如何严重操纵真相的;也说明一系列事件是如何打翻社会天平,甚至导致致命结果的。

第八章 公众和群众

伊拉克战争

自2004年以来,《纽约时报》、美国有线电视新闻网、《华盛顿邮报》等主要媒体已公开承认,他们过度激烈和缺少批判性分析的报道"推动甚至教唆了布什政府发动战争",正如霍华德·库尔茨(Howard Kurtz)在担任美国有线电视新闻网《可靠来源》(Reliable Sources)(一个关于媒体偏见的节目)主持人时所写的那样。因此,当美国入侵伊拉克时,绝大多数美国民众认为萨达姆·侯赛因拥有大规模杀伤性武器,这场战争是正当的。2001年9月17日,著名新闻主播丹·拉瑟(Dan Rather)在《大卫·莱特曼深夜秀》(Late Night with David Letterman)节目上,对莱特曼说:"小布什是总统,他负责做决定。而作为美国人,他计划在哪起兵,我就在哪待命。"几年后,比尔·莫耶斯(Bill Moyers)(曾是精英政治的局内人,后来选择道出真相)问拉瑟,这样的说法是否损害了他作为记者的信誉,拉特回顾了他9月17日的评论,并向莫耶斯透露,根据他在美国新闻媒体的经验,许多记者和新闻主播一直处于恐惧状态。他表示,在他们脑中,始终都有这样的认知:他们的雇主与政府官员、华尔街银行家和《财富》500强首席执行官有联系——这些人不希望受到干扰。

这种压力使他们保持沉默,也在一定程度上解释了当今新闻报道中普遍存在的群体心态,尤其是在一场完美风暴的背景下:一场国家危机,一位受欢迎的总统,以及就伊拉克问题达成的两党共识。尽管鲁伯特·默多克(Rupert Murdoch)和罗杰·艾尔斯几乎没有掩饰福克斯新闻是一家促进共和党右翼观念传播的宣传机构,但自由媒体机构长期以来一直以其对行政权力的制衡,而不是作为民主党的一个分支力量而自豪。小布什能够发动战争，全靠他和主要政党及其盟友媒体达成了共识。共识内容包括拒绝当时盛行的遏制政策❶，采用新保守主义世界观，将美国的自由与世界主导权联系起来，并推行"不择手段"的无端战争、酷刑和暂时剥夺国内公民自由权的战略。

如第四章所述，2003年3月，美国发动了一场针对抽象敌人的永久性私有化战争，并对中东进行无休止的军事占领。战争导致了不可估量的死亡和纳税人的逃亡，造就这一切的是媒体、国家和企业机构中权力精英的结盟和民众的普遍恐惧。在"9·11"事件一周年纪念日附近的时期，整个美国都处于焦虑和"橙色警报"状态，布什政府趁机煽动其高级官员在主要新闻网络对相关事件进行巡回宣传。迪克·切尼出现在《与媒体见面》上——这次露面现已臭名昭著——他引用了朱迪思·米勒和迈克尔·戈登为《纽约时报》撰写的一篇报道，称萨达姆·侯赛因正在购买专门用于浓缩铀的铝管。米勒和戈登恐吓道："战争的第一枪可能是蘑菇云。"国家安全顾问康多莉扎·赖斯在美国有线电视新闻网上重复了"蘑菇云"这一说法；美国国务卿科林·鲍威尔周日也在福克斯新闻台发表了这一观点；国防部部长唐纳德·拉姆斯菲尔德在哥伦比亚广播公司的《面向全国》（*Face the Nation*）节目

---

❶ 遏制政策是第二次世界大战后美国推行的一种外交政策。由美国职业外交官、前美驻苏大使乔治·凯南于1946年提出。主张加强美国同西欧等国的关系，以军事包围、经济封锁、政治颠覆，特别是局部性的武装干涉和持续的政治冷战来遏制苏联及其他社会主义国家的发展与影响。——译者注

中,对这一消息进行了煽动。在《与媒体见面》上,切尼向全国观众保证,"我们绝对肯定,他(萨达姆)正在利用自己的采购系统来获取他所需的设备,来浓缩铀,以制造核武器"。

朱迪思·米勒是《纽约时报》炙手可热的中东报道专家,她在报道大规模杀伤性武器方面有着丰富经验,她与保罗·沃尔福威茨和理查德·珀尔(Richard Perle)等五角大楼官员的密切接触,使她成为名副其实的"独家新闻机器"。切尼的《与媒体见面》采访尤其引人注目,因为他在担任副总统期间,是不能披露国家安全情报的。作为代替,他巧妙地复述了米勒兰·戈登(Millerand Gordon)的话,而后者的消息来源是一位"匿名的政府官员"。马特·泰比描述得很恰当,"媒体被当作洗衣机,通过将污秽的消息附在知名新闻机构的名字上,使其变得'有信誉'"。米勒尤其如此,她的消息来源几乎完全依赖政府线人和伊拉克反对派领袖艾哈迈德·查拉比(Ahmed Chalabi)——一个众所周知的骗子,查拉比一心想在伊拉克实现政权更迭,并被中情局作为有偿线人。由于米勒和几乎所有其他报道伊拉克的记者都被"嵌入"军事部队(并因此受到他们的审查),这使他们更不加分辨地依赖虚假消息。尽管米勒是这场被载入史册的失败的中心人物,但她并不是唯一一位为政府做宣传的人。大多数新闻媒体和记者并没有调查小布什的战争理由的真实性,而是重复说着诸如"附带伤害"❶之类的词,以及直接引用美国和英国官

---

❶ 美国政府为推卸责任而发明的术语。其目的是将战争对平民的伤害与破坏合理化。——译者注

员发布的、旨在欺骗公众的谈话要点。值得注意的例外是，奈特·里德（Knight Ridder）与华盛顿特区分局的记者乔纳森·兰迪（Jonathan Landay）和沃伦·斯特罗贝尔（Warren Strobel）共同对政府有意歪曲的复杂细节进行了事实核查和揭露，并咨询了中层公务员和国家安全官员，这些官员透露，政府在编造情报。不过，兰迪和斯特罗贝尔的报道却常常被深埋于新闻封底，或者根本不被发表。

与米勒不同，兰迪和斯特罗贝尔并没有被邀请参加周日脱口秀。相反，有线电视新闻网络着重报道了自由主义和新保守主义"专家"的言论，他们故意用拜占庭式的故事情节和煽动性的言辞，来鼓吹战争。他们把萨达姆比作撒旦和希特勒（至少他是真实存在的人），对法国和其他谴责战争的国家大肆抨击，并使用复杂化叙事和技巧性细节来扭曲和分散大众的注意力。福克斯新闻在屏幕的角落里放置了一个美国国旗图案，全天候播放政府的谈话要点，并聘请作曲家专门创作了一套戏剧式的配乐，新闻节目中充斥着关于美国伟大、团结一心和复仇的话题。其中一个片段展示了庸俗的"小丑"杰拉尔多·里维拉（Geraldo Rivera）威胁用手枪追捕奥萨马·本·拉登的情节。迫于与福克斯竞争的压力，微软全国广播公司也在屏幕上突出了美国国旗，并解雇了收视率最高的主持人菲尔·唐纳休（Phil Donahue），因为他邀请反战嘉宾上他的节目。微软全国广播公司新闻主播克里斯·马修斯（Chris Matthews）见状，激动地表示："我们现在都成了新保守主义者。"

公开发表意见的国会议员在媒体中被边缘化，包括泰德·肯尼迪——他具有历史性的、慷慨激昂的反战演讲几乎没有被报

第八章 公众和群众

道。对政府不合常理的说辞进行质疑的报道,统统被扔进垃圾箱——其作者被扣上"反美"的帽子。福克斯新闻的比尔·奥莱利(Bill O'Reilly)公开威胁持异议者。在洛克菲勒中心的一次反战"死亡抗议"活动中,美国有线电视新闻网的一名记者向笔者透露,如果她对抗议活动进行正面报道,就将被解雇。2002年11月底,联合国核查人员提交了一份非常详细和冗长的声明,称萨达姆没有大规模杀伤性武器,《华盛顿邮报》发表了这一声明,但《纽约时报》却将其放到了A10版(国际版)。

2003年2月,科林·鲍威尔在联合国发表了漏洞百出的演讲,而美国媒体对此给予了大量好评,即便联合国领导人和大多数外国政府——包括美国曾经的同盟国在内,都对此持高度怀疑态度。在《华盛顿邮报》的专栏记者理查德·科恩(Richard Cohen)的一篇题为"鲍威尔的决胜优势"的文章中,科恩指出"鲍威尔向联合国提交的证据非常详细,其中一些甚至提供了令人毛骨悚然的细节。这些证据向所有人证明伊拉克不仅不应该为大规模杀伤性武器负责,而且一直在限制它们。只有傻瓜才会得出其他的结论"。在科恩的专栏不远处,《华盛顿邮报》的对外政策分析师吉姆·霍格兰德(Jim Hoagland)写道:"如果仍要坚称小布什政府没有问题,那么你就必须相信科林·鲍威尔在最严肃的场景下撒谎了,或者他自己也被虚假的材料蒙蔽了。我不相信这种情况会发生,你也不该相信。"《纽约时报》的编辑在题为"伊拉克的案例"的文章中说鲍威尔是"最可信的,因为他摒弃了世界末日式的关于善恶斗争的说法,反而努力针对胡塞因政权做出清醒的、事实性的描述"。

在奥巴马的总统任期内,政府对新闻自由和泄密者的操纵和攻击不仅在继续，而且愈演愈烈，尤其是在国家安全问题上。与特朗普一样，奥巴马政府也利用社交媒体和易引发共鸣的博客来发布资讯，这使他们有了一个自我发声的渠道，而且可以避开媒体提问。奥巴马政府还想方设法起诉泄密者，并通过监控一些人的电话和电子邮件记录，或强迫他们进行测谎，来对政府知情人进行恐吓。2013 年，30 岁的博思艾伦咨询公司承包商爱德华·斯诺登泄露了大量有关国家安全局监视计划的绝密信息，其内容涉及美国和英国政府以及电信和高科技公司，如威瑞森通信（Verizon）和脸书。国家安全局的监视目标包括德国总理安格拉·默克尔（Angela Merkel）、墨西哥总统费利佩·卡尔德龙（Felipe Calderon）以及法国的数千万人。接二连三泄露的信息使这场大规模的威权主义监视活动暴露于公众视线中，这削弱了奥巴马在海内外的正当性。作为参议员，奥巴马曾大肆批评战争和《美国爱国者法案》，并立誓要构建一个透明的政府，恢复新闻自由。斯诺登的告密暴露了奥巴马实际上致力于提高国家安全局的窃听能力、恐吓媒体、打击泄密者，这不仅与他曾作的保证相矛盾，而且给许多人留下了"他还会撒什么谎？"的印象。

在斯诺登的泄密发生之前，切尔西·曼宁（Chelsea Manning）曾于 2010 年披露了数十万份政府秘密文件。其中许多文件都涉及重大罪行。作为一名陆军情报信息搜集员，曼宁称，美国致力于"杀戮和抓捕平民"——包括蓄意谋杀伊拉克儿童和平民，她对这样的外交政策深感不安。曼宁大规模泄露了关于空袭的资料，其中包括一段视频，视频中一名美国阿帕奇直升机机组人员向一群男子开火，击毙了其中几人（包括两名路透社记者），然后对这些平民伤亡一笑而过。维基解密将这段视频命名为"附带谋杀"[1]。曼宁还泄露了一份《伊拉克战争日志》(*The Iraq War Logs*)，该日志揭露了美国"解放者"的残暴行径，以及他们是如何掩盖平民伤亡的。其中一份日志详细描述了美国军队如何给四名伊拉克妇女和五名儿童戴上手铐，并向他们头部开枪，然后用空袭掩盖罪状。所有儿童都不到 5 岁，其中还包括一位不到 5 个月大的婴儿。《伊拉克战争日志》还显示，奥巴马政府故意将伊拉克囚犯交给伊拉克军队和警察，从而对他们施以酷刑——与奥巴马自以为是的言辞完全相反。

斯诺登曾表示，他"为公众利益效劳"，并对自己采集的数据采取了严格的防范措施，并认为，通过引发争论，公众将更有能力在知情的情况下做出判断：为了国家安全，他们愿意牺牲哪些自由。曼宁也有类似的动机。曼宁将自己视为"透明度倡导者"，为公众的知情权和决定权而战。曼宁将她泄露的信息存放在维基解密上——一个由澳大利亚黑客朱利安·阿桑奇（Julian Assange）创建的在线文件分享网站，可用于发布匿名者提交的源文件。匿名是一种保护，也是对新闻明星制度的拒绝，这强调了所有人都是知识生产者和新闻来源的理念。自 21 世纪头 10 年中期以来，维基解密已发布数千份机密文件，包括克林顿领导的国务院的电报和关塔那摩湾被拘留者的档案。它还泄露了民主党全国委员会和希拉里·克林顿的竞选经理约翰·波德斯塔（John Podesta）的电子邮件账户上的大量电子邮件内容，详细展示了民

---

[1] "附带谋杀"是从"附带伤害"衍生出的概念，暗指美军以意外伤亡为借口进行蓄意谋杀。——译者注

主党打算如何处理 2016 年民主党初选时的尴尬细节。

斯诺登将泄露的文件交给专业记者进行审查和管理，其中一些人在收获普利策奖后却卑鄙地背叛了他。而阿桑奇在他的网站上只发布了原始资料。虽然与阿桑奇共事的记者们认为，材料的编辑对于保护线人和其他无辜者来说至关重要，但阿桑奇却采取了一种纯粹的立场，认为信息不应被扭曲，没有人有权预先决定它带来的后果——他没有这个权力，《纽约时报》没有这个权力，美国政府当然也没有。

倾斜的天平

在对总统选举进行报道时，政治记者和权威人士倾向于像报道赛马那样报道政治竞争，并将政治话语局限于粗口、肢体语言和"喝啤酒时的闲聊"，从而转移对严肃政策问题的讨论。他们播放由超级政治行动委员会资助的煽动性和扭曲性政治广告，为企业和亿万富豪捐赠者带来过度的影响力，同时赚取数十亿美元的广告收入。在某些情况下，他们还会直接干预政治进程。比如 2001 年，福克斯新闻让小布什的表弟提前在佛罗里达州宣布竞选，然后让主播在每天的黄金时段，反复散播民主党人企图选举舞弊的谎言——人们现在对这套流程已经很熟悉了，当时的情况和 2016 年福克斯新闻成为"特朗普电视台"的情况有异曲同工之妙。

自由派媒体在 2016 年和 2020 年总统选举期间的表现也与此类似，他们强烈反对特朗普，却也失去了民主党方面的支持——尤其是那些对新自由主义资本主义的基本原理，以及再现其政治

第八章　公众和群众

和社会关系的媒体心存质疑的人。即使面对着特朗普对工薪阶层选民的强烈吸引力，民主党也避免对阶级进行分析，转而讨论身份政治和党派冲突——这些话题无不引导人们远离对资本主义秩序的挑战。在这种背景下，伯尼·桑德斯谈到民主党的辩论范围以外的议题，他敢于与民主党2016年首选候选人希拉里·克林顿和2020年候选人乔·拜登竞选，并批评新闻媒体未能对过度的政府权力和企业权力进行遏制。

与福克斯新闻在佛罗里达州的行径类似，在2016年加利福尼亚州民主党初选期间，美联社记者致电加利福尼亚州的超级代表❶，要求他们秘密透露自己的选票，以便美联社可以在所有选票都投完之前预测竞选结果。这能够有效地压制投票，尤其是反对票。在加利福尼亚州进行直接干预之前，主流媒体的主导趋势是通过迫害行为和紧缩政治，剥夺桑德斯政策议程的正当性，称其"异想天开"，并认为他"不可能当选"。《华尔街日报》也参与了这场攻击，在文章中将桑德斯的议程贬低为"现代历史上最大的和平时期政府扩张计划"，在《左翼商业观察报》（Left Business Observer）的道格·亨伍德（Doug Henwood）看来，这简直"耸人听闻"。而保罗·克鲁格曼（Paul Krugman）利用他在《纽约时报》言论版上大受欢迎的发声渠道，对桑德斯的单一付款人医疗保健计划进行了抨击，他声称，"不仅因为这在政治上不现实"，还因为它故意夸大了覆盖率，低估了成本。两周后，曾在奥巴马

---

❶ 美国政治术语，指民主党和共和党全国代表大会自动当选的代表。超级代表有权投票给任意候选人。——编者注

总统和克林顿总统任期任职的四位经济顾问委员会退休主席发表了一封致桑德斯的公开信，将他的预算比作不负责任的共和国财政政策。

2020年，自由派媒体加倍致力于贬低桑德斯的政策，称其耗资过大，在政治上不堪一击。但实际上，桑德斯在政策中提出了一种审查标准，如果运用得当，本可能让美国避免一场重大战争和全球金融危机，或者，至少能让民众更严肃地考虑，推选一位真人秀明星担任总统会造成怎样的后果。在2020年选举周期内，《纽约时报》编辑委员会在电视上播放了其候选人背书过程，并在通报结果时，把桑德斯和特朗普视作对等的，将前者的进步政策议程斥为"分裂主义"的。尽管桑德斯的政策不会像《纽约时报》所支持的政策和候选人那样，按照阶级划分选民。《纽约时报》指派贝莱德集团前分析师、金融记者西德尼·恩伯（Sydney Ember）采访桑德斯。恩伯在一篇又一篇的报道中引用了专业知识匮乏的"专家"的话，直接在报道中传递他们的意见，并对桑德斯的年龄、风度和支持者基础进行了讽刺性评论。恩伯对民调结果进行选择性解释，并避免称桑德斯为"领跑者"。尽管桑德斯在全球范围内广受欢迎，拥有数百万的志愿者和捐赠者，但恩伯却批评道，桑德斯"将竞选活动建立在倡导理念的基础上，而非建立人际关系"。

在桑德斯宣布参选的几天前发表的一篇文章中，恩伯写道，"他在黑人选民中的低支持率（民主党的重要选民基础）可能会威胁他的候选人资格"，但他却没有提到，根据两个月前美国有线电视新闻网的民调来看，桑德斯在非白人选民中的支持率高于其他主要候选人。

桑德斯反对里根激进的尼加拉瓜政策。对此，恩伯试图将他刻画为极端主义者，只因他对美国政府非法资助的反政府武装进行了谴责。反政府武装侵犯人权的行为包括组织行刑队、暗杀、强奸和使用酷刑。她引用了"专家"奥托·赖克（Otto Reich）对桑德斯的批判，恩伯称赖克是"拉丁美洲前特使，曾监督里根政府尼加拉瓜政策的实施"。但恩伯没有提及的是，赖克曾受到美国总审计长、总会计署、"伊朗门"事件调查委员会、众议院外交事务委员会的谴责，原因是赖克进行了"被禁止的、秘密的宣传活动"，其中包括一些针对美国人心理的活动，"超出了认证机构的公共信息活动范围"。

在一次后续采访中，恩伯询问桑德斯是否知道，在他参加的一次尼加拉瓜大规模集会上，人们喊着反美的口号。在桑德斯解释了美国在该地区威权主义崛起中的作用后，恩伯又追问，如果他听到这些口号，是否仍会留在活动现场。对此，愤怒的桑德斯礼貌地回答道："西德尼，恕我直言，我刚才说的你一个字都没听懂。"

有线电视上的记者也同样歪曲了桑德斯的政策和政治历程，严重扭曲了他的民调结果，毫无根据地质疑他"领跑者"的地位，并对他和他的支持者进行福克斯新闻式的恐吓和迫害。2016年，微软全国广播公司新闻主播查克·托德在维基解密中，被曝光与民主党全国委员会领导层勾结，他支持克林顿，并将桑德斯的支持者比作纳粹冲锋队。令人不齿的性骚扰者克里斯·马修斯将桑德斯在内华达州获得压倒性胜利比作二战期间纳粹入侵法国。在2020年讨论女性身份问题的"报道"中，微软全国广播公司的撰稿人米米·罗卡（Mimi Rocah），一位在纽约南区就职超过 16 年的美国前助理司法部部长评论道,桑德斯"让我毛骨悚然",并且,"他是反女性的"。还有莱斯特·霍尔特(Lester Holt),这位美国全国广播公司的主持人,作为 2019 年总统辩论的主持人,在询问桑德斯对最近一次民调的看法时表示,在这次民调中,"三分之二的选民表示他们对有一位社会主义总统候选人感到不安"。桑德斯则回答说,这个问题很糟糕,"那么那次民调的结果是什么?谁赢了?"——事实是,在霍尔特引用的那次民调中,桑德斯以两位数的优势获胜,得到 27% 的支持率,而乔·拜登只有 15%。

特朗普与福克斯新闻

自由派与保守派之间的交火——包括新闻主播和记者对受众的误导和激进引导——是美国私有化、管制宽松的媒体和企业集团对美国新闻和传媒行业进行垄断控制的后果。在"公平原则"被废除,新闻来源呈指数级增长之前,大多数美国民众都从三大夜间节目获取新闻,这使他们能够基于对事实的共同感知,来形成政治观点,或反对某些政见。然而,在当今竞争激烈的多渠道环境中,新闻媒体通过迎合特定的人群和身份群体,同时根据他们的观点定制新闻,来获取利润和市场份额。由于新闻机构的收益是由受众的规模和忠诚度决定的,而非新闻的准确性,所以他们的动机成了传达观众想要听到的资讯和观点——即使这意味着歪曲事实。

在这种情况下,新闻媒体成了广告,也成了商品。顺着观众的想法,提供足够的戏剧性和悬念,以博取他们的关注,成了新闻的首要目标，而高质量的消息类新闻媒体反倒退居二线。普遍的规律似乎变成，观众相信的事几乎等于真事。尤其是在社交媒体上，谎言可以在不承担任何责任的情况下被传播；而在有线电视上，每个新闻频道都会提供自己版本的"真相"，而这些"真相"往往与竞争对手提出的真相冲突。这种新闻媒体的政治化助长了社会的对立和猜疑，并从根本上磨灭了一种基于本质和事实的秩序——在这种秩序中，有着不同背景和意识形态的人可以对当今的重要问题进行有深度的辩论。

尽管这一布局是自由派和保守派共同作用的结果，但福克斯新闻在其间的作用仍是独一无二的，它将原本可能成为历史的政治趋势转变为一个强大的政治机器，将美国政治转向极右翼。1996年，福克斯新闻由鲁伯特·默多克创立，默多克可以说是世界上最有影响力的传媒大亨，他的成功很大程度上归功于他的企业游说策略曾成功中止了联邦所有权法。随着对企业集团限制的放宽，默多克的公司新闻集团成了一个庞大的全球传媒帝国，由数百家报纸和杂志、一家大型出版社、一家好莱坞电影制片厂、数十家地方电视台以及遍布六个大洲的国家和地方有线频道和卫星频道组成。福克斯新闻是由新闻集团控股的最赚钱的公司之一。虽然福克斯新闻是全国最受关注的有线新闻频道，但它有一个污点：对所有新闻观众造成了极大的误导。

正如默多克所设想的那样，福克斯新闻逐渐垄断保守派的电视新闻产业，并借此成为国际政治中的一股强大势力，推动了一场横跨多个大陆的"叛乱"。在此过程中，福克斯新闻提升了煽动者的地位，还将地方主义主流化。这一主导地位是在与曾为尼克松、里根和老布什政府服务的前媒体顾问罗杰·艾尔斯的合作下实现的。别的不提，老布什曾不惜一切代价，与李·阿特沃特（Lee Atwater）共同炮制了臭名昭著的威利·霍顿（Willie Horton）广告❶，以及其他形式的狗哨战术❷。而媒体顾问艾尔斯曾担任数十位共和党主要政客的战略顾问，其中包括前纽约市市长鲁迪·朱利安尼和参议院多数党领袖米奇·麦康奈尔。作为迈克·道格拉斯综艺节目的前电视制作人（老虎伍兹两岁时曾出现在该综艺节目中），他在莫里·波维奇（Maury Povich）的综艺节目中担任顾问，并致力于为大型烟草公司做宣传，以掩盖香烟的致命影响。

艾尔斯是一位好斗之犬、偏执狂和制造争议话题的大师，他身上体现了福克斯的种种特质：偏爱阴谋论、部落主义、否认气候变化、夸大其词、热衷于骚扰和男子气概等，他最终也因此没落。默多克和艾尔斯都对不带感情地追求利润和政治权力表现出兴趣，且都对（在他们看来）充斥着精英主义且以公正自居的自由主义媒体机构感到不满。和微软全国广播公司那些在西海岸发光发热的雅皮士❸（yuppies）不同，福克斯新闻的特色是垃圾话和煽动性言辞，他们认为这种坚定的保守主义能够捍卫美国梦。这种风气是艾尔斯为福克斯公司制定的战略的基础，而该战略也基于以下现实：民调显示，超过一半的国家不信任新闻媒体。为了吸引那些感觉自己被主流媒体忽视和贬低的美国民众，艾尔

---

❶ 老布什曾拿杀人狂威利·霍顿再次犯案做文章，暗讽竞争对手杜卡基斯，并最终打败杜卡基斯。——译者注
❷ 政客们以某种方式说一些取悦特定群体的话，以掩盖其他容易引起争议的信息。——译者注
❸ 城市中收入高、生活优裕的年轻专业人员。——译者注

斯将福克斯新闻打造成了一种政治运动,并恶意地以"公平与平衡"为口号(于2017年取消),坚称鼓动党派之争的是自由媒体机构,而非福克斯。

美国有线电视新闻网以"纯客观报道"的形式对第一次伊拉克战争进行播报,并因此闻名,它面向多样化的国际受众。相比之下,福克斯新闻采取了民族主义立场,充分利用了政治上两极分化的国内问题和事件,比如对莫妮卡·莱温斯基丑闻的全天候报道,这将艾尔斯"制造轰动"和"把新闻视作娱乐"的策略发挥得炉火纯青。福克斯对"9·11"事件和伊拉克战争的报道使其在收视率的角逐上一举夺魁,并为其竞争对手定下了爱国主义和复仇情绪高于历史与事实的基调。于是,其他新闻频道也纷纷效仿,部分原因是担心被贴上反美的标签,但更重要的,是因为这意味着客观的收视率和利润。

在打造福克斯新闻时,艾尔斯从法西斯主义的宣传年鉴中摘取了几页。作为莱尼·里芬斯塔尔(Leni Riefenstahl)的公开粉丝,他把情感看得比事实重要。他采取了经过历史证实的操纵技巧——流行语和重复。这似乎是他在担任电视新闻公司的新闻总监时学会的,电视新闻公司是福克斯电视台的前身,由右翼百万富豪约瑟夫·库斯(Joseph Coors)资助。在艾尔斯的战略性世界观中,娱乐活动是政治动员的强大力量,电视等视觉媒体对总统形象的塑造至关重要。在福克斯新闻编辑室与艾尔斯共事的员工更像是娱乐圈的人,而非记者,他曾断言:"这不是新闻发布会,而是电视节目。记者在片场赚不了钱。"

艾尔斯将福克斯新闻定位为共和党的指挥力量,他们协助共和党回避建制派记者的尖锐提问,并全天候播放共和党的谈话要点。除了增加福克斯电视台覆盖的城镇的共和党选票之外，艾尔斯和默多克还将福克斯新闻变成了政治筹款的主要来源，帮助几名保守派国会议员当选，其中包括帮助前福克斯新闻主持人约翰·卡西奇（John Kasich）担任俄亥俄州州长。作为一次重大的力量展示，福克斯新闻直接干预了2000年的总统选举，让选举天平向小布什倾斜。艾尔斯没有假装中立，让民众的投票主导结果，而是让小布什的堂兄弟负责电视台的决策台，在选举之夜给各州打电话询问结果。福克斯新闻不仅过早地宣布布什获胜，在接下来的33天里，更是激烈地辩称戈尔和民主党试图窃取大选选票。小布什卸任后，福克斯网络成了全天候对奥巴马进行猛烈抨击，并宣扬出生论的工具，其中不时掺杂着比尔·奥莱利标志性的白人男性愤恨式咆哮。

  或许最重要的是，福克斯为唐纳德·特朗普提供了当选总统所需的平台。默多克夫妇与贾里德·库什纳和伊万卡·特朗普是朋友（他们曾一起在鲁伯特的游艇上度假）。尽管默多克将特朗普视为一个标志性人物，一台收视率的助推器，却并不认为他是一个真正意义上的总统候选人。然而，随着特朗普的受欢迎度在福克斯忠实观众的支持下逐渐飙升，而布莱巴特和辛克莱等新兴右翼媒体开始通过支持特朗普，从而蚕食福克斯的收视率，默多克和艾尔斯也全力支持起了特朗普——他们也得到了回报。特朗普当上总统后，向福克斯的名流们敞开了白宫的大门，并花了大半天时间观看有线电视新闻和福克斯广播的推特内容。而福克斯，不仅在网络上对特朗普进行了100多次采访，还支持他往往是荒谬的主张，例如"戴口罩无法阻挡新冠病毒"等各种危及生命的观点。

随着特朗普入主白宫，微软全国广播公司与福克斯成了一阴一阳的两股势力。尽管他们在20世纪90年代中期一同涌现，但随着文化两极分化的加剧，福克斯新闻和微软全国广播公司成了一条九头蛇上的两个头，二者都从红州—蓝州的对立中获取利润，且如出一辙地致力于煽情和党派冲突的商业模式。微软全国广播公司自诩为反对特朗普"正常化"的保护者，每日定量向观众灌输特朗普所引发的愤怒，其中一部分内容简单粗暴地取自特朗普的"每日推特推送"，直到他的推特在2021年1月关闭。特朗普的推特本身就是一种媒体现象，而微软全国广播公司等媒体机构则把它变成了一台由"陷阱"和"突发新闻"组成的老虎机，让观众沉迷于一个对公众而言，永远无法得到的头奖。

在这个过程中，主流媒体也传播了不符合事实的、煽动性的言论，以及危险的阴谋。微软全国广播公司利用他们的演讲台和智囊团来分析促成特朗普当选的政治和社会条件，这实际上把特朗普中立化了，有助于他胜选。也许他们对于奥巴马政府长期以来不实而空洞的承诺心里有数，同时，就自身在推进民主党的误导策略中所起的作用也有所认识。这一误导策略由希拉里主导，目的在于对抗特朗普。不过，他们也确实毫不留情地对特朗普在选举中流露出的种族主义和性别歧视进行了批判。他们把特朗普胜选归因为身份政治，并嘲笑特朗普主义是"冤屈政治"，而事实上，那些选民的冤屈是非常真实和令人痛心的。

削弱公共教育

自米尔斯时代以来，美国权力精英不仅操纵新闻媒体，导致特朗普式的假信息肆虐，还通过控制美国公共话语和知识生产的主要机构，来推进他们的阶级稳固计划。他们发力的核心是公立学校，当权者试图剥夺这些机构及其他关键公共机构的必要资源，并破坏人们对它们的信任，从而使这些机构失去原本的职能。为此，新自由主义知识分子以择校为借口，把私有化等同于"个人不受干涉地追求私人利益的权利"。

新自由主义者认为，公立学校垄断了教育领域，而只有在不受限制的市场中才能产生优秀的教育。他们表示，如果没有竞争，"公办"学校就没有改进的动力，学生就缺乏追求卓越的动力，家长也被剥夺了选择的权利。

新自由主义者对公共机构，尤其是公共教育的讨伐，开始于打着反对"联邦政府过度干预"的幌子，试图推翻布朗诉教育委员局案[1]（*Brown v. Board of Education*），并主张将学校私有化作为自由和选择的问题。此外，他们反对普及公共高等教育，认为大学生应该支付全额学费。他们认为，随着"共担风险"越来越多，学生们将更有可能专注于学习，而免于受到共产主义激进分子的影响。而工人阶级会为此付出惨重的代价。鉴于美国大学教育的高昂开支，以及历史上普遍缺乏的对高等教育的财政支持，新自由主义议程显然已经取得了巨大成功。它不仅将大学变成了一个赢利企业，还削弱了其平等主义属性。

---

[1] 1954年的布朗诉托皮卡教育局案是一件美国史上非常重要、具有指标意义的诉讼案。当时，美国公立学校针对黑人儿童实行"隔离但平等"原则，布朗案是美国最高法院合并审理的一系列种族歧视案的总称。最终，最高法院宣告公立学校搞种族隔离的法律违宪。

第八章 公众和群众

在布朗案的一年后,米尔顿·弗里德曼于1955年发表了一篇论文,主张将税收补贴券作为一种为家长带来选择自由的途径,这也意味着,让学校保持种族隔离。此后,保守派一直实行税收补贴券政策,而奥巴马政府以学校选择为由,从公立学校中抽走资金,从而大规模扩展特许学校,借此营销他们为种族公平做出的努力,尽管这个词在历史上是种族主义的。

这种对企业改革的承诺,以及将其与反种族主义政治的有效结合,是奥巴马、新泽西州参议员科里·布克等人获得大量支持的原因之一——尤其是那些期望改革的对冲基金和保守派教育活动人士的支持。对冲基金经理和亿万富豪空想家结成同盟,为扩大特许学校,投入了数百万美元。他们利用消除种族隔离和种族成就差距的争论,使建立一个新的平行教育体系、解散教师工会等行为合理化。事实证明,他们的努力降低了公立学校的财政健康和公共声誉,破坏了民选学校董事会,并使黑人和棕色人种的学生进一步遭到种族隔离。尽管他们声明的普遍信念是:特许学校是自由和选择的引擎,但当今,在全国各地的学校中,种族隔离仍处于前布朗时代的水平,研究人员认为,这与特许学校的推广有关。

在K-12教育政策中,两党的立法者剥夺了家长、学生和教师的权利,并对他们进行了露骨的欺凌,从而为私有化开启大门。从民主党的芝加哥市市长拉姆·伊曼纽尔(Rahm Emanual)到共和党的威斯康星州州长斯科特·沃克,地方和联邦政府官员利用国家财政危机(许多情况下,这是企业大规模减税的结果)为大规模的财政削减作辩护,然后将教师及工会作为学生成绩下降的替罪羊。尽管特许学校的表现并不比公立学校好,也更容易出现欺诈和渎职行为，但新自由主义将公立学校及其教师描绘成失败的，并且与世界其他地区相比是没有竞争力的。2010年，《洛杉矶时报》甚至根据考试成绩数据公布了对学校教师的评分，以贫困和犯罪等社会问题为由，公开羞辱和指责教师，而这些问题其实远远超出教师的控制范围。分数的公布实际上加剧了加利福尼亚州的教育不平等，因为它使富裕和拥有良好关系网的家长能够行使"选择自由"，并在第二年将孩子送到那些顶尖教师的班里。

在联邦和州的层面，立法者实施了严厉的问责机制，将学生在标准化考试中的表现与联邦资助挂钩。他们非但没有用财政支持来帮助表现较差的学校，反而关闭了这些学校，并以特许学校取而代之，有时这种行为甚至是营利性的，不像常规的公立学校那样，受到许多规定的约束。他们没有向教师支付能糊口的工资，教师们必须靠在沃尔玛或麦当劳等企业再打一份工来维持收支平衡。相反地，他们启用了沃尔顿家族部分资助的"为美国教学计划"等私有化计划，用未经培训的大学生代替受过专业培训的持证教师。这些大学生在获得工作经验后，往往会在几年内转行。在其他国家，"为美国教学计划"由世界银行——发展中国家企业私有化的长期代理人——承保。

教育慈善家们也参与其中。他们避开学校董事会、国会和其他代表性决策渠道，将他们对美国教育体系应该如何运作的世界观强加于他人。这类"宠物项目"[1]在一个又一个失败的社会实验

---

[1] 指个人热衷并投入大量时间和精力的项目。——编者注

第八章 公众和群众

中,将儿童作为实验对象,对公共教育造成了严重损害。尽管他们在政策解决方案(如教育券)上存在分歧,但包括比尔·盖茨夫妇、迈克尔·布隆伯格、马克·扎克伯格、埃利·布劳德、沃尔顿家族在内的大型捐赠者却都抱有一种新自由主义的幻想:如果学校像竞争性企业一样运作,那么成绩差距将消失,美国将拥有世界上最好的教育体系。于是,他们不仅动用资金,还渗透地方选举和学校董事会选举,有时甚至会雇用群演来营造社区支持的形象。

比尔·盖茨利用自己的资金和影响力赞助了获奖纪录片《等待超人》(Waiting for Superman),该片公开指责教师是教育体系中存在的问题的罪魁祸首,并对教师的终身教职予以抨击,荒谬地认为大规模监禁是失败的教育体系造成的,同样荒谬的是,该片对华盛顿特区公立学校前总监米歇尔·李(Michelle Rhee)在新自由主义改革上做出的努力表示赞赏。当李被任命为总监时,《时代》杂志在封面上,对她大加称赞,将她塑造为一位举着扫帚,扫除学校里的"坏老师""拯救美国教育"的女性。作为公立学校总监,李没有辜负这种炒作,她拥有一种残忍的人格,将数百名教师和校长从名单中除名,甚至在全国电视台上解雇了一名大学校长。她在没有举行公开听证会的情况下关闭了数十所学校。她在镜头前自我吹捧,对被解雇教师发表鲁莽而耸人听闻的言论的时间比实地拜访校园并试图理解教师的时间还要多。

作为新自由主义学校改革的支持者,奥巴马在2008年的一次总统辩论中,称赞李是一位"出色的新总监"。但她推行的新自由主义改革计划不过是一场令人瞠目结舌的灾难:贫困学生和少数族裔学生的成绩仅得到轻微的改善,而她所推行的制度受到广泛质疑，因为在报告考试成绩、毕业率和学生停学情况方面，该制度存在欺诈行为。辞去华盛顿特区公立学校总监一职后，李没有消停，她出现在《奥普拉·温弗瑞秀》上，宣传一个激进地倡导废除教师终身教职的组织。后来，李在时任佛罗里达州州长里克·斯科特（Rick Scott）的交接团队中任职，并与威斯康星州州长斯科特·沃克并肩作战，在一个由贝齐·德沃斯（Betsy DeVos）创办的组织主办的活动中推进"学校选择"。在为唐纳德·特朗普面试教育部部长时，她的极端保守倾向变得更加突出，更彰显了新自由主义学校改革背后的政治色彩。

除了K-12教育的企业化改革，亿万富豪慈善家和理论家也渗透到高等教育中，以深厚的资金流吸引资源匮乏的学校和教授加入他们的圈子，为研究机构、讲座和其他学术项目与基础设施提供资金。弗里德曼资助的芝加哥大学、布坎南资助的弗吉尼亚大学、科赫资助的乔治·梅森大学墨卡图斯中心，以及（直白地说）全国大部分的经济学系都对其研究人员与行政员工进行了培训，以赋予其捐助者的"市场原教旨主义"合法性，并对制药、化石燃料、国防及诸多行业进行捍卫。

20世纪50年代，弗里德曼的天才学生加里·贝克尔（Gary Becker）对人力资本的概念进行研究，并获得诺贝尔奖。在贝克尔的世界观中，教育、技能培训甚至医疗保健都成了可以计算的投资，个人可以通过这些投资来增加自己在劳动力市场上的价值和回报。根据这种逻辑，处于经济阶梯最底层的人可以通过对自己进行正确的投资，轻而易举地选择向上流动。这一框架不仅把学生降格到商品的地位——商品的价值由市场力量决定——更否认了高等教育在丰富学识、构建公民身份、促进包容和团结等方面的意义，将教育降格为职业培训。

2016年，当佛罗里达州参议员马可·卢比奥（Marco Rubio）参选总统时，基于这种理念的政策建议得到了广泛凸显，该计划旨在通过"学生投资计划"，来解决大学生的负担能力问题。卢比奥认为，该计划的运行机制是让银行家和其他有钱人投资于潜在的"人力资源"，以此避免巨额学生债务。也就是说，投资人支付学生的学费，以换取他们未来收入的一部分。卢比奥建议，对这笔交易的尽职调查可能包括分析学生所在学校的声誉和地位、所选专业、学生表现和SAT分数。这好像德比赛马的下注者通过形式评估、官方排名和步态位置，来确定把钱压在哪匹纯种马身上。2019年，一个由两党参议员组成的小组在"收入分享协议"的支持下重提该计划。

除了将高等教育转变为一种金融产品，立法者还试图推行"基于结果"的认证制度，并要求大学招生官向学生提供关于从该专业毕业后，可获得的工作和薪水的数据。有了这些信息，学生们就能计算一门特定的课程是否"物有所值"，而大学也可以根据收益最大的项目，来做出投资决策。

即使没有这样的数据，学院和综合大学也已经对金融和商业有所倾斜了，并且，他们还期望那些貌似不怎么能赢利的文科和人文系的教职员工拿更少的钱做更多的事。随着全国各地商学院预算的扩大，文学教授和艺术历史学家的薪水不仅毫无增长，而且长期岗位被低薪的临时岗位取代——其中许多人赚取的工资甚至解决不了温饱问题，也没有退休金和医疗保险，他们不得不打第二份和第三份工来维持生计。随着学院和大学接受了华尔街的思考模式，大学生活变成了纯粹的交易，高校不再像米尔斯时代那样,是政治和文化活动的活跃中心,甚至无法再保护质疑精英权力与社会现状的空间,更别提对其发起挑战了。

新自由主义的核心是一个阶级纲领:将历史抹去或歪曲,将自身表现得理所当然且符合道义,同时破坏构成平等社会和强大民主公共领域的基石:社会团结、学术独立和责任感。对新自由主义者而言,公众、公共利益,甚至代议制政府,都是对人类自由以及对财产和不受约束地追求私人利益的诅咒。随着这一世界观盛行,当今知识生产和公共话语的主要机构的关键性资源和合法性已极度匮乏,其中包括中小学、综合大学、政党和公民协会。社会团结与包容、平等主义政治生活的可能性都大大降低。

尽管一些新闻界人士致力于对权力进行制衡——通过发布拜登政府从阿富汗撤军的糟糕报道,或《潘多拉文件》——但美国新闻媒体在很大程度上也充当了权力精英剥夺民众政治选择权,并扩大自身利益的场所。前一分钟,他们敲响了中东战争的鼓点,夺去了无数儿童的生命;后一分钟,他们又为俄罗斯"入侵"乌克兰期间,母亲和孤儿的死亡予以哀悼——这看上去像是媒体虚伪的个别例子,但随着时间的推移,这些政治化累积成一个虚假信息系统,给人类自由和福祉带来了可怕的后果。当一个人不知道该相信谁,也不知道谁控制了那些他们视为事实的信息,当他们放弃了对媒体的主权,不再重视知识生活时,他们也就丧失了批评和异议的能力,同时,也失去了以最暴力、最有趣味的形式反抗威权主义的能力。

结 语

自 C. 赖特·米尔斯撰写《权力精英》以来，世界许多地方的社会制度和政治生活结构都发生了重大而典型的转变。这些转变是新自由主义制度及其思想兴起和扎根的结果，其动机是少数人对利润和财富积累的无限追求。本书的目的在于评议过去半个世纪中精英统治的模式，并解释激发和推动这些模式的关键人物、政策和权力动态。本书在介绍新自由主义资本主义的意识形态和政治原则，并揭露其阶级纲领的过程中，直白地呈现了操纵该体系并从中获利的权力精英、其本质上的独裁特性，以及他们对人类和环境造成的损毁。

在米尔斯的时代，人们对私有财产和政府的关系的普遍观点是，政府通过财政政策或监管措施，来缓和过度的资本主义，并对社会契约进行调解：工人接受一定程度的剥削，以获得相对富足的生活。尽管存在明显的政治和社会不平等，以及米尔斯所称的"军事形而上学"，战后的前沿知识分子还是以多元化的术语对美国制度进行理论化：将国家假定为在一个公平的竞争环境中，进行各种政治利益往来的场所。米尔斯认为，美国的多元主义是一场闹剧，并以此激励了一代激进派人士，他们反对精英权力，争取更平等的生活方式。

在米尔斯挑战和打破的话语和权力关系的外沿，是一群自诩为"新自由主义者"的人,他们企图破坏政府在缓和政治权力和财富的极端积累方面起到的作用,并使政府及社会和政治生活的各个方面完全从属于资本。从冷战到现在,这一计划一直诉诸对政府的贬低和对"自由市场"的赞美——"自由市场"被视为人类进步的引擎、社会的黏合剂,以及和美国民主并驾齐驱的原则。作为新自由主义成功地从边缘意识形态转变为宏大叙事的标志,在当今世界的许多地方,衡量一切既有政策、法律、社会制度、文化习俗或理念价值的主要标准,是它对赢利能力有何影响,而非它是如何为社会、个人和环境福祉服务的。

从1973年智利的军事政变到唐纳德·特朗普的总统任期,民主党和共和党政府的政治精英们利用一场又一场危机来推进新自由主义计划——他们利用政府来确保他们的财富得到积累,并迫使那些可能对资本主义威权主义和法西斯右翼势力崛起造成阻碍的力量归顺。他们实现这种霸权的手段包括政策和法规的制定与执行,以及意识形态的操纵、暴力和胁迫。这些手段暴露出政治和企业精英之间越发明显的共谋行为,其恶劣程度甚至到了对最基本的自由民主规范和社会文化标准都不屑一顾的地步。

当人们想到美国军事力量的近期历史时,这些变化尤其明显。尽管美国在成立之初,就着眼于防止独裁统治和建国者口中的"军事国王"现象,但在过去半个世纪,人们见证了在战争、冲突和执法方面,政府和企业精英在行政权力与军国主义上的勾结逐渐加剧。战后,美国试图通过在世界各地强行(通常是秘密地)建立政治制度,来巩固其霸权地位,并为资本赢利和跨国资本提供稳定的市场条件。如今,这些努力在全球反恐战争中呈现——这场战争带来了死亡、人道主义危机、环境和基础设施破

结　语

坏以及恐怖主义和宗派暴力。在国内，它以始终存在的监视和监禁状态存在，对社区构成了持续的威胁，并催生出民众的恐惧和敌意文化。当今的权力精英拥有数万亿美元的资产，这本可用于国内外教育、卫生和环境保护，却最终被用来大规模滋生虚假信息、人类苦难和掠夺行为。

煽动这些现象，并从中牟利的人中，有一部分是华尔街精英——他们中的许多人通过剥削性的金融方法，巩固了自身巨大的财富和权力。在过去的半个世纪中，全球金融市场的加速整合，以及全球经济重心向金融业的转移，使华尔街在日常生活中的影响力呈指数级增长，同时也增加了投机和通过高利率牟利的机会。这种根本性的重组是通过技术和金融创新、国内外的结构性调整、掠夺性贷款、对重要资产（如住房和退休储蓄）的高风险投机以及增加大企业的金融化程度来实现的。

处于企业权力结构最高层的亿万富豪不容置疑地证明了，通过对工人及工会进行规训、逃税和利用政府资源、行使垄断权力和将企业金融化，他们可以积累几十亿美元的净资产。在组织严密的保守主义运动和企业权力扩大的助力下，这些超级富豪支配着选举和自己资助下的政府官员。与镀金时代的慈善家类似，他们绕过立法机构和国家，用国家的基本机构做实验，旨在将其转变为可赢利的行业。他们打着进步和未来主义的旗号，通过炒作新技术，从技术进步和虚假信息中获取利润。而这些新技术实则监视着大众的日常互动，同时煽动民众之间的攻击性，促成社会分裂。

对米尔斯而言，名流在美国权力等级中的角色是从属于政治、军事和企业精英的。但在那之后，一小部分名人利用自己的财富和知名度，夺取了最高层级的政治权力。其中最著名的是唐纳德·特朗普，他的权威与大多数煽动者一样，纯粹根植于超凡的个人魅力与感染力——这与权威的理性基础背道而驰。特朗普总统任期的显著特点是，情感和娱乐在美国政治和资本主义宣传中，起了主导作用。富豪级别的名流如今也成了最高层企业权力中的一环，其中一些人借助其广泛的关注度和文化影响力，操纵媒体和零售企业，获得了亿万富豪的地位。名人凭借其海量关注度及其商业化能力，来创建品牌、生产和贩卖商品与形象，从而创造了巨大的利润。引人注目的美丽、幸福和财富成了他们的硬通货，让他们在再现资本主义霸权的过程中，发挥了关键的意识形态作用——作为新自由主义式繁荣和自力更生、自我实现的个人形象典型。

对新自由主义者而言，公众、公共利益甚至代议制政府的理念本身，即是对人类自由、财产和无限制地追求私人利益的诅咒。因此，在阶级稳固计划中，权力精英破坏了构成平等社会的社会团结、学术独立和公众责任感。为此，新自由主义掌权者使美国的知识生产和公共话语机构——中小学、综合大学、政党、公民协会入不敷出，并促使媒体所有权极度集中，以至于现在许多美国民众更愿意将那些极度荒谬的主张和滑稽的阴谋论当作事实。而在资讯和传媒方面，一小群传媒巨头手上掌握着比世界历史上任何独裁者都要大的权力。

米尔斯在《给新左派的信》(Letter to the New Left)中，提出了名为"必要杠杆"的概念——这一概念指出了进步主义者和左派人士的共同信念：有意义的社会变革取决于特定人物或社会代理人的领导和激励。米尔斯当时的洞见在我们现在这个时代也一

结　语

样重要。若这本书在揭露当今权力精英的无情和至高无上方面取得了成功，那么，它也能证明，没有任何一个社会团体、政治团体或运动（无论其地位如何），能够独自对抗这些"巨兽"；任何机构或社会势力——无论政府还是媒体，教育体系还是环境都应作为潜在的申辩之地，无论精英们在多大程度上将这些机构与社会势力纳入自身的利益之下。

如今（之前也一样），权力精英的最大优势之一是他们持久分而治之的能力，以及说服广大民众相信当前以精英利益为主导的制度可能是最佳制度的能力。因此，精英权力概念的宣扬，以及平等主义变革的实现，就需要超越目前的普遍趋势：自由主义者和进步主义者利用特定原因、意识形态和身份，使上述活动和社会运动孤立化。要想促进广泛自由和真正的社会团结，我们应制定广泛且可持续的组织计划。鉴于精英们数十年来对公共机构的攻击，我们需要重新认识公共利益，而非独角兽般的自由市场。公共利益既彰显平等主义原则，也是一种社会黏合剂，并使相应的机构和服务焕发活力。最后，鉴于权力精英在巩固资本主义意识形态方面的成功，以及他们对真相的习惯性扭曲，我们关注的重点应当是：重新拿回社会知识生产机构的掌控权，同时为发展新自由主义资本主义的系统性和制度性替代品开辟新的途径。若没有这些非常基本的原则和目标，我们就有可能将自己和子孙后代置于一个根本不是由我们自己创造的世界——这个世界将继续由强大的精英统治，而将人类和全世界的其他生物的生命视如草芥。